城市交通溢流智能控制与仿真

张立东/著

中国水利水电出版社
www.waterpub.com.cn
·北京·

内容提要

本书以城市交通溢流的智能控制与仿真为主，辅以交通溢流的机理、原因，以及控制方法等内容，针对交通溢流等具体模拟问题进行了升级改造，并针对交通溢流的仿真设置和应用实例问题开发具有自主知识产权的仿真平台。

本书主要内容包括交通溢流研究现状、微观交通流建模及动态特性分析、交通流溢流机理及识别、路段交通溢流智能控制算法、交通溢流仿真平台等。

本书结构合理，条理清晰，内容丰富新颖，可供道路交通专业相关工程技术人员参考使用。

图书在版编目(CIP)数据

城市交通溢流智能控制与仿真 / 张立东著. —北京：中国水利水电出版社，2020.6（2021.9重印）

ISBN 978-7-5170-8735-9

Ⅰ．①城…　Ⅱ．①张…　Ⅲ．①城市交通系统—智能系统—系统仿真　Ⅳ．①U491.2

中国版本图书馆CIP数据核字(2020)第141653号

书　　名	城市交通溢流智能控制与仿真 CHENGSHI JIAOTONG YILIU ZHINENG KONGZHI YU FANGZHEN
作　　者	张立东　著
出版发行	中国水利水电出版社 （北京市海淀区玉渊潭南路1号D座 100038） 网址：www.waterpub.com.cn E-mail：sales@waterpub.com.cn 电话：(010)68367658(营销中心)
经　　售	北京科水图书销售中心(零售) 电话：(010)88383994、63202643、68545874 全国各地新华书店和相关出版物销售网点
排　　版	北京亚吉飞数码科技有限公司
印　　刷	三河市元兴印务有限公司
规　　格	170mm×240mm　16开本　14印张　251千字
版　　次	2020年9月第1版　2021年9月第2次印刷
印　　数	2001-3500册
定　　价	70.00元

前　言

交通与人类文明的发展息息相关。人类自诞生便与交通结缘，从远古时代的徒步迁徙至今日的上天下海，遨游太空，无处不有交通的身影。矛盾总是对立存在的，交通的发展在促进人类文明进步的同时，也带来了一系列的负面问题，如能源浪费、废气排放、噪声污染等，尤其在当前小汽车拥有量快速增长的中国，交通拥堵及其带来的相关社会问题，已经成为政府和老百姓都为之“皱眉”的话题。在交通拥堵的诸多表现形式中，交通溢流无疑是较为严重的一种。所谓交通溢流，是指由于道路规划或渠化、交通信号配时等不利因素的影响，某一路段的某一流向在特定时间段内累积排队等待通行的交通流队列长度大于路段长度，且排队队列蔓延至下一路段的情况，因其类似容器中的流体超过了容器的容积而产生的溢出现象，故被称为“交通溢流”。交通溢流危害巨大，在其发生时，若不加以控制，溢流会像“传染病毒”般逐渐蔓延，由单个路段扩散到多个相关路段，乃至整个城市路网，最终路网车辆在交叉口处互锁而导致大规模的交通拥堵，使整个城市的交通处于瘫痪状态，城市基本机能丧失。因此，开展交通溢流的机理、原因以及控制方法的研究极具现实意义。

仿真是验证所提理论算法是否正确与优越的较好方式之一，欲搭建交通流仿真平台，首先应当建立合适的交通流模型。前人研究成果如下：基于控制理论思想，对最优速度模型的动态特性进行深入研究；考虑到现实世界中驾驶员类型多种多样，性格脾气、驾驶习惯各异，由此引入驾驶员灵敏度系数的概率分布的思想，提出随机微观交通流跟驰模型；在 OVM 模型中，无论是在开放性还是周期性边界条件下，基于直线运动的交通流跟驰模型已有大量的研究，而对于现实中大量存在的弯道道路却报道较少，于是提出弯道交通流跟驰模型，引入圆周运动中的角速度、最大速度等思想，并分析得到了模型的稳定条件；研究城市交通流，交通信号灯的影响和作用是不可回避的重要因素，基于此提出信号灯作用下的微观跟驰模型，分别针对队列头车和跟驰车对信号灯的敏感度不同而建模，仿真分析验证了结果的正确性。

实现交通溢流的控制，应当先掌握其机理、成因，并在此基础上提出合理有效的识别算法，先识别、后控制，识别是控制的基础，接着重点解决交通溢流形成机理、成因及识别的问题。本研究在关联路口的交通流量关系、信号设置关系的角度、交叉口延误模型三个因素两种思路情况下探讨了溢流的形成机理及原因;在分析路段瞬态最大交通密度的基础上挖掘了传统模型中的交通溢流区域,并通过仿真实验的手段探讨了溢流情况下路段的速度、密度、速度—密度关系以及交通流波动现象;溢流的识别是一项带有较强主观性的认知过程,而模糊理论在处理此类问题较传统方法更有优势,于是提出了基于模糊理论的交通溢流识别算法,建立了模糊推理器,仿真验证了其正确性。

交通溢流最常见的形式即为单路段交通溢流,从路网物理结构上而言,单路段溢流也是该种拥堵形式的基础单元。相比于单路口信号控制,溢流的控制涉及溢流的消散和相邻路口多个支路交通流的延误最小等多项复合指标,因此更为复杂,而控制过程中涉及众多的经验知识和交通常识,于是本研究以人工智能思想为指导,提出了溢流智能控制器。该控制器由溢流相位差模糊推理器、相位相序设置专家系统、交通流神经网络预测器以及相位时间的模糊推理器四部分组成,能够较为全面地实现"溢流识别→相位差设置→相序设置→交通流预测→相位时间推理→执行控制→效果评价"的流程,经过在自主开发的仿真平台上仿真,并与强制控制进行比较,结果表明,书中所提算法相比于强制控制方式在解决交通溢流控制方面性能更优。

目前,包括 Paramics、VISSIM 在内的国内外流行微观交通仿真软件虽提供有二次开发接口,但在建立自主交通流模型和智能控制算法方面还存在不足,于是在团队前期研发的交通流微观仿真系统的基础上,本书针对交通溢流这一具体模拟问题进行了升级改造,阐述了平台的架构、重要仿真实体及其相互关系、交通网络模块、车辆实体模块、车辆控制逻辑和信号控制逻辑及其相互关系,以及交通溢流的仿真设置和应用实例问题,开发了具有自主知识产权的仿真平台。

本书最后对全文的研究创新点和不足之处进行了总结,并就进一步的研究工作进行了展望。

本书在写作过程中得到山东大学朱文兴教授的大力指导与帮助,在此表示感谢。

感谢国家自然科学基金资助项目(No. 61174175、No. 61773243)、山东交通学院攀登计划项目(NO. SDCPF201804)经费支持。

在本书撰写过程中,作者参阅了近年国内外同类书籍,汲取精华,并得到了相关部门及单位的大力支持与帮助,在此谨致以深切的谢意。

由于作者学识所限,缺点和错误在所难免,敬希读者不吝赐教。

作 者

2020 年 2 月

目　　录

第1章 绪 论

1.1 写作背景及意义

社会经济的发展促使人民生活水平日益提高，人均汽车拥有量在逐年攀升，由此导致不断增长的交通需求与有限道路资源之间的矛盾日益突出。据《齐鲁晚报》2012年1月11日报道，仅济南市在2012年1月6日当天新车注册挂牌的机动车数量为2008辆。“吉祥”数字背后是巨大的隐忧，仅在两年前，济南单日新车挂牌最多仅达300辆，现如今这一数量增长近7倍，如此之快的增长速度，令人可以预见未来1～2年内济南市交通拥堵问题将日益严重。有关部门必须未雨绸缪，尽早开展相关研究，做到防患于未然。众所周知，交通拥堵的危害是巨大的，它不仅会导致社会诸项功能衰退，引发城市生存环境的持续恶化，还会成为阻碍城市可持续发展的障碍。其对社会生活最直接的影响是增加了居民的出行时间和出行成本，导致有效工作时间减少，干扰了人们的日常活动，使城市活力大打折扣，居民的生活质量随之下降。交通拥堵程中增量排放的“废气、废烟、噪声”等也逐步成为城市环境质量恶化的主要来源之一。

以经济数字统计交通拥堵产生的损失更是令人触目惊心。2005年，美国得克萨斯农业机械大学交通研究所交通专家蒂姆·洛马克斯领导的研究小组，经调查研究指出，美国近年来持续恶化的交通拥堵状况造成的经济损失平均每年达782亿美元。2010年，国务院参事、中国科学院可持续发展战略研究组组长、首席科学家牛文元曾调研指出，因为交通拥堵和管理问题，中国15座城市日均损失近10亿元，而北京这类大城市的月均拥堵成本高达60亿元。由此可知，欲建设节约型社会，治理交通问题是重点任务之一。

交通溢流是指路段交通流在聚集和消散的过程中，由于交叉路口的瓶颈作用，使得驶入路段的车辆数量大于驶出路段的数量而形成排队，若交通信号协调配时不当，随着时间的演化，滞留在路段上的车辆数逐渐增多，当车辆排队长度超出路段长度的时候，部分车辆占据上游交叉口，即形成溢流现象,因其类似容器中的流体超过了容器的容积而产生的溢出现象,故称其为“交通溢流”。如果不加以有效控制,溢流会如“传染病毒”般由单个路段逐渐蔓延到多个相关路段,乃至整个城市路网,最终路网车辆在交叉口处互锁,使整个城市的交通处于瘫痪状态,因此,开展关于交通溢流的机理、原因以及控制方法的研究意义重大。

国内除北京、上海、广州等大城市外,中等城市交通拥堵也变得日趋严重。以山东省会城市济南为例,据长时间观察分析,在交通高峰期,部分主干路段,如经十路、历山路,在上下班高峰时间,甚至出现从山大路开始,顺次蔓延到羊头峪东沟街、山师东路、历山路的严重溢流情况,造成的连锁反应影响到周围的众多主、次干道,导致局部路网在一定时间内的交通瘫痪,极大地影响了交通运转效率,造成了负面社会影响,带来了直接的社会效益和经济效益的损失。

当前,国内对交通溢流进行优化控制的研究及实践均未成熟。日常解决此类问题的常规做法主要是交通警察根据个人经验来现场指挥,进行临时性疏导控制。此种情况下,现场指挥人员由于存在视野的局限性,难以及时获取相关路段的交通流信息,更无法给出有效的预测,再加之他们知识能力水平不一,且信息获取面窄,无法实现局部路网的最优协调控制。因此,通过本书的研究,希望在交通溢流的形成机理、识别即信号的协调控制策略方面形成一套较为完善的理论指导体系,为解决该问题提供理论参考与标准。

1.2 研究现状及存在问题

何谓人工智能?维基百科对其阐述如下:人工智能(Artificial Intelligence,AI)也称作机器智能,是指由人工制造系统所表现出来的智能,是指通过普通计算机实现的智能,同时也指研究这样的智能系统是否能够实现,以及如何实现的科学领域[1]。1975 年,Webster 大辞典给出的定义如下:“(1)The ability to learn or understand or to deal with new or trying situations:REASON;also:the skilled use of reason. (2)The ability to apply knowledge to manipulate one's environment or to think abstractly as measured by objective criteria(as tests).”[2]。相关研究文献也给出了人工智能的四个典型特征:像人一样思考的系统、理智思考的系统、像人一样动作的系统和具备理智动作的系统[3]。

通过整理众多文献研究思路可知[4][59-145]，交通领域所涉及的人工智能，也基本遵循了上述概念界定，即希望借助拟人的智慧实现"非精确化的精确控制"。本书研究的智能主要以上述概念所界定的人工智能内涵和外延为基础，进而开展相关研究。

1.2.1　交通流理论发展现状

交通流理论是交通运输工程诸多研究领域的基础理论之一。目前，对交通流理论尚无统一定义，借鉴文献[4]的定义，一般认为交通流理论是研究在一定环境下交通流随时间和空间变化规律的模型和方法体系。

追溯交通流理论的发展，其研究始于 20 世纪 30 年代，起初主要为以概率论为主的相关理论研究，代表性成果包括 Kinzer[5] 以 Poisson（泊松）分布分析交通问题、Adams 的交通流数值分析方法[6]、Greenshilds 提出的至今广为应用的线性速度—关系公式[7]等。

20 世纪 50—60 年代，随着人们对交通流本质认识的加深，开始出现运动学模型和车辆跟驰模型[36-38]；70—80 年代，出现了基于流体力学理论的交通流模型[11]；90 年代后，随着电子计算机的日益普及应用，离散化、数值化的元胞自动机模型由于易于用计算机实现而备受青睐，得到了深入研究[28-30]。依据描述交通流维度（尺度）的大小，现有模型总体上可以分为三类：宏观模型（如一阶连续模型和高阶连续模型）、中观模型（或称介观模型，主要是指气体动力学模型）和微观模型（包括车辆跟驰模型和元胞自动机模型）[8]。下面简要论述三类模型的代表性成果。

宏观交通流理论采用交通流量 $q(x,t)$，单位时间内通过单位路长的车辆数；交通密度 $\rho(x,t)$，即单位路长上车辆数；交通流平均速度 $u(x,t)$，来对交通流进行描述。宏观模型研究始于 1955 年，是由分属于两个小组的 Lighthill 和 Whitham[9]、Richards[10] 三人分别提出，故也称为 LWR 模型。该模型以流体力学中物质守恒为理论基础，可描述交通激波的形成以及阻塞演化等非线性波特性，由其方程式(1-1)可知，密度随时间的变化与流量随路段长度的变化互逆。

$$\frac{\partial\rho}{\partial t}+\frac{\partial q_e}{\partial x}=0 \tag{1-1}$$

式中，$q_e=\rho u_e(\rho)$表示平衡状态下的交通流量，$u_e(\rho)$表示平衡交通的速度—密度关系。

式(1-1)中，平衡交通的速度—密度关系为：

$$u_e(\rho)=u_f-\frac{u_f}{\rho_{\text{jam}}}\rho \tag{1-2}$$

式中，u_f 表示自由流速；ρ_{jam} 表示堵塞密度。

为解决 LWR 模型无法描述非平衡态的车流运动的不足，1971 年，Payne 基于跟驰思想[11]，将动量方程引入上述式(1-1)守恒方程中，建立了高阶连续模型(1-3)：

$$\frac{\partial u}{\partial t}+u\frac{\partial u}{\partial x}=-\frac{C^2(\rho)}{\rho}\frac{\partial \rho}{\partial x}+\frac{u(\rho)_e-u}{\tau} \tag{1-3}$$

其中，

$$C(\rho)=C_0=-\sqrt{-\frac{1}{2\tau}u_e'}$$

式中，τ 表示实际平均车速变化到平衡车速所需的松弛时间，通常为常数。

20 世纪 80—90 年代，大量的学者围绕这两个模型展开研究[12-15]。20 世纪末，Nagatani 提出了简化的流体动力学模型，架起了宏观模型和微观模型之间的桥梁[16][17]，这可以说是交通流发展史上具有代表性的成果。

国内学者在交通流领域也取得了一定的研究成果，典型成果主要包括：薛郁基于一维交通流格子模型，提出考虑最近邻车和次近邻车以及考虑前后近邻车相互作用的改进模型，导出了描述交通阻塞相变的 mKDV 方程[18]；张鹏等研究了交通流多等级 LWR 模型的双曲性质，包括车流通过激波和稀疏波时密度及速度的单调性变化问题[19]；葛红霞等研究了合作驾驶模式中改进的 KDV 方程的稳定性问题，得到了稳定性的条件[20]；熊烈强等通过对交通流参数进行微分变换，建立交通流动力学模型，得到了与美国 HCM2000 经验公式一样的结果[21]；唐铁桥等通过引入新的流量转移函数，改进了两车道交通流格子模型，克服了现有模型隐含的车辆向后运动的缺陷[22]；朱文兴在葛红霞等得出的模型基础上，改进了模型中的格子数目，提出了一种全新格子模型，且进行了非线性分析[23-25]；葛红霞等针对格子流体动力学模型进行了理论分析，得到了 KDV 方程和 mKDV 方程的一般孤立子解[26]；孙棣华等将驾驶员的预估效应对交通流的影响作为考虑因素，提出了改进的一维交通流格子模型，以线性理论得到了该模型的线性稳定性判据[27]。

中观模型以气体动力学理论模型为基础，1971 年，由 Prigogine 和 Herman 首次提出[28]，该模型的核心在于建立交通流类 Boltzmann 方程式(1-4)：

$$\begin{aligned}\left(\frac{\partial f}{\partial t}\right)_{\text{int}} &= f(x,v,t)\int_v^{\infty}\mathrm{d}\omega(1-p)(\omega-v)f(x,\omega,t)\\ &\quad -f(x,v,t)\int_0^{\infty}\mathrm{d}\omega(1-p)(v-\omega)f(x,\omega,t)\end{aligned} \tag{1-4}$$

式中，$f(x,v,t)$表示速度分布函数；p 表示超车概率；$\left(\frac{\partial f}{\partial t}\right)_{\text{int}}$ 表示车辆间相互作用导致速度分布函数的变化量；右一项表示速度大于 v 的车辆由于无法超车必须减速而导致速度分布函数的增加，右二项则表示速度为 v 的车辆由于无法超车必须减速到 $\omega(\omega<v)$而导致的速度分布函数减少。从模型描述交通流的整体性出发，将单个车辆的速度调整以整体速度分布弛豫过程代替，得式(1-5)：

$$\left(\frac{\partial f}{\partial t}\right)_{\text{rel}}=-\frac{f-f_{\tau}}{\tau} \tag{1-5}$$

式中，$f_{\tau}=f_0(x,v,t)$表示期望速度分布；τ 表示弛豫时间；$\left(\frac{\partial f}{\partial t}\right)_{\text{rel}}$ 表示车辆间无相互作用时速度分布函数的弛豫时间。综合上述两式，得到 PH 模型如式(1-6)：

$$\frac{\partial f}{\partial t}+v\frac{\partial f}{\partial x}=-\frac{f-f_0}{\tau}+\rho(1-p)(V-v)f \tag{1-6}$$

其中，$\rho=\rho(x,t)=\int \mathrm{d}vf(x,v,t)$，$V=V(x,t)=\frac{\int \mathrm{d}vvf(x,v,t)}{\int \mathrm{d}vf(x,v,t)}$。

国内学者在该领域研究的文献较少，代表性如赵建玉等提出的改进弛豫时间的气体分子动力学交通流模型，令弛豫时间与密度及速度相关，算例验证了模型更加稳定[29]。

根据本书研究的需要，下面重点阐述两类微观交通流模型。

1. 元胞自动机模型

最简单一维元胞自动机模型是由 Wolfram 命名的 184 模型[30]（元胞运动特征 10111000 由二进制转换为十进制为 184），该模型可描述车流自由运动相和局部阻塞相间的相变现象，但不能模拟复杂交通现象，因此存在一定的局限性。在 184 模型的基础上，1992 年，德国学者 Nagel 和 Schreckenberg 在引入了车辆加速行为和司机反应这两种引起车辆随机延迟的因素后，提出了著名的 Nagel-Schreckenberg 模型，简称 NaSch 模型或 NS 模型[31]。NS 模型是一个随机 CA 交通流模型，每辆车状态都由其速度和位置所表示，其状态由加速规则、安全刹车过程、已确定概率 p 随机慢化规则和位置更新规则决定。NS 模型在元胞自动机交通流模型历史上具有划时代意义，为推动元胞自动机模型在交通流研究中的应用起了非常重要的作用。此后各种一维元胞自动机模型几乎都是在 NS 模型基础上发展而来的。1998 年，Nishinari 和 Takahashi 提出多值元胞自动机模型[32]，规定每个元胞所能容

纳车辆数为 M，即最多可以容纳 M 辆车，元胞状态（元胞上车辆数）可以为 0 到 M 之间的整数，模型方程如式(1-7)：

$$U_j(t+1)=U_j(t)+\min\{U_{j-1}(t),M-U_j(t)\}-\min\{U_j(t),M-U_{j+1}(t)\} \tag{1-7}$$

式中，$U_j(t)$表示 t 时刻元胞 j 上车辆数；M 为整数，表示每个元胞能够容纳的最大车辆数；元胞 $j-1$ 和 $j+1$ 分别表示元胞 j 上游和下游元胞。显然，若 $M=1$，多值元胞自动机模型则与 184 模型等价。

在国内，元胞自动机是重点研究模型之一，研究方向主要包括多车道模型[33]、考虑驾驶员特性的模型改进[34]、意外事件对交通流扰动影响，以及交通流优化分析[35]等方面。赵磊以模糊控制具有模糊决策特点，结合元胞自动机模型，建立了车辆运动模型，并进行了仿真研究[36]。在元胞自动机模型解析领域，贾宁[37]做了广泛而深入的研究，证明了在标准边界条件下，NS 模型相关统计量都存在精确的解析结果，还证明了 NS 模型是 OV 模型的一种离散形式，且针对国内混合交通流的特点，建立了自行车干扰下的机动车交通流模型。

2．跟驰模型(Car Following Model)

跟驰模型是由 Reuschel[38] 和 Pipes[39] 分别在 1950 年、1953 年独立提出。在该模型中，车辆运动基本方程，即加速度方程式如式(1-8)：

$$\frac{\mathrm{d}v_n(t+\tau)}{\mathrm{d}t}=\kappa\Delta v_n(t) \tag{1-8}$$

式中，$v_n(t+\tau)$为第 n 辆车在时刻 $t+\tau$ 的速度；τ 为驾驶员反应延迟时间；$\Delta v_n(t)=v_{n+1}(t)-v_n(t)$表示前后两辆车速度差；$\kappa$ 为驾驶员灵敏度系数。

1961 年，Newell[40] 提出了微观最优速度模型，将交通流视为相互作用的粒子群，车辆间以车间距为变量函数的跟驰运动模型，方程如式(1-9)：

$$v_n(t+\tau)=V(\Delta x_n(t)) \tag{1-9}$$

Newell 之后，跟驰模型研究沉寂了 30 多年。直至 1995 年，Bando 通过 Taylor 展开式[41][42]，得到了最优速度模型微分方程(1-10)：

$$\frac{\mathrm{d}^2(x_n(t))}{\mathrm{d}t^2}=a\left[V(\Delta x_n(t))-\frac{\mathrm{d}x_n(t)}{\mathrm{d}t}\right] \tag{1-10}$$

式中，$x_n(t)$表示第 n 辆车在时刻 t 所在的位置，$\Delta x_n(t)=x_{n+1}(t)-x_n(t)$表示第 n 辆在时刻 t 与前车车头的间距；a 为驾驶员灵敏度系数，$V(\Delta x_n)$为队列中第 n 辆车最优速度函数(OVF)，常用模型如式(1-11)：

$$V(\Delta x_n)=\frac{V_{\max}}{2}\times(\tanh(\Delta x_n-h_c)+\tanh(h_c))\tag{1-11}$$

Bando 提出最优速度模型(OVM)模型,激发了跟驰模型新的研究热潮,之后基于此模型的改进研究呈现如火如荼之势。1998 年,Nagatani 等通过将微分形式转化为差分方程,得到了最优速度模型差分形式[43]。Helbing 等针对 OVM 模型中加减速不理想情况,提出了 GFM 模型,引入相对速度项,能更好地描述车辆跟驰行为[44]。国内学者在交通流理论领域的研究以微观模型为主。姜瑞进一步扩展了 GFM 模型,提出了 FVDM 模型,考虑到了跟驰车辆间负速度变化,使得模型能更好地刻画车辆延迟和交通拥堵现象[45]。赵晓梅等将加速度项引入全速度差方程,探讨了改进 FVDM 方程稳定性问题[46]。朱文兴将车辆间两两相互影响引入到 OVM 模型,提出了 SOVF 模型,并对其进行了详细的线性和非线性分析[47],且提出并探讨了 GOVM 模型稳定性及 Kink-antikink 现象[48][49]。Yu 等探讨了延迟时间跟驰模型密度波变化问题[50]。雷丽等在研究时考虑了反应延迟项的 OVM 模型密度波演化问题,并以线性稳定理论分析了模型稳定性问题,得出了降低反应时间能促进交通流稳定性的结论[51]。葛红霞等的基于 Konishi 等研究工作,提出了涉及前方车辆车头间距的优化速度函数耦合映射跟驰模型[52]。Zhou 等将次最近邻车辆相互影响引入到 OVM 模型,提出了 GOVM 模型[53]。梁玉娟等研究了弯道道路情况下,单元胞自动机模型交通流特性,得出了增大弯道曲率半径和弯道处摩擦系数,并尽量减少弯道弧度,可以减少弯道处交通事故,且能有效避免交通拥堵的结论[54]。

城市交通存在大量的交通信号控制路口,研究城市交通流跟驰特性,避不开交通信号灯对交通流的强制性作用这一因素。部分专家学者也在此领域展开过部分研究。张萌萌等基于元胞自动机理论建立了开放性边界一维元胞自动机模型,实现了主干路协调控制系统交通流模拟[55]。张剑等提出了描述交通灯控制下城市道路交通流动力学演化过程元胞自动机模型,得出了交通灯对于路段上车辆影响具有全局性[56]。祝会兵等改进了 NaSch 模型,考虑了司机和车辆的敏感性系数,进而研究了信号灯控制下交通流特性,并进行了数值模拟[57]。唐铁桥等改进了现有跟驰模型,提出了一个考虑信号灯作用下的交通流模型[58]等。

单纯理论探讨虽然能从一定程度上解释部分交通现象,但交通流理论毕竟不完全属于基础理论科学,因此,其研究还应以交通工程为背景,基于实践而高于实践,才更有价值和前景。

1.2.2 智能算法应用研究现状

1. 人工神经网络(Artificial Neural Network)

神经网络也称人工神经网络,正式起源于 20 世纪 60 年代,但早在 1943 年,心理学家 McCulloch 和数学家 Pitts 就合作提出了神经元模型(MP 模型),开创了神经科学理论研究新时代。时至今日,神经网络的发展大致可划分为三个阶段:20 世纪 50—60 年代是其起源和研究高潮期;60—70 年代进入了低谷;80 年代至今,再次进入研究高潮期[59]。

1995 年,英国学者 M. Dougherty 曾对神经网络在交通领域的应用研究做过较为详细的总结阐述,指出了 13 项重点应用领域,包括驾驶行为(智能车辆)、参数估计、道路设施维护、车辆检测与分类、交通模式分析、物流、交通预测、交通政策与经济学、空中交通、水运、地铁、交通控制等[60]。由于神经网络自身具有强非线性、记忆特性特点[61],之后的研究基本延续了上述方向和思路,尤其是在交通预测、交通控制和车牌识别等领域发展应用较为迅速。交通预测领域主要包括交通流量预测。Zhu 等基于 RBF 神经网络探讨交通流量预测问题[62]。Huang 等将人类记忆特征与神经网络相结合,提出基于人类记忆的短时交通流预测方法[63]。Zang 等研究了城市立交桥交通流量神经网络预测问题[64]。高雅等提出了多链路交通流预测模型,探讨了神经网络及高斯过程回归在交通流预测中的应用[65]。刘力军等分析了 RBF 神经网络在预测过程中的精度问题[66]。刘宁等应用 Elman 神经网络对交通流进行了预测分析,预测精度满足了交通诱导的需要[67]。交通预测领域还包括出行(旅行)时间预测。Lee 等针对复杂城市道路网络的旅行时间的预测研究[68]。Tafti 等探讨城市交汇路段之间的平均旅行时间问题[69]。陆化普等提出了交通出行预测的 BP 网络模型,探讨了模型的影响因素和结构及数据问题[70]。来建波将 BP 神经网络和 RBF 神经网络组合预测模型用于预测路段的行程时间,准确性较好[71]。在交通事故预测领域,刘金等提出了基于模糊神经网络交通事故微观观测方法,分析了网络结构和学习算法,通过实测数据证明了模型的优越性[72]。

神经网络具有强非线性特点,但自身也存在收敛慢的缺点,于是,针对这一问题,众多专家学者将其他智能方法与神经网络相结合,提出了一些混合预测算法。Khosravi 等为提高旅行时间预测精度,以遗传算法实现神经网络模型自动选择和参数自调整,取得了较好的结果[73]。Quek 等将模糊理论和神经网络理论结合起来,提出了基于神经模糊规则(neuro-fuzzy rule-based)系统,用来预测交通行为[74]。Mucsi 等提出了自适应神经模糊推理系统来估计信号控制路口车辆排队,并以微观仿真验证可行性[75]。Hinsbergen 为避免组合神经网络预测模型选择的随意性,提出以 Bayesian 可信度理论来解决模型选择问题,并以瑞典 A12 道路实际数据进行了验证[76]。Zhang 将主成分分析法(PCA)与组合神经网络(CNN)结合起来,以 PCA 分析结果作为 CNN 的输入,提高了预测精度[77]。张玉梅等结合混沌理论和 RBF 神经网络对交通流时间序列进行了分析[78]。张明等采用四阶段法,基于双重力模型预测全国空域交通流量 OD 分布,相比于回归分析和广义神经网络模型,得到了较好预测精度[79]。

总体而言,神经网络用于预测的基本步骤包括:确定网络结构;选择历史数据训练网络,得到网络权值;用训练好后的网络进行预测。另外,在预测领域,神经网络与其他方法融合,通过其他方法来克服神经网络自身缺陷问题,也逐渐成为研究重点方向之一。

在交通控制领域,神经网络应用研究相对较少,比较典型的成果包括:2001 年,Chien-Hung Wei 针对高速公路交通流控制问题的研究,以道路实时状态为网络输入,以入口匝道实时放行率为输出,建立了神经网络模型[80];Chong 等提出了基于模糊神经网络技术的神经认知学习方法,实现路口交通信号的实时控制[81];刘红红提出了基于同时扰动随机逼近算法和人工神经网络的改进的交通控制模型,通过随机扰动逼近算法更新神经网络的权值[82]。

在识别领域,神经网络的典型应用包括车牌识别[83][84]、交通标志识别[85]、行人和自行车识别[86]等,基于神经网络较强的记忆和推理能力,各项应用均取得了不错的效果。

2. 模糊理论

1965 年,美国加利福尼亚大学控制论专家 L. A. Zadeh 教授在 *Information and Control* 杂志上发表的文章 *Fuzzy Sets*,标志着模糊数学分支的诞生[87]。至今,模糊数学在科学技术、经济管理和社会科学等方面得到了广泛而又成功的应用[88],在交通规划、交通分配、交通模式分担、路径选择、交通项目投资评估、交叉口信号控制、交通走廊信号控制、交通网络控制、交通事故分析与预测、交通服务水平评估、空中交通、水运等领域研究广泛,取得了大量的研究成果[89][90]。

1977 年,Pappis 和 Mamdani 首次应用模糊理论实现了一个单路口、双向单车道且无左转车辆模糊控制器,与自适应(traffic-actuated)交通信号控制方式取得的仿真对比,结果表明模糊控制可将交通延误降低到 20%左右[91]。Pappis 和 Mamdani 的研究工作开启了将糊控制理论用于交通信号控制研究的先河。1984 年，Nakatsuyama 将单路口扩展到两个路口，设计了模糊控制器[92]。之后整个 20 世纪 80 年代的研究则较为侧重于高速路匝道控制和快速路控制算法设计方面[93-95]。

20 世纪 90 年代是模糊控制在交通领域应用研究的爆发期，在此期间出现了大量关于交通模糊控制器设计的相关研究报道。代表性成果包括：Zargham[96]、Kim[97]、Lin[98]等设计了独立交叉口模糊逻辑交通控制器，他们的研究结果表明，与定时控制相比，交通延误可降低 25%～50%；1992 年，Chiu 等针对交通网络中具有双向交通的多个交叉路口协调控制问题，提出了模糊逻辑控制算法，实现了周期、绿信比和相位差模糊推理，首先根据路口各支路交通流情况，以及模糊推理确定饱和度，依据此饱和度实现信号周期和绿信比优化，然后以模糊推理确定路口之间的相位差，实现主干路停车次数最少[99]；Niittymaki 在 1997 年发表的博士论文中，针对两相位独立交叉路口设计了模糊逻辑控制器，其信号优化控制逻辑由两步组成，首先评估路口当前交通流量情况，其次根据检测器检测得到交通数据，结合第一步交通流量数据，设计模糊逻辑控制器，实现交通信号优化配时，实验测试结果表明交通延误降低了 10%左右[100]；1999 年，Trabia 指出尽管模糊逻辑在交通信号控制领域取得了较好的应用效果，但之前研究的对象主要为单行道或没有转向的交叉口，与交通实际情况差别较大，为更贴近实际，于是有专家学者提出了针对具有直行和左转的四支路孤立交叉口模糊控制算法，仿真结果也验证了算法的可行性[101]。

2000 年至今，模糊交通信号控制研究进入全盛期。芬兰学者 Niittymaki 继续在该领域做了大量的工作，其提出了 FUSICO 算法，实现了两相位交通信号控制，该算法将周期时间划分为数个绿灯信号时间，仿真证明了该算法比 Pappis 信号延长算法更能减少车辆停车次数，性能更优[102]；紧接着，他又提出了一套基于专家知识提炼模糊控制规则的系统方法，并通过现场测试进一步验证了算法有效性[103]，其现场测试结论极大地推动了模糊交通信号控制实用于实际应用的可能性[104]，并且探讨了公交优先模糊控制算法[105]，以及最大模糊相似推理和传统的 Mamdani 推理方法在交通信号模糊控制中的适用性，发现在正常的交通流情况下，二者推理性能差距较小，而在大交通流量情况下，最大相似推理性能较好[106]，且延伸探讨了基于相似逻辑推理思想的交通信号控制算法[107]。2007 年，出现了模糊理论和其他智能算法(进化算法)相结合的研究思路[108]。2008 年，Khashei 学者将神经网络与模糊回归模型相结合，用于时间序列的预测[109]。Dimitriou 等提出了基于合成模糊规则系统自适应交通流建模与预测算法，进一步扩展了模糊理论在预测领域的应用[110]。2009 年,Quek 提出了具备自组织能力的模糊规则系统,用于交通流建模[111]。Chong 基于模糊神经网络技术的神经—认知方法来实现交通控制和交通流的建模分析[112]。Chang 等通过基于合成模糊模型数据流预测实现网络交通分析[113]。在交通分配领域,Ghatee 提出了基于模糊层交通需求分析的交通分配方法,实现了基于准 Logitech 公式的高效交通分配算法[114]。Liu 等基于模糊逻辑系统,在传感器网络系统中实现了高速路交通瓶颈处交通拥堵严重程度分析[115]。在车辆导航领域,Shiru 等提出了基于模糊控制的智能车辆路径跟踪算法[116]。理论研究成果逐渐催生出硬件及系统的设计研究。Karakuzu 等在 2010 年报道了其课题组在模糊逻辑智能交通信号灯模拟和硬件实现方面的工作,将模糊逻辑从理论到实践应用推进了一大步[117]。2011 年,Balaji 等将 Type-2 模糊推理引入到交通管理中,仿真结果比 Type-1 模糊推理效果更好[118]。Ramazani 提出了基于驾驶员预估路网旅行时间的模糊交通分配算法[119]。Musci 等提出了信号控制路口交通车辆队列长度估计的神经模糊推理系统算法,较好地实现了排队车辆数估计[120]。Quattrone 等研究了导航过程中路径选择的随机性和模糊算法[121]。Castro 等研究了避免行人碰撞的模糊专家系统等[122]。

从文献记载上分析,1997 年,陈洪、陈森发研究了单路口交通信号模糊控制方法[123];刘智勇等针对干线交通路口提出递阶模糊算法[124][125],开启了国内学者在该领域研究的先河。2000 年至今是国内学者研究的全盛期,典型成果包括:沈国江等提出了基于相序优化的多相位交通模糊控制器[126];李灵犀等针对两个相邻路口设计了分层递阶模糊控制器[127];2003 年,陈淑燕等针对单路口设计的三维模糊交通控制器,将当前相、最近 10s 及后继相主队列车流量为输入,考虑因素更加全面[128];2004 年,沈国江等以 BP 神经网络实现了交通干线两级模糊协调控制算法,仿真表明比车辆全感应式控制更能有效地减小车辆平均延误[129];朱文兴等提出了用模糊理论推理周期长度,以遗传算法优化车辆平均延误指标的基本思想[130];在预测控制领域,贾磊等将混沌理论与模糊理论结合起来,提出了混沌模糊交通控制器设计思想[131];2006 年,有学者提出“大路口”交通信号控制思想,以“大系统理论”思想整合有一定关联关系的小路口交通协调配时问题,取得了不错的效果[132];2009 年,高俊侠等针对模糊控制器中模糊隶属度优化问题,提出了遗传算法解决方案,实现了模糊规则合理优化[133];同年,李瑞敏等也提出了类似思想,只是在模糊控制器上比高[134]等研究的模型多一层结构[133]。在理论研究全面盛开的同时,部分学者开始在系统实现、硬件设计等方面做一些有益尝试[135]。总之,国内学者相关研究成果虽然晚于国外,但同样取得了显著成果,提出了很多崭新的思想,共同推动了模糊理论在交通信号优化配时领域的应用。

3. 专家系统应用研究现状

美国斯坦福大学 Edward Feigenbaum 教授是专家系统早期先导者之一,他把专家系统(expert system)定义为"一种智能的计算机程序,它运用知识和推理过程来解决只有专家才能解决的复杂问题"[2],也就是说,专家系统是一种模拟(emulate)专家决策能力的计算机系统,"模拟"一词表明专家系统要在所有方面都要做得像专家一样[136]。

在 20 世纪 90 年代,已有专家学者在空中交通[137]、铁路交通[138]开展专家系统应用研究,基于人工智能思想实现交通管理与控制智能化。Kirschfink 等针对交通数据采集不完备问题,提出了基于知识推理的数据修复系统,解决了交通数据的丢失问题[139]。Wen 等在道路交通状态拥堵识别方面提出了一种交通信号自动控制专家系统[140]。Quek 等针对交通流建模问题提出了具备自学习能力模糊规则系统[141]。Castro 等在交通安全领域研究了行人碰撞专家系统,实现了事故原因的自动分析[142]。在国内,1989 年,学者杨振山等在 IBMPC 及其兼容机上以 Prolog 语言建立了一个城市道路交通噪声防治专家系统,是较早的研究成果[143];1991 年,单文义提出了建立交通工程专家系统的设想,对后续研究实施提出了建议[144],国内学者开始由理论探讨转向实用研究;2007 年,任传祥等以案例与规则两级推理机制,以产生式规则表达,根据城市公交调度经验建立了公交智能调度专家系统,初步建立了一个实验平台[145],之后,鲜有在此领域的相关文献见诸报道。

1.2.3 交通溢流研究现状

在交通溢流领域,国外专家学者研究起步较早,且研究较为深入。从概念起源而言,交通溢流概念(spillover 或 overflow)最早可追溯到 1964 年 Gazis 关于饱和交叉路口最优控制系统的研究,其在研究中指出溢流是交通过饱和的一种具体形态[146]。在此之后,又有部分专家学者在过饱和交通路口的最优控制算法方面进行了深入研究[147-149],自 1996 年至 2007 年,美国加州大学伯克利分校 Daganzo 教授所在研究组,分别针对高速路交通溢流本质及预防[150]、出行路径选择行为下交通路网的交通溢流问题[151]、交通溢流控制[152]、交通溢流宏观建模[153]、高速路溢流与合流等问题[154]进行了深入而细致的研究,取得了一大批优秀成果。Wu 等在定义了过饱和严重程度指标(OSI)的基础上,提出了交通溢流的时间(T-OSI)和空间(S-OSI)量化指标,以基于交通波动排队理论估计确定 T-OSI,以检测器上的车辆占有率(QOD)确定 S-OSI,并用实测数据验证了算法的正确性[155]。Liu 等针对高速路交通瓶颈及拥堵严重程度问题提出了模糊推理智能判别算法,该算法首先以动态瓶颈模型识别拥堵地点,然后结合当地的交通状态,以模糊推理算法推理拥堵严重程度,判别是否长发性交通拥堵,并通过实地测试验证了模型正确性[156]。Wu 等在 2011 年针对拥堵主干道交通网络建立了交通波断面模型(shockwave profile model,SPM),用交通流队列排队、消散、离去和压缩波很好地描述了交通流动态特性,适宜于交通性能评价和信号优化[157]。我国虽然在此方面研究起步较晚,但也有专家学者进行过有益尝试,取得了部分较好的理论成果,如刘小明等[158]研究了相序设置对交通瓶颈处交通流溢流行为的影响情况;周荷芳等[159]把溢流的费用考虑进路径选择的算法模型里,提出了更为合理的出行费用路阻函数等。

总之,该领域研究尚处于起步阶段,有诸多基础性、理论性问题值得进一步深入探讨,以满足新形势下交通控制理论和应用所需。

1.2.4　待解决问题

综合分析该研究涉及的各个领域发展现状,不难发现前专家学者在此相关领域做了基础性研究,取得了相当数量的研究成果,但经作者总结后发现,尚存在如下问题值得进一步研究与探讨。

(1) 在交通流建模领域,关于驾驶员灵敏度系数问题,前人研究成果大多基于固定常数,即模型中对所有车辆(驾驶员)均采用统一值。联系现实,确定这种情况是否符合实际交通。若不采取统一值,则应该采取何种分布的值,在此分布情况下,交通流呈现出何种特性,均为值得探讨的问题。再者,在微观跟驰交通流建模领域,当前分析主要基于直线路段,而现实生活中弯道路段、坡道路段等比比皆是,在此种道路线形情况下交通流的特性值得研究。最后,前人虽有少量研究信号灯作用下的交通流模型的特征,但笔者认为尚未完全将信号灯的作用因素引入微观模型。

(2) 信号控制条件下交叉口延误模型给出了交通流量到达与离开的关系,该模型与交通溢流之间隐含有一定的关系,需要深入揭示二者之间的关系。

(3) 交通溢流已经得到了很多专家学者的关注,也已经有一些较好的研究成果,然而,交通溢流的机理特性及识别、传统交通流模型的溢流问题等方面的研究成果还较少,但交通溢流是一种实际存在的极端交通拥堵现象,急需解决。

(4) 交通溢流发生后,如何采取合理协调控制手段,既保证路段溢流能够得到快速消散,又不至于过于影响邻接路口,导致新路段交通溢流连锁发生,是一个事关全局、局部最优问题,在此方面研究未见有文献报道。

1.3 研究综述

1.3.1 研究目标与研究内容

主要研究目标在于建立适合城市交通流仿真与研究的交通流模型,在此模型基础上得到仿真数据,结合实际采集的交通流数据,分析出城市交通溢流情况下交通流特性,探讨识别交通溢流方法,提出解决交通溢流控制算法,缓解城市交通拥堵问题,提高交通效率,促进社会和谐。主要内容及其之间的相互逻辑关系架构如图 1.1 所示。

1.3.2 研究方法与技术路线

采取理论建模与仿真验证相结合的研究方法,在建立模型的基础上,采取数值模拟和动画模拟相结合的方式进行仿真实验,取得仿真数据,绘制相关图形,分析规律,发现问题,比较优劣,得出结论。

详细技术路线如下。

(1) 广泛阅读在交通流理论建模领域国内外专家学者近 30 年来相关论文专著,掌握其交通流建模与稳定性分析的思路方法,结合观察实际交通状况,如信号灯不同灯色状态时,车辆启停时间与状态等,分析城市主干路信号灯作用情况下交通流建模理论与方法,在当前主流元胞模型、跟驰模型基础上进行改进,引入信号灯作用项。

(2) 通过从济南市交警支队复制相关路段交通流量文本数据、视频数据、交通信号配时数据等方式获取大部分研究所需的原始数据,同时考虑到溢流数据短期内难以获得完整数据,且若数据量不够,对分析问题获得较为准确的结果作用有限,因此,提出首先以仿真的方式探讨溢流情况下的交通流三参数关系。

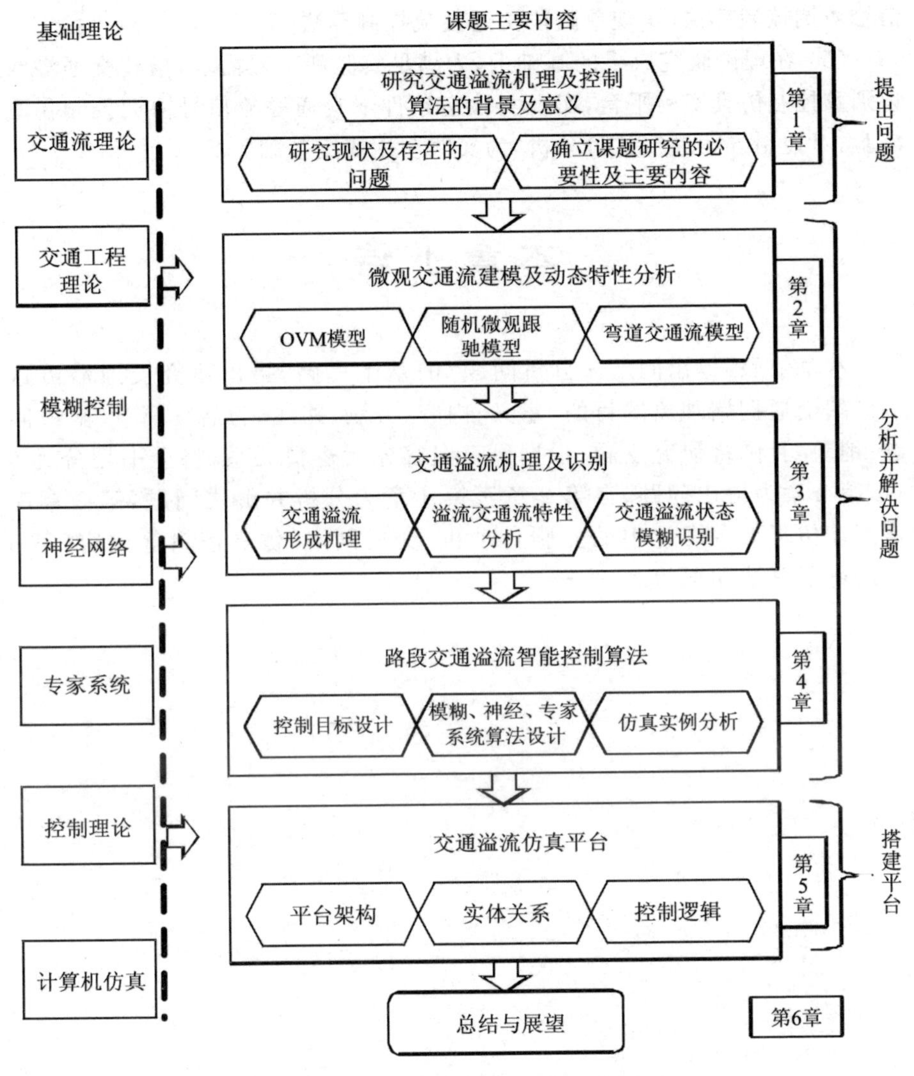

图 1.1　课题主要研究内容及逻辑关系

(3) 判别发生交通溢流的条件，以排队论、路段车辆守恒定律、交通延误等理论为依据，探讨交通溢流发生时路段车辆排队条件、信号设置条件等，并以模糊数学理论对交通溢流严重程度进行定性表述，以车辆排队长度与路段比率、车辆平均速度等参数为指标，运用模糊推理逻辑对交通溢流严重程度进行推理运算。

(4) 交通溢流识别和特性分析的根本目的在于控制交通溢流带来更为严重的交通拥堵问题，在前述研究分析的基础上，将模糊理论、神经网络、专家系统等工智能理论结合起来，研究交通溢流发生情况下主干路协调交通信号协调控制算法，实现单路段交通溢流控制算法。

(5) 在理论研究成果的基础上，为满足实验和工程需求，搭建交通溢流识别及控制仿真实验平台，实现实验室条件下交通溢流信号协调控制仿真实验，对控制方案进行评价分析，为实践应用奠定基础。

本章小结

本章依照“提出问题—分析问题”的基本思路，指出研究交通溢流这一极端交通拥堵现象的目的、意义、内容、方法、路线，为后续篇章“解决问题”铺垫，且围绕研究主题，根据研究内容先后逻辑关系，将全书划分为6章，第1章为提出问题，自第2章至第4章为分析并解决问题，第5章简略阐述仿真平台设计中的元胞自动机、交通网络、仿真逻辑等内容，第6章进行了总结和展望。

第 2 章　微观交通流建模及动态特性分析

交通流模型是研究各种交通现象的理论基础。对交通流跟驰模型施以拉普拉斯变换(也称为拉氏变换或 z 变换),转换为控制系统传递函数形式,进而通过分析传递函数来探讨交通流系统稳定性及控制方法,是交通流理论研究的重要方向之一。本章探讨了 OVM 模型动态特性及三类交通流模型,即随机微观交通流模型、弯道交通流模型和信号灯作用下交通流模型,对可解析的前两类模型进行了稳定性分析与数值模拟,对不可解析的后一类模型进行了仿真验证。

2.1　OVM 模型及动态特性

基于控制理论,研究发现稳定交通流系统可进一步划分为欠阻尼状态和过阻尼状态,不同稳定状态呈现不同的动态特性,且发生交通事件类似向系统施加某类扰动响应(如阶跃响应)。基于上述思考,重点探讨稳定交通流两种不同阻尼状态下系统动态特性问题,为在发生交通事件时采取有效管控措施提供理论支撑。

2.1.1　模型及其稳定性

1995 年,Bando 等建立了最优速度(optimal velocity,OV)模型[42],其运动状态方程如式(2-1):

$$
\begin{cases}
\dfrac{\mathrm{d}^2(x_n(t))}{\mathrm{d}t^2}=\kappa\left\{V(\Delta x_n(t))-\dfrac{\mathrm{d}x_n(t)}{\mathrm{d}t}\right\}\\
\dfrac{\mathrm{d}(\Delta x_n(t))}{\mathrm{d}t}=v_{n+1}(t)-v_n(t)
\end{cases}
\tag{2-1}
$$

式中,$x_n(t)$表示第 n 辆车在时刻 t 位置;$\Delta x_n(t)=x_{n+1}(t)-x_n(t)$,表示第 n 辆车在时刻 t 时车头间距,$n=1,2,\cdots,N$,N 为车辆总数;κ 为灵敏度系

数；$\frac{dx_n(t)}{dt}$和$\frac{d^2(x_n(t))}{dt^2}$分别为第 n 辆车的速度与加速度；$V(\Delta x_n)$为队列中第 n 辆车最优速度函数，且满足单调递增和具有上确界（$V^{\max}=V(\Delta x_n\to\infty)$）条件。

设恒定速度值 v_0，记交通流系统稳定状态$[v_i^*(t),\Delta x_i^*(t)]^{\mathrm{T}}=[v_0,V^{-1}(v_0)]^{\mathrm{T}}$，状态空间表达如式(2-2)：

$$\begin{cases}\begin{bmatrix}\frac{d(\tilde{v}_n(t))}{dt}\\ \frac{d(\Delta\tilde{x}_n(t))}{dt}\end{bmatrix}=\begin{bmatrix}-\kappa & \kappa\Lambda\\ -1 & 0\end{bmatrix}\cdot\begin{bmatrix}\tilde{v}_n(t)\\ \Delta\tilde{x}_n(t)\end{bmatrix}+\begin{bmatrix}0\\ 1\end{bmatrix}\cdot\tilde{v}_{n+1}(t)\\ \tilde{v}_n=[1\quad 0]\cdot\begin{bmatrix}\tilde{v}_n(t)\\ \Delta\tilde{x}_n(t)\end{bmatrix}\end{cases}\tag{2-2}$$

式中，$\tilde{v}_n(t)=v_n(t)-v_0$，$\tilde{v}_{n+1}(t)=v_{n+1}(t)-v_0$，$\Delta\tilde{x}_n(t)=\Delta x_n(t)-V^{-1}(v_0)$，$\Lambda=\left.\frac{dV(\Delta x_n(t))}{d(\Delta x_n(t))}\right|_{\Delta x_n(t)=V^{-1}(v_0)}$。

经 Laplace 变换后，$\tilde{V}_n(s)\sim\tilde{V}_{n+1}(s)$之间速度关系如式(2-3)：

$$V_n(s)=G(s)\cdot V_{n+1}(s)\tag{2-3}$$

式中，$V_n(s)=L(\tilde{v}_n(t))$，$V_{n+1}(s)=L(\tilde{v}_{n+1}(t))$，传递函数 $G(s)$如式(2-4)：

$$G(s)=\frac{\kappa\Lambda}{s^2+\kappa s+\kappa\Lambda}\tag{2-4}$$

其特征方程为 $d(s)=s^2+\kappa s+\kappa\Lambda$。

根据 Routh 判据[11]及$\|G(s)\|_\infty<1$，求得系统稳定条件表达式如式(2-5)：

$$\kappa>0,\quad 0<\Lambda<\frac{\kappa}{2}\tag{2-5}$$

2.1.2 系统动态特性分析

2.1.2.1 阻尼区间分析

基于传递函数式(2-4)，交通流跟驰系统闭环控制结构如图 2.1 所示。

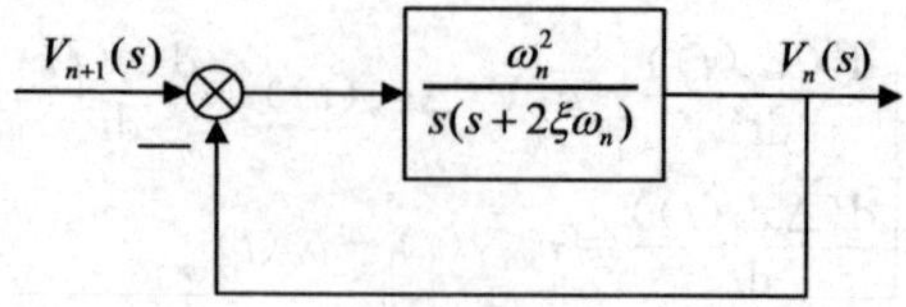

图 2.1 跟驰系统闭环控制结构图

经推理分析，其闭环传递函数表达式(2-6)：

$$G^*(s)=\frac{\omega_n^2}{s^2+2\xi\omega_n s+\omega_n^2} \tag{2-6}$$

式中，$\omega_n=\sqrt{\kappa\Lambda}$，$\xi=\frac{1}{2}\sqrt{\frac{\kappa}{\Lambda}}$。

由控制理论可知[11]，典型二阶系统响应特性由阻尼比 ξ 和自然频率 ω_n（或时间常数 T）两参数确定。当输入为单位阶跃函数时，可求得系统输出时域表达，单位阶跃函数式(2-7)：

$$R(s)=\frac{1}{s} \tag{2-7}$$

输出响应函数式(2-8)、式(2-9)：

$$H(s)=G^*(s)\times\frac{1}{s} \tag{2-8}$$

$$h(t)=L^{-1}\left[G^*(s)\times\frac{1}{s}\right] \tag{2-9}$$

根据式(2-4)特征根取值范围，系统时间响应分为欠阻尼($0<\xi<1$)、临界阻尼($\xi=1$)和过阻尼($\xi>1$)三种状态。结合交通流系统稳定性条件(2-5)，推得稳定交通流系统三类阻尼状态条件表达式(图 2.2)，即稳定欠阻尼状态$\left(\frac{\kappa}{4}<\Lambda<\frac{\kappa}{2}\right)$、稳定临界阻尼状态$\left(\Lambda=\frac{\kappa}{4}\right)$和稳定过阻尼状态$\left(0<\Lambda<\frac{\kappa}{4}\right)$。

为分析交通流系统阻尼特性，给出如下五个定义。

定义 1：交通流系统阶跃响应曲线第一次到达稳态值一半的时间记为延迟时间，以 t_d 表示。

定义 2：交通流系统单位阶跃响应曲线第一次达到稳态值时间记为上升时间，以 t_r 表示。

定义 3：交通流系统阶跃响应曲线第一次到达峰值所需要时间为峰值时间，以 t_p 表示。

定义 4：交通流系统在阶跃响应条件下输出量最大值与稳态值的相对误差为超调量，以 $\sigma\%$ 表示。

定义 5：交通流系统从动态过程开始到系统响应进入规定误差带内并不再超出的时间为调节时间，以 t_s 表示。

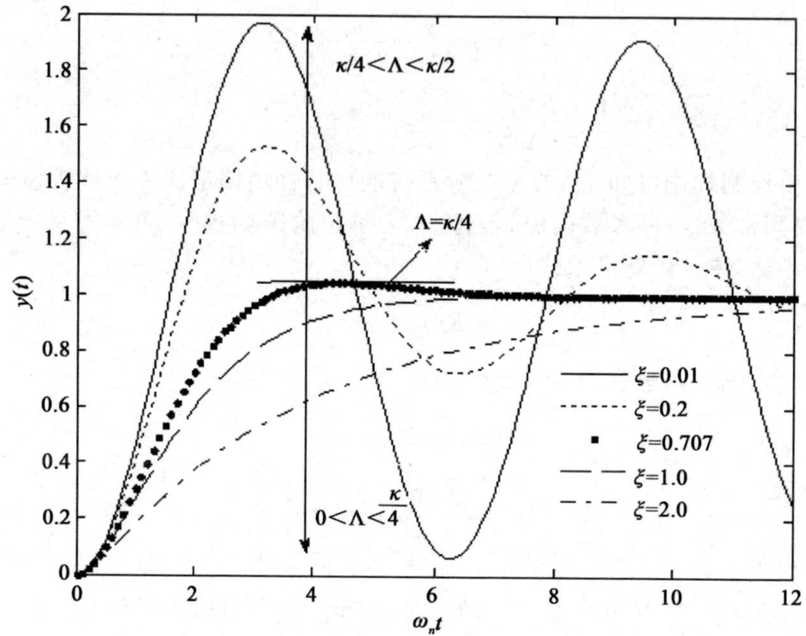

图 2.2　交通流系统阶跃响应阻尼区间

2.1.2.2　欠阻尼单位阶跃响应

据以上分析知，当满足 $0<\xi<1\left(\frac{\kappa}{4}<\Lambda<\frac{\kappa}{2}\right)$ 条件时，交通流系统特征方程(2-4)有一对负实部共轭复根($s_{1,2}=-\xi\omega_n\pm \mathrm{j}\omega_n\sqrt{1-\xi^2}=\sigma+j\omega_{\mathrm{d}}$)，系统处于欠阻尼状态，若对交通流系统施以单位阶跃响应，由公式(2-9)得其欠阻尼响应关系式(2-10)，此时系统具有衰减振荡动态特性。

$$h(t)=1-\frac{\mathrm{e}^{-\xi\omega_n t}}{\sqrt{1-\xi^2}}\sin(\omega_{\mathrm{d}}t+\beta) \tag{2-10}$$

式中，$\omega_{\mathrm{d}}=\omega_n\sqrt{1-\xi^2}=\frac{\sqrt{4\kappa\Lambda-\kappa^2}}{2}$，$\beta=\arccos\xi=\arccos\frac{1}{2}\sqrt{\frac{\kappa}{\Lambda}}$。

下面分析欠阻尼交通流系统动态响应性能。

据定义1，令 $h(t_d)=0.5$，得延迟时间计算式(2-11)：

$$t_d\approx\frac{1+7\kappa/40\Lambda}{\sqrt{\kappa\Lambda}} \tag{2-11}$$

据定义 2，令 $h(t_d)=1.0$，得上升时间计算式(2-12)：

$$t_r=\frac{2\left(\pi-\arccos\left(\frac{1}{2}\sqrt{k/\Lambda}\right)\right)}{\sqrt{\kappa}\sqrt{4\Lambda-\kappa}} \tag{2-12}$$

据定义 3，令 $\frac{\mathrm{d}h(t)}{\mathrm{d}t}=(\sin\omega_d t_p)\frac{\omega_n}{\sqrt{1-\xi^2}}\mathrm{e}^{-\xi\omega_n t_p}=0$，得峰值时间计算式(2-13)：

$$t_p=\frac{\pi}{\sqrt{\kappa}\sqrt{\Lambda-\kappa/4}} \tag{2-13}$$

据定义 4，令 $t=t_p$，代入 $h(t)$，得超调量计算式(2-14)：

$$\sigma\%=\mathrm{e}^{-\pi\sqrt{\frac{\kappa}{4\Lambda-\kappa}}}\times 100\% \tag{2-14}$$

据定义 5，当 $\Delta=0.05$ 且 $\xi<0.8$ 时，得调节时间计算式(2-15)：

$$t_s=\frac{3.5}{\xi\omega_n}=\frac{7}{\kappa} \tag{2-15}$$

2.1.2.3　过阻尼单位阶跃响应分析

当满足 $\xi>1\left(0<\Lambda<\frac{\kappa}{4}\right)$ 条件时，交通流系统特征方程(2-4)有一对不相等实根，系统处于过阻尼状态，若对交通流系统施以单位阶跃响应，得其过阻尼响应关系式(2-16)，此时系统呈现非振荡动态过程。

过阻尼交通流系统阶跃响应如式(2-16)：

$$h(t)=1-\frac{1/T_2}{1/T_2-1/T_1}\mathrm{e}^{-\left(\xi-\sqrt{\xi^2-1}\right)\omega_n t}+\frac{1/T_1}{1/T_2-1/T_1}\mathrm{e}^{-\left(\xi+\sqrt{\xi^2-1}\right)\omega_n t} \tag{2-16}$$

式中，$T_1=\frac{2}{\kappa-\sqrt{\kappa^2-4\kappa\Lambda}}$，$T_2=\frac{2}{\kappa+\sqrt{\kappa^2-4\kappa\Lambda}}$。

针对过阻尼二阶系统特点，重点分析其延迟时间 t_d、上升时间 t_r 和调节时间 t_s 三个参数。

同理，据定义 1、定义 2 和定义 5 分别得式(2-17)～式(2-21)：

$$t_d\approx\frac{1+0.6\xi+0.2\xi^2}{\omega_n} \tag{2-17}$$

$$t_r=\frac{1+1.5\xi+\xi^2}{\omega_n} \tag{2-18}$$

$$t_s=4.75T_1(\kappa=4\Lambda) \tag{2-19}$$

$$t_s\approx 3.3T_1(\kappa=6.25\Lambda) \tag{2-20}$$

$$t_s\approx 3T_1(\kappa>6.25\Lambda) \tag{2-21}$$

2.1.3 仿真分析

2.1.3.1 仿真初始条件

设定仿真初始条件，车辆数 $N=100$，道路长度 L，仿真步长 8000 步，系统扰动 $x_1(0)=1.0\text{m}$，$x_i(0)=(i-1)L/N$，$i\neq1$，$v_i(0)=V(L/N)$，采用周期性边界条件。车头间距表达式(2-22)：

$$\Delta X_i(t)=\begin{cases}x_{i+1}(t)-x_i(t), i\neq N\\ L+x_1(t)-x_N(t), i=N\end{cases} \tag{2-22}$$

取最优速度函数如式(2-23)，式中各参数分别为 $\kappa=0.85\text{s}^{-1}$，$V_1=6.75\text{m/s}$，$V_2=7.91\text{m/s}$，$C_1=0.13\text{m}^{-1}$，$C_2=1.57\text{m}^{-1}$：

$$V(\Delta x)=V_1+V_2\times\tanh(C_1\times\Delta x-C_2) \tag{2-23}$$

2.1.3.2 系统阻尼区域分析

研究分析交通流系统稳定区间，得边界稳定值及稳定阻尼和欠阻尼区域(图 2.3)，$\Lambda=\frac{\kappa}{2}$为交通流稳定与不稳定临界值，$\Lambda=\frac{\kappa}{4}$为欠阻尼和过阻尼临界值。分析得稳定车头时距参数分别为 $\Delta x_1=\Lambda^{-1}(\kappa/2)=4.304$ 或 19.85，$\Delta x_2=\Lambda^{-1}(\kappa/4)=1.113$ 或 23.04。

由图 2.3 分析知，①当 $4.303<\Delta x<19.85$ 时，交通流系统不稳定；当 $\Delta x<4.303$ 或 $\Delta x>19.85$ 时，交通流系统稳定。②在稳定条件下，当 $\Delta x>1.11$ 或 $\Delta x<23.04$ 时，系统处于欠阻尼状态；当 $\Delta x<1.11$ 或 $\Delta x>23.04$ 时，系统处于过阻尼状态。

为进一步分析交通流系统在欠阻尼和过阻尼两种情况下的动态特性，分别选取图 2.3 中各阻尼区域内代表值，绘制单位阶跃响应曲线(图 2.4)。分析知，在 $\Lambda>0.425$ 时，系统不稳定；在 $0.2125\leqslant\Lambda\leqslant0.425$ 时为稳定欠阻尼区域；在 $\Lambda<0.2125$ 时，系统处于稳定过阻尼状态。

2.1.3.3 阶跃响应动态特性

为对稳定状态和不稳定状态交通流有直观的认识，首先给出不稳定状态交通流速度、加速度变化趋势线，然后分析稳定状态下欠阻尼和过阻尼两种情况。

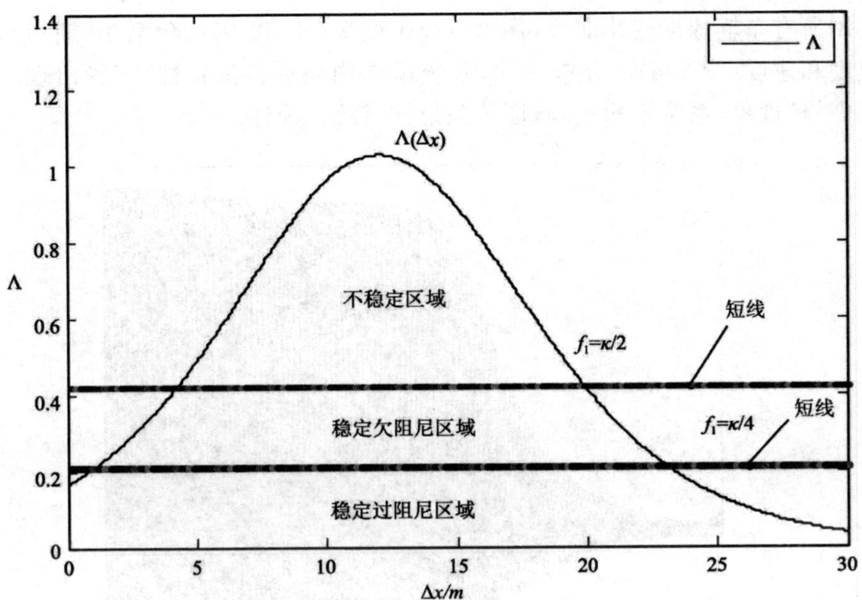

图 2.3　稳定交通流系统阻尼区间曲线

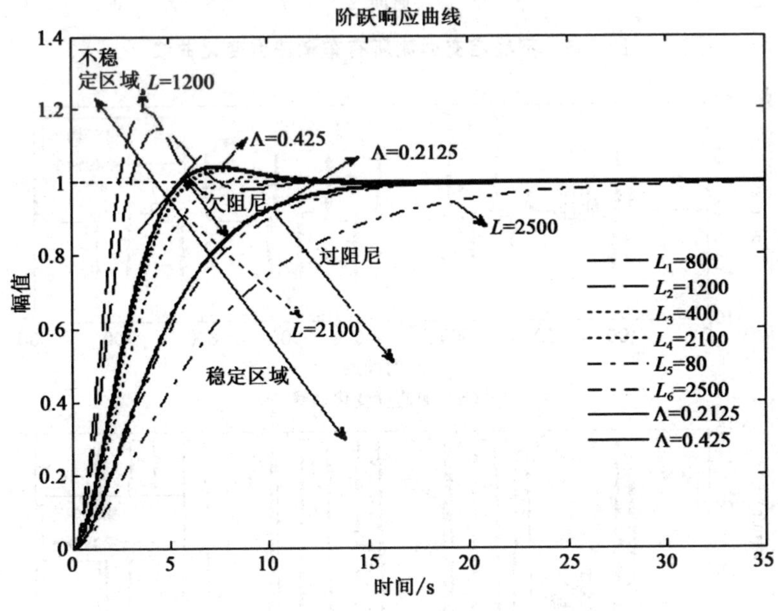

图 2.4　阶跃响应下稳定区间分析曲线

1. 不稳定交通流特性

取 $L=800\text{m}$，此时 $L/N=8>4.303$，交通流系统满足不稳定条件，分别绘制所有车辆速度变化曲线(图 2.5)、典型车(第 50 辆车和第 49 辆车)加速度和速度(图 2.6)。分析可知,系统呈现周期性振荡特性,车辆出现“走走停停”现象,系统不稳定,验证了理论推导的正确性。

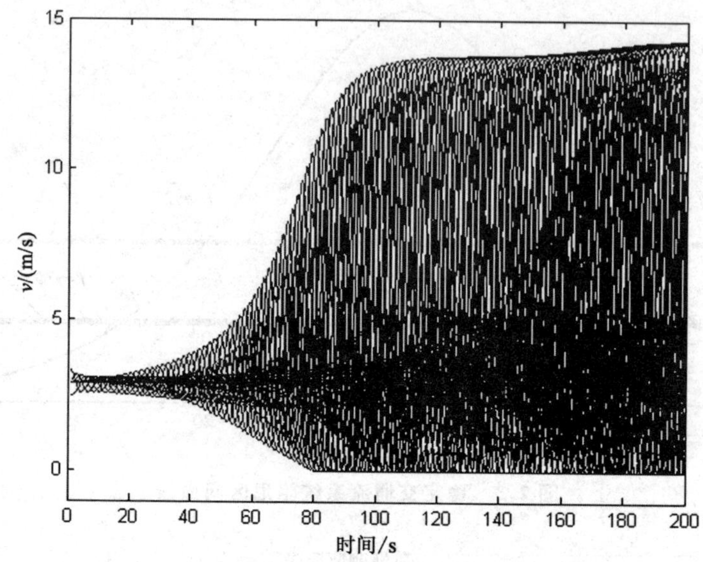

图 2.5 不稳定交通流所有车辆速度变化曲线

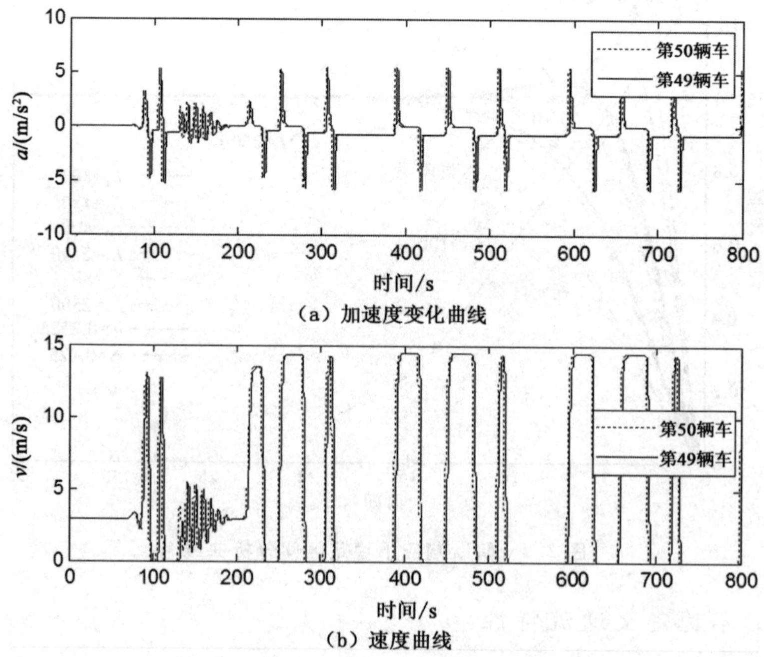

图 2.6 第 50 辆和第 49 辆车运动特性曲线

2. 稳定欠阻尼状态

取 L=2010m，此时 L/N=20.1>19.85，满足稳定欠阻尼条件，同样分别绘制所有车辆速度变化（图 2.7）、典型车（第 50 辆车和第 49 辆车）加速度和速度（图 2.8）曲线。分析可知，速度曲线呈逐渐收敛趋势，幅值逐渐减小，交通流系统趋于稳定状态。

对系统施加单位阶跃响应，得到系统动态响应特性曲线（图 2.9），此时 $\kappa=0.85s^{-1}$，L=2010m，N=100，Λ=0.4042，求解得阶跃响应条件下，系统各项动态性能指标分别为：延迟时间 t_d=2.33s，上升时间 t_r=5.59s，峰值时间 t_p=7.78s，超调量 M_p=3.66%，误差为 5%时调节时间 t_s=8.24s。

3. 稳定过阻尼状态

取 L=2500m，此时 L/N=25>23.04，满足稳定过阻尼条件，仿真得到车辆运动曲线（图 2.10）、典型车加速度和速度曲线（图 2.11），可明显发现交通流系统的非振荡动态特性。

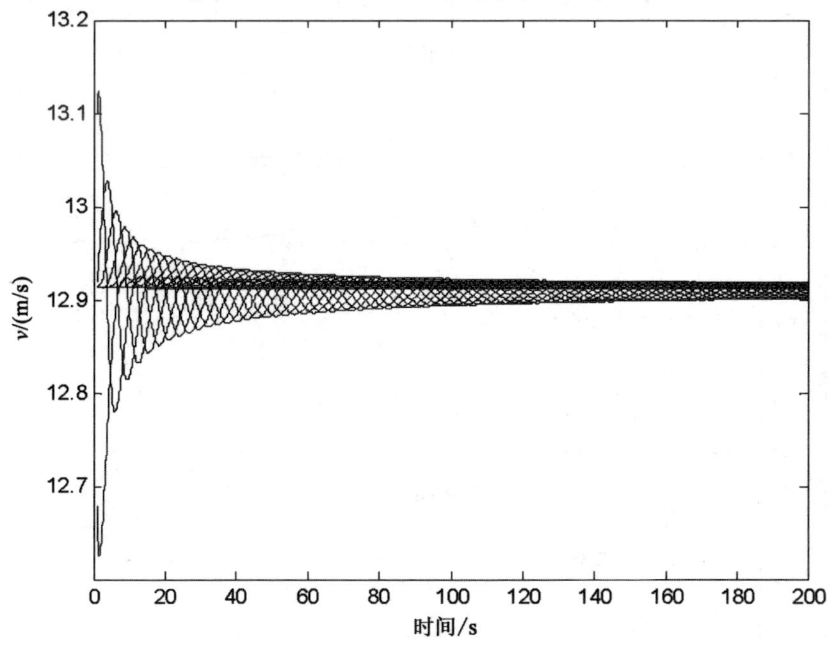

图 2.7　稳定欠阻尼交通流所有车辆速度曲线

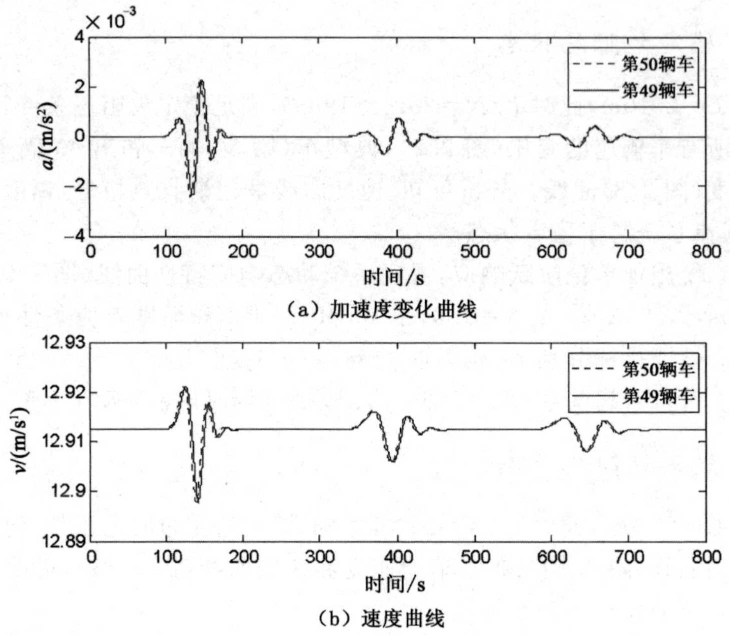

（a）加速度变化曲线

（b）速度曲线

图 2.8　第 50 辆车和第 49 辆车运动特性曲线

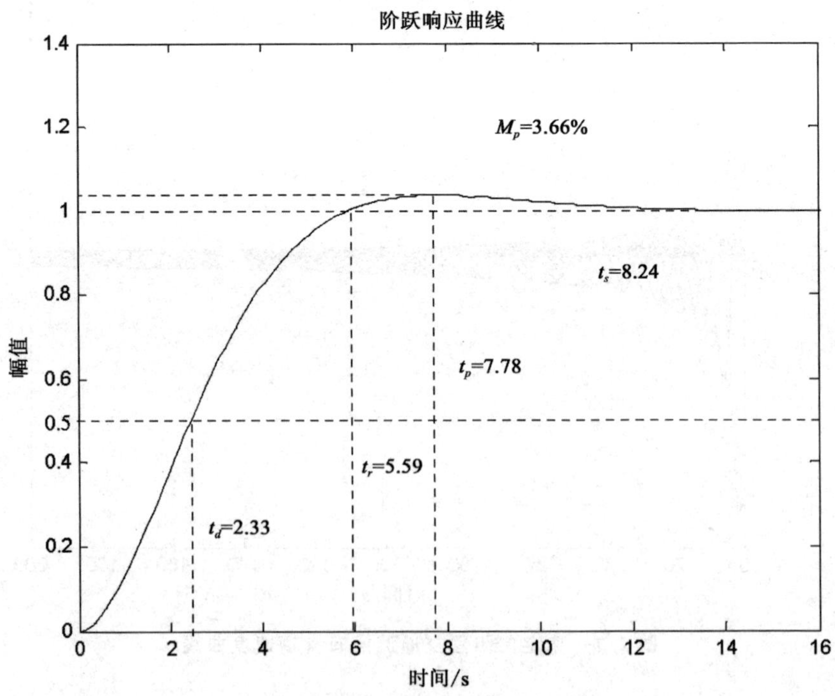

图 2.9　稳定欠阻尼动态响应特性

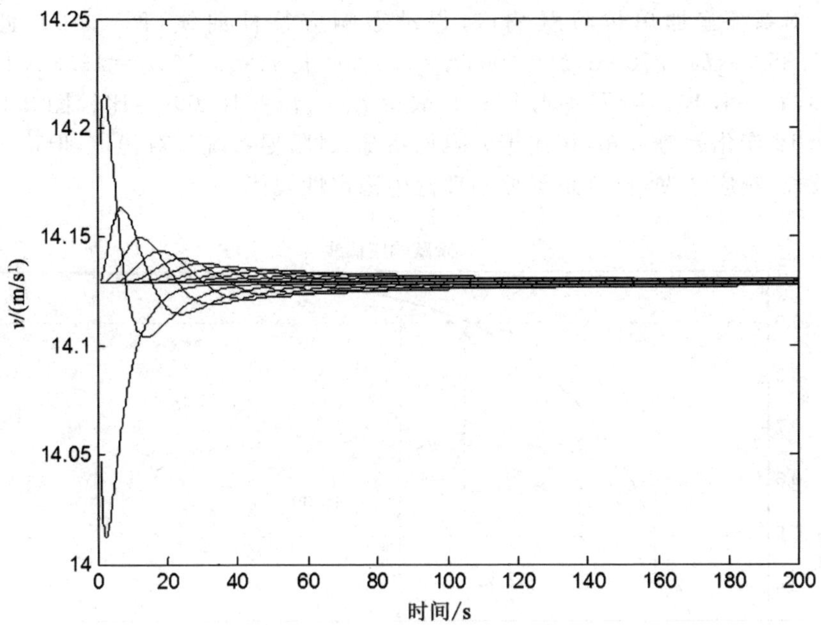

图 2.10　稳定过阻尼条件下所有车辆速度曲线

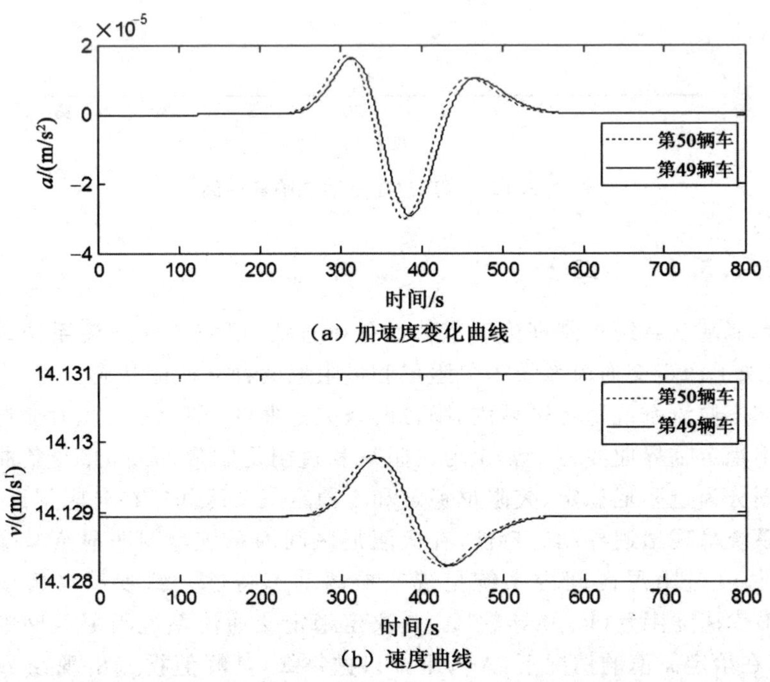

(a) 加速度变化曲线

(b) 速度曲线

图 2.11　第 50 辆车和第 49 辆车运动特性曲线

对系统施加单位阶跃响应，得动态响应特性曲线（图 2.12），此时 $\kappa=0.85\text{s}^{-1}$，$L=2500\text{m}$，$N=100$，$\Lambda=0.1334$，得 $t_d=6.16$，$t_r=13.32$，$T_1=6.03$，$T_2=1.46$，$T_1/T_2=4.13>4$，故得 $t_s=3T_1=18.09\text{s}$。比较图 2.9 和图 2.12 变化趋势可知，相比于欠阻尼系统，过阻尼系统相对稳定，但稳定时间较长，响应缓慢，符合系统控制理论中稳定性规律。

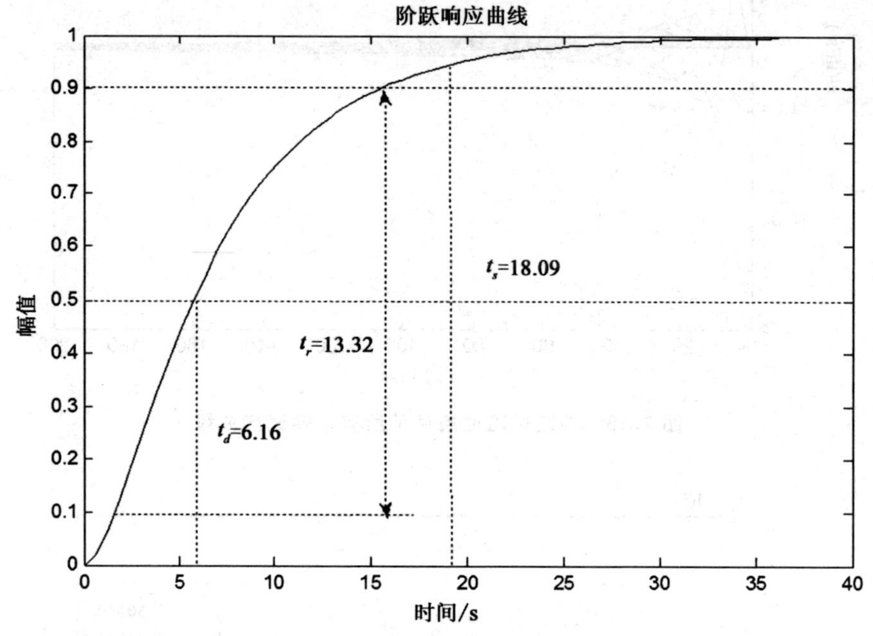

图 2.12　稳定过阻尼动态响应曲线

2.1.3.4　小结

本节基于系统控制理论动态特性分析方法，研究了交通流系统动态特性，发现了稳定交通流系统中欠阻尼和过阻尼两种交通流状态。

在交通流系统稳定区域内，隐含两条关键曲线，即 $\Lambda=\kappa/2$ 为交通流稳定与不稳定临界曲线，$\Lambda=\kappa/4$ 为欠阻尼和过阻尼临界曲线，此两条曲线将系统划分为过阻尼稳定、欠阻尼稳定和不稳定三个区间。在各阻尼区间，交通流系统呈现出迥异动态特性，在欠阻尼区间内系统呈现明显衰减振荡动态特性，在过阻尼区间内系统呈现非振荡动态特性。驾驶员灵敏度系数（κ）、最优速度函数（V）和导数（Λ）是决定稳定交通流系统阻尼区间的关键因素，在给定 κ 值的情况下，Λ 为下开口抛物线，其峰值拐点出现在 Λ 曲率变化为零处，即 $\left.\frac{\mathrm{d}\Lambda(\Delta x)}{\mathrm{d}(\Delta x)}\right|_{\Delta x=V^{-1}(v_0)}=0$，系统阻尼区间以此拐点为中心呈左

右近似对称分布。过阻尼交通流系统虽比欠阻尼交通流系统更为稳定,但其调节时间较长,说明在发生外部冲击时,其恢复稳定状态所需时间较长,为进一步引入其他控制环节研究提供了思路。

交通事件发生相当于向交通流系统中施加冲击或阶跃响应,文中对交通流系统上升时间、延迟时间、超调量、调节时间进行了计算,当评估交通事件发生时,其对研究交通流影响的持续时间有一定的参考价值。

2.2　随机微观跟驰模型

2.2.1　建立模型

在 OVM 模型基础上[41],专家学者不断地进行着模型改进和完善[44−50],但总体来说,现有模型存在如下不足:驾驶员灵敏度系数常取定值,这显然与现实不符。由此有学者提出随机微观跟驰模型,并进行了稳定性分析与数值模拟。

根据概率统计理论,设驾驶员服从某类概率函数分布,则令交通流中每一辆车所对应驾驶员以一组特征变量来表示,如式(2-24)和式(2-24a):

$$\mathrm{Car}_i=(F_{i1}(a),F_{i2}(V_{\max}),F_{i3}(H_c),F_{i4}(\lambda)) \tag{2-24}$$

$$\mathrm{Driver}_i=(F_{i1}(a),F_{i2}(V_{\max}),F_{i3}(H_c),F_{i4}(\lambda)) \tag{2-24a}$$

式中,$i=1,2,\cdots,N$ 为车辆编号(或车辆对应的驾驶员索引);Car_i 为第 i 辆车特征向量参数;$F_{i1}(a)$为驾驶员灵敏度分布函数;$F_{i2}(V_{\max})$为车辆允许最大速度函数;$F_{i3}(H_c)$为车辆最小车头间距函数;$F_{i4}(\lambda)$为全速度差项作用函数。

随机微观跟驰模型如式(2-25):

$$\frac{\mathrm{d}^2 x_n(t+\tau)}{\mathrm{d}t^2}=F_{n1}(a)\times\left[V(\Delta x_n(t))-\frac{\mathrm{d}x_n(t)}{\mathrm{d}t}\right]+F_{n4}(\lambda)\cdot\Delta\left(\frac{\mathrm{d}x_n(t)}{\mathrm{d}t}\right) \tag{2-25}$$

最优速度函数和速度差作用项函数分别如式(2-26)和式(2-27)所示。

$$V(\Delta x_n(t))=\frac{F_{n2}(V_{\max})}{2}\times(\tanh(\Delta x_n(t)-F_{n3}(h_c))+\tanh(F_{n3}(h_c))) \tag{2-26}$$

$$F_{n4}(\lambda)=\begin{cases}f(a),\Delta x_n\leqslant\Delta x_{\min}\\0,\Delta x_n>\Delta x_{\min}\end{cases} \tag{2-27}$$

2.2.2 稳定性分析

针对时域函数 $f(t)$，其拉普拉斯变换式如式(2-28)所示。

$$L[f(t)] = F(s) = \int_{0-}^{\infty} f(t)e^{-st}dt \tag{2-28}$$

式中，s 为复变量，且令 $s=\sigma+j\omega$。

对特征多项式 $D(s)$ 而言，如果其 H_{∞} 范数满足下列条件[24]，则交通流不稳定，产生拥堵。

$$\|G(s)\|_{\infty} := \sup_{\omega\in[0,+\infty]} |G(j\omega)| > 1 \tag{2-29}$$

将式(2-25)描述交通流跟驰模型改写为式(2-30)、式(2-31)形式。

$$\frac{dv_n(t+\tau)}{dt} = F_{n1}(a)\cdot[V(\Delta x_n(t)) - v_n(t)] + F_{n4}(\lambda)\cdot\Delta(v_n(t)) \tag{2-30}$$

$$\frac{d\Delta x_n(t+\tau)}{dt} = v_{n+1}(t) - v_n(t) \tag{2-31}$$

设系统稳定状态为：

$$[v_n^*(t), \Delta x_n^*(t)]^T = [v_0, V^{-1}(v_0)]^T \tag{2-32}$$

则得到交通流系统状态空间表达式如式(2-33)：

$$\begin{bmatrix} \dfrac{d\bar{v}_n(t+\tau)}{dt} \\ \dfrac{d\Delta\bar{x}_n(t+\tau)}{dt} \end{bmatrix} = \begin{bmatrix} -F_{n1}(a) - F_{n4}(\lambda) & F_{n1}(a)\Phi_n \\ -1 & 0 \end{bmatrix} \times \begin{bmatrix} \bar{v}_n(t) \\ \Delta\bar{x}_n(t) \end{bmatrix} + \begin{bmatrix} F_{n4}(\lambda) \\ 1 \end{bmatrix} \times \bar{v}_{n+1}(t) \tag{2-33}$$

$$\bar{v}_n(t) = [1 \quad 0] \times \begin{bmatrix} \bar{v}_n(t) \\ \Delta\bar{x}_n(t) \end{bmatrix} \tag{2-34}$$

其中，

$$\bar{v}_n(t+\tau) = \bar{v}_n(t) = v_n(t) - v_{n0}, \bar{v}_{n+1}(t+\tau) = \bar{v}_{n+1}(t) = v_{n+1}(t) - v_{n0} \tag{2-34a}$$

$$\Delta(\bar{v}_n(t+\tau)) = \bar{v}_{n+1}(t) - \bar{v}_n(t), \Delta(\bar{x}_n(t+\tau)) = \Delta x_n(t+\tau) - V_n^{-1}(v_0) \tag{2-34b}$$

$$\Delta(\bar{x}_n(t)) = \Delta x_n(t) - V_n^{-1}(v_0) \tag{2-34c}$$

$$\Phi_n = \left.\frac{dV_n(\Delta x_n(t))}{d(\Delta x_n(t))}\right|_{\Delta x_n(t)=\Delta x_n(0)} \tag{2-34d}$$

对上述公式进行拉化变换：

$$V_n(s)=G_{11}(s)\times\Delta X_n(s)+G_{12}\times V_{i+1}(s) \tag{2-35}$$

$$\Delta X_n(s)=\frac{1}{se^{s\tau}}\times[V_{n+1}(s)-V_n(s)]$$

式中，$L(\cdot)$为 Laplace 算子，

$$V_n(s)=L(\bar{v}_n(t)),V_{n+1}(s)=L(\bar{v}_{n+1}(t)) \tag{2-35a}$$

$$G_{11}(s)=\frac{F_{n1}(a)\Phi_n}{se^{s\tau}+F_{n1}(a)+F_{n4}(\lambda)},G_{12}(s)=\frac{F_{n4}(\lambda)}{se^{s\tau}+F_{n1}(a)+F_{n4}(\lambda)} \tag{2-35b}$$

由此得到第 $n+1$ 辆车与第 n 辆车之间的运动传递方程(2-36)：

$$V_n(s)=G(s)\times V_{n+1}(s) \tag{2-36}$$

其中

$$\begin{aligned}G(s)&=\frac{F_{n1}(a)\Phi_n+se^{s\tau}F_{n4}(\lambda)}{s^2e^{2s\tau}+((F_{n1}(a)+F_{n4}(\lambda))se^{s\tau}+F_{n1}(a)\Phi_n}\\&\approx\frac{F_{n1}(a)\Phi_n+sF_{n4}(\lambda)}{s^2+(F_{n1}(a)+F_{n4}(\lambda))s+F_{n1}(a)\Phi_n}\end{aligned} \tag{2-36a}$$

其特征多项式为：$D(s)=s^2+(F_{n1}(a)+F_{n4}(\lambda))s+F_{n1}(a)\Phi_n$。

根据公式(2-29)，得到其稳定条件：

$$\begin{cases}F_{n1}(a)+F_{n4}(\lambda)>0\\F_{n1}(a)\Phi_n>0\end{cases} \tag{2-37}$$

显然，$F_{n1}(a)>0$，$F_{n4}(\lambda)>0$，$\Phi_n>0$。

再者，当$\|G(s)\|_\infty\leqslant1$ 时，得到式(2-38)：

$$\Phi_n\leqslant F_{n4}(\lambda)+\frac{F_{n1}(a)}{2} \tag{2-38}$$

由式(2-38)可见，当 $F_{n1}(a)=a$ 且 $F_{n4}(\lambda)=\lambda$ 时，其稳定条件与 FVDM 方程稳定条件完全一致。为直观地观察模型稳定状态，根据式(2-38)绘制出车头间距和驾驶员灵敏度系数之间的关系曲线如图 2.13 所示，图中为两种情况下的(Δx,$F_{n1}(a)$)空间临界曲线，即 $V_{max}=2$，$H_c=1.5$ 和 $V_{max}=3$，$H_c=1.8$ 的情况，其中 Δx 为车头间距，$F_{n1}(a)$为驾驶员灵敏度函数，图中实线为各种 $F_{n4}(\lambda)$值情况下中性线(临界线)。最优速度导数 $V'(h)$在临界点 $h=h_c$ 具有最大值 $V_{max}/2$，故若 $F_{n1}(a)\geqslant2(\Phi_n-F_{n4}(\lambda))$，则交通流始终处于稳定状态，而与车头间距无关。在 $h=\Delta x=h_c$ 时，得到系统状态转折点 $F_{n1}(a)=a_c$。当 $F_{n4}(\lambda)=0$ 时，则得到临界点和稳定曲线与传统交通流跟驰模型稳定条件一致[41][45]。

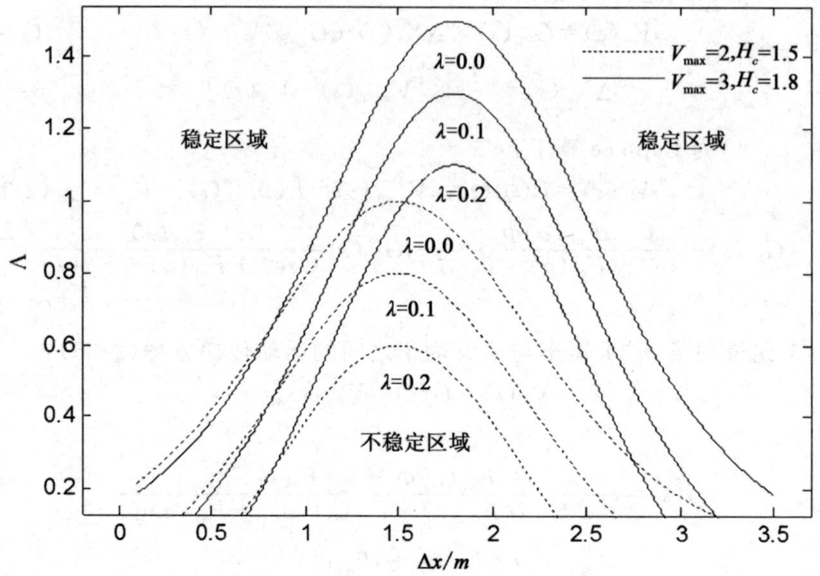

图 2.13　临界稳定线 Δx-$F_{n1}(a)$ 曲线

2.2.3　仿真分析

2.2.3.1　仿真条件设置

设置仿真初始条件如下：车辆间全速度差作用距离值 $\Delta x_{min}=3\text{m}$，车辆总数为 $N=100$，道路长度为 $L=200\text{m}$（与 Bando 1995 模型相同[41]），驾驶员反应延迟时间 $\tau=0.1\text{s}$，$\Delta T=0.1\text{s}$，$b=L/N$，$x_{50}(0)=x_{50}(0)+0.5$，$\Delta x_{51}(0)=x_{51}(0)-0.5$，$\Delta x_n(0)=(n-1)b$，$\dot{x}_n(0)=0\text{m/s}$，$n=2,3,\cdots,N$，仿真步长取 20000 步。

基于牛顿运动定律车辆运动方程如式(2-39)～式(2-41)：

$$\dot{x}_n(t+\tau)=\dot{x}_n(t-\Delta T)+\ddot{x}_n(t-\Delta T)\times(\Delta T+\tau) \tag{2-39}$$

$$\ddot{x}_n(t+\tau)=A_n\times[V_n(t)-\dot{x}_n(t)]+\lambda_n(\dot{x}_{n+1}(t)-\dot{x}_n(t)) \tag{2-40}$$

$$x_{n+1}(t+\tau)=x_n(t-\Delta T)+\dot{x}_n(t-\Delta T)\times\Delta T+\frac{1}{2}\times\ddot{x}_n(t-\Delta T)\times(\Delta T)^2+\dot{x}_n(t-\Delta T)\times\tau+\frac{1}{2}\times\ddot{x}_n(t-\Delta T)\times\tau^2 \tag{2-41}$$

2.2.3.2　交通流中有两类驾驶员

设定交通流中有两种类型驾驶员，其驾驶员参数分别为 Car_1＝(1.6,2,1.5,0.4)和 Car_2＝(1.8,3,1.5,0.5)。两类驾驶员在车流队列中间隔排列，即类型 1 驾驶员 Car_1 跟驰一辆类型 2 驾驶员 Car_2，且被类型 2 驾驶员 Car_2 跟驰。

下面分析 FVDM 和本文提出的随机模型的速度和加速度变化情况。

图 2.14 中为在相同初始条件下进行的仿真，(a)为仅有类型 1 驾驶员情况下所有车辆速度变化曲线；(b)为仅有类型 2 驾驶员所有车辆速度变化曲线；(c)为类型 1 和类型 2 驾驶员间隔排列所有车辆的速度变化曲线。

从图 2.14 中可以看出，在仅有一种类型驾驶员的情况下，交通流都表现出了较大的波动性，而在两种类型驾驶员有序间隔排列的情况下，交通流则表现出了较好的稳定性。从常识与相关经验分析，实际交通流队列中绝大多数情况还是处于亚稳态，这与实际相符。

为进一步直观地观察多类型驾驶员存在的情况下的交通流特性，下面以车流中间车辆第 50 辆车加速度变化趋势进行深入分析，如图 2.15 所示。

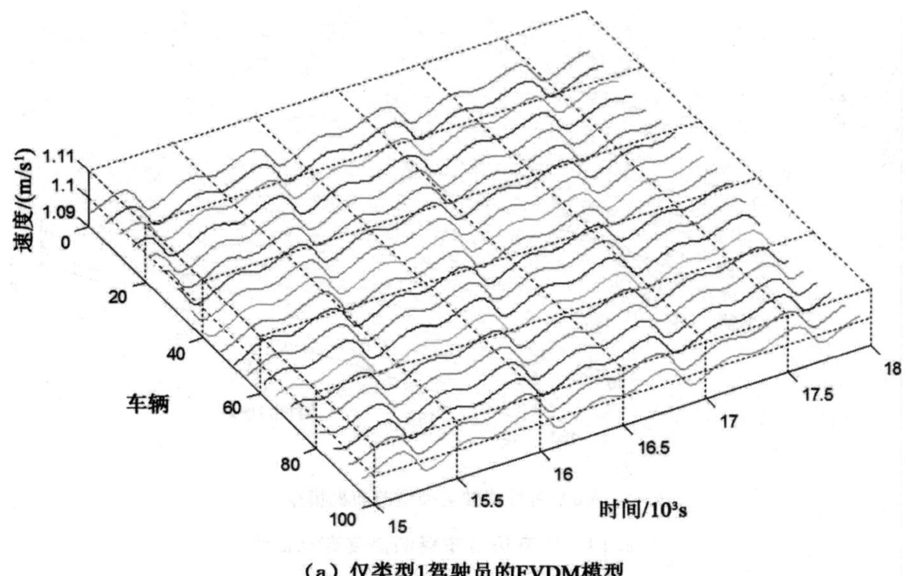

(a) 仅类型1驾驶员的FVDM模型

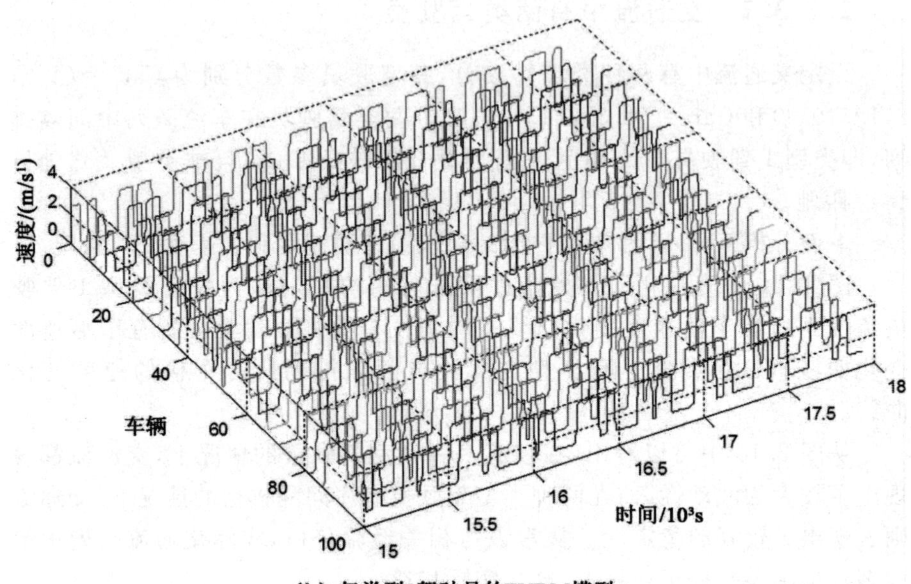

（b）仅类型2驾驶员的FVDM模型

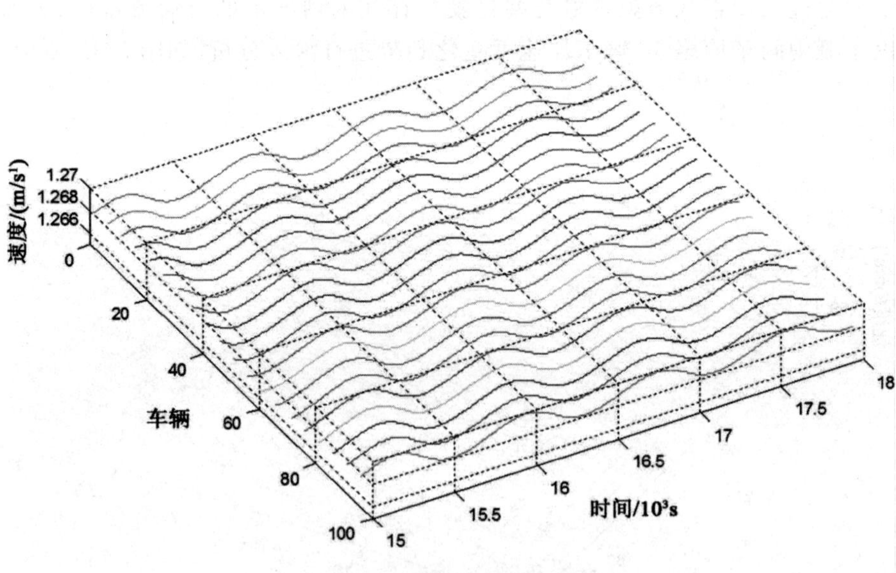

（c）两种驾驶员类型的随机模型

图 2.14　所有仿真车辆的速度变化曲线

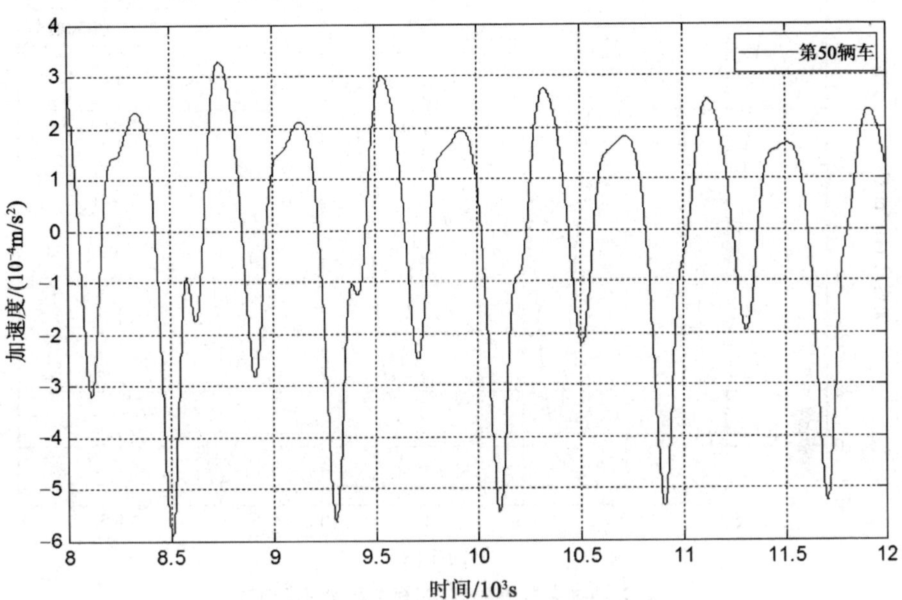

（a）仅有类型1的FVDM模型加速度曲线

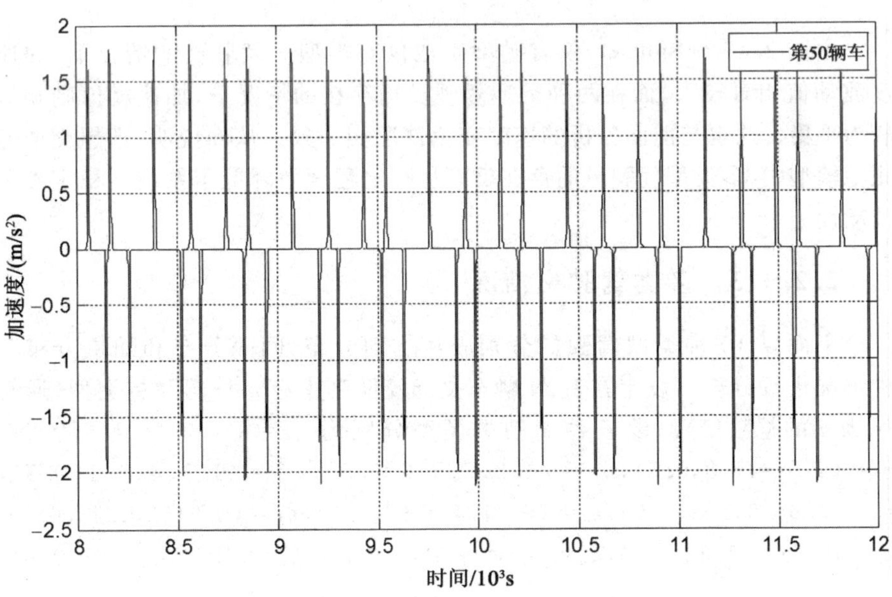

（b）仅有类型2的FVDM模型加速度曲线

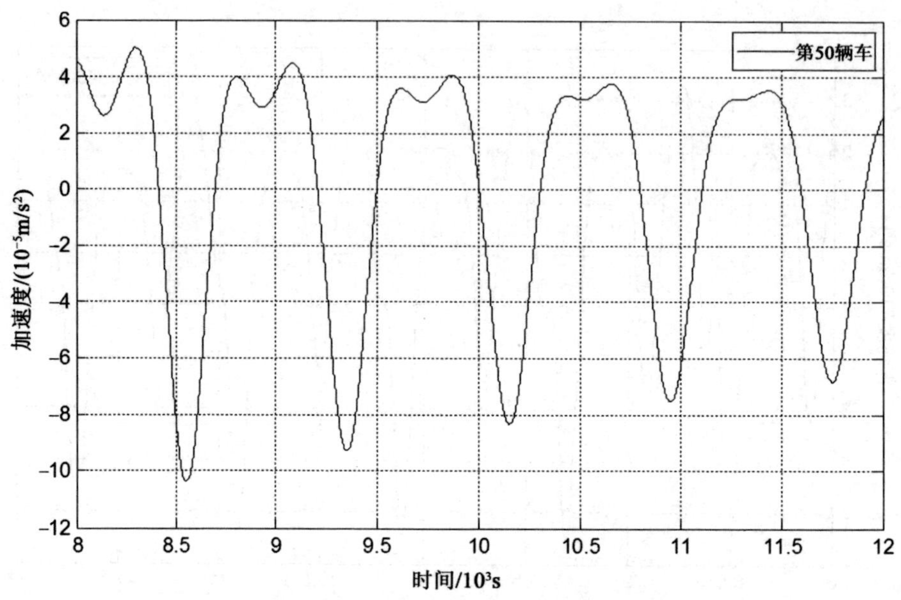

（c）两种类型共存FVDM模型和加速度曲线

图 2.15　单一驾驶员类型情况下交通流特性曲线

由图 2.15 分析可知，仅有类型 1 或仅有类型 2 驾驶员的情况下，加速度波动值相对较大，而在两种类型驾驶员均存在的情况下，加速度值则相对较为平稳。这也与前面分析的速度变化情况相一致。从而说明，理想交通流跟驰模型中，多类型驾驶员的存在反而从一定程度上降低了系统不稳定性及波动性。

2.2.3.3　多类驾驶员情况

下面以 10 种类型驾驶员分别服从均匀分布、间隔分布和随机分布三种情况进行分析。设定在有 N 辆车交通流队列中有 n 种驾驶员类型（通常 N 为 n 的整数倍）。设 n 种驾驶员类型分别为 $n_1=(0.86,2,1.5,0.5)$，$n_2=(1.5,3,1.8,0.5)$，$n_3=(1.2,5,1.6,0.5)$，$n_4=(1.7,4,1.1,0.5)$，$n_5=(0.64,3,1.3,0.5)$，$n_6=(0.74,4,1.62,0.5)$，$n_7=(0.94,6,1.45,0.5)$，$n_8=(0.58,5,1.38,0.5)$，$n_9=(1.64,4,1.47,0.5)$，$n_{10}=(1.34,4,1.67,0.5)$。

1. 顺序排列情况

顺序排列情况下，驾驶员类型分布如图 2.16 所示，在有 100 辆车的队列中，前 10 辆为类型 1，自第 11 辆车到第 20 辆车为类型 2，以此类推。车流队列中驾驶员分布参数如图 2.16(a)所示，车流速度曲线和加速度曲线分别如图 2.16(b)～(c)所示。

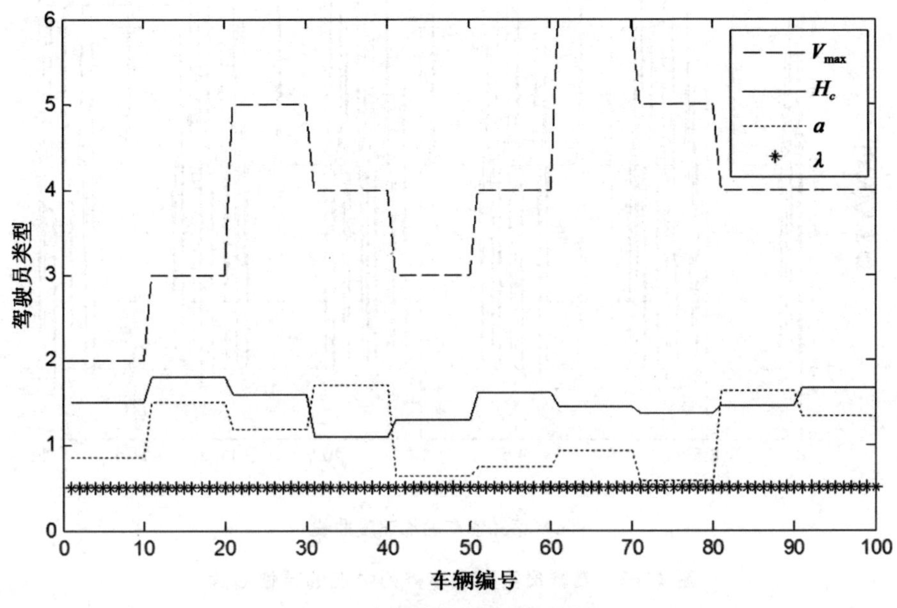

(a) 驾驶员类型分布曲线

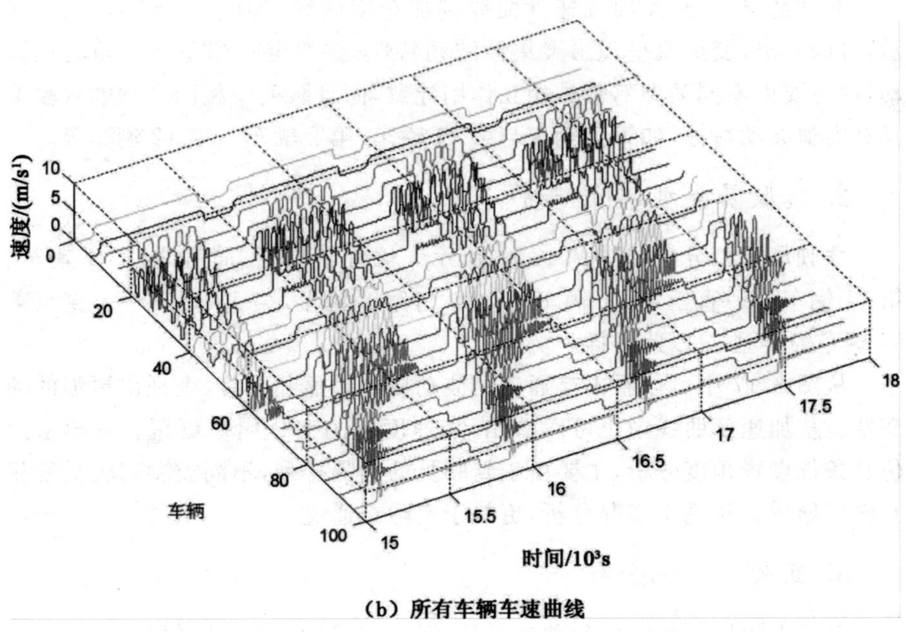

(b) 所有车辆车速曲线

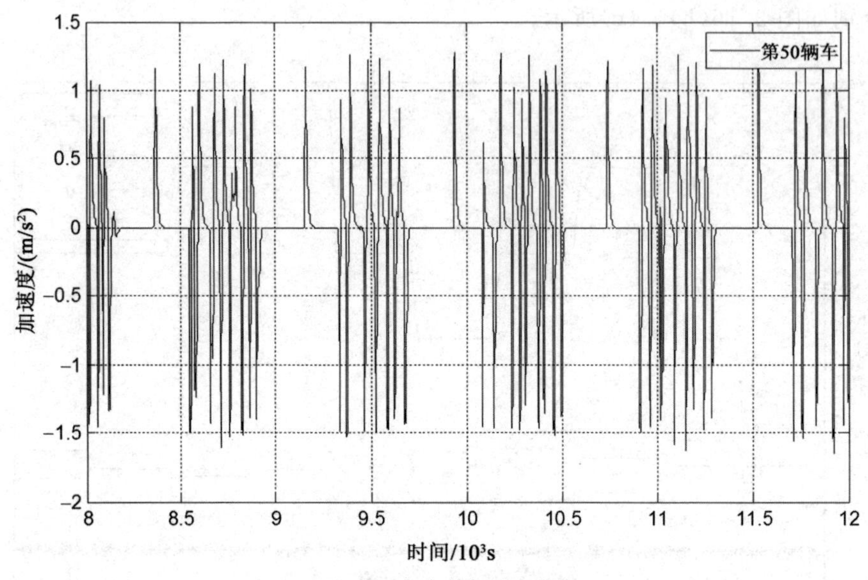

(c) 第50辆车的加速度曲线

图 2.16　驾驶员类型顺序排列情况的特性曲线

此种情况下，从交通流速度曲线到加速度曲线，如图 2.16(b)～(c)所示，可以看出，交通流呈现出聚集性波动特性，在特定时刻呈现出短时性波动，这主要由不同类型驾驶员相互作用导致，而且队列中相同类型的驾驶员具有类似波动特性，如第 1 辆车与第 11 辆车、第 2 辆车与第 12 辆车等。

2. 驾驶员类型间隔排列

驾驶员类型分布如图 2.17(a)所示。该种情况下，简言之，第 1 辆车、第 11 辆车……直至第 91 辆车为类型 1；第 2 辆车，第 12 辆车……直至第 92 辆车为类型 2；以此类推。

从图 2.17 中可以看出交通流的波动更加明显和密集，表现出更强的动态性。从加速度曲线中也可以看出，加速度值的变化周期更短。从模型及仿真条件设置角度分析，主要由于驾驶员的间隔排列，不同类型驾驶员的相互作用导致。从现实情况分析，更趋于实际交通流。

3. 驾驶员随机分布

首先由随机函数产生驾驶员类型平均分布数值，根据数值分布区间，确定驾驶员类型，若数值在区间[0，0.1]，则为类型 n_1；若数值在区间[0.1，0.2]之间，则为类型 n_2，以此类推。

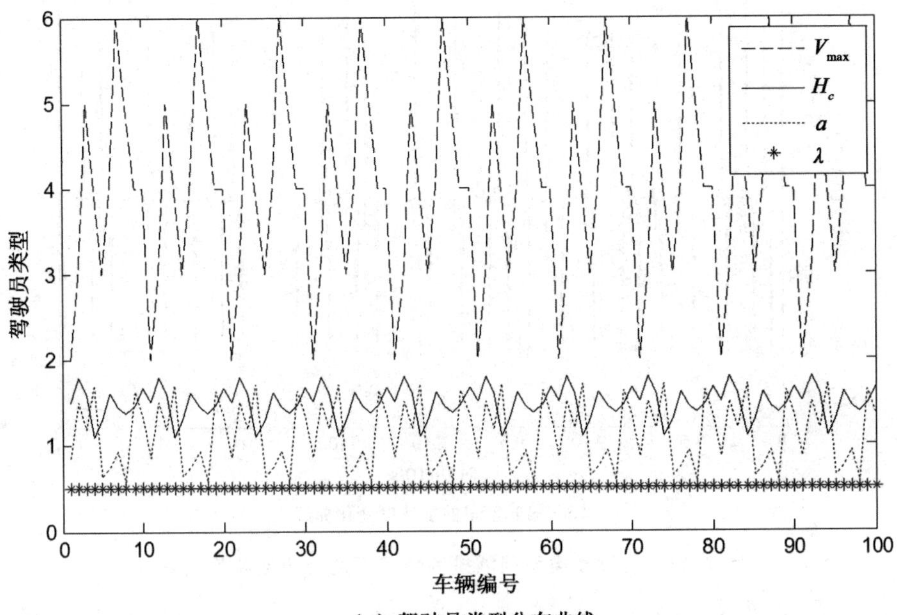

（a）驾驶员类型分布曲线

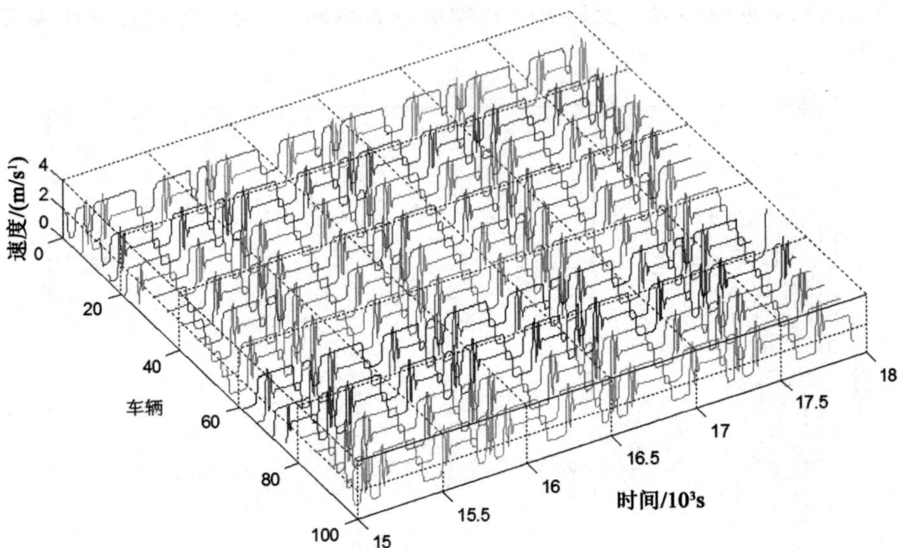

（b）所有车辆速度变化曲线

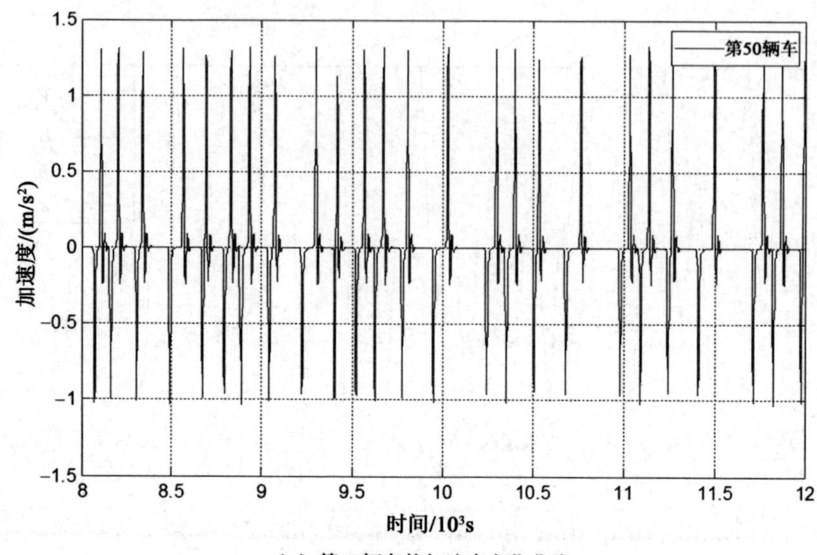

（c）第50辆车的加速度变化曲线

图 2.17　驾驶员类型间隔排列情况下的交通流特性曲线

分析图 2.18 中曲线可知，此种情况下，加速度值波动性加大，同时，交通流波动周期值加大。交通流中驾驶员分布越随机，交通流动态特性表现越明显。

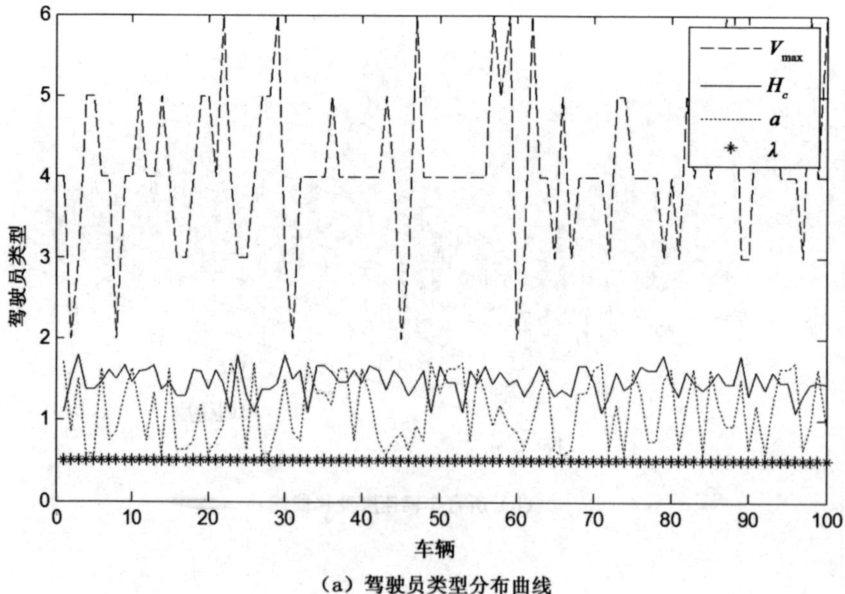

（a）驾驶员类型分布曲线

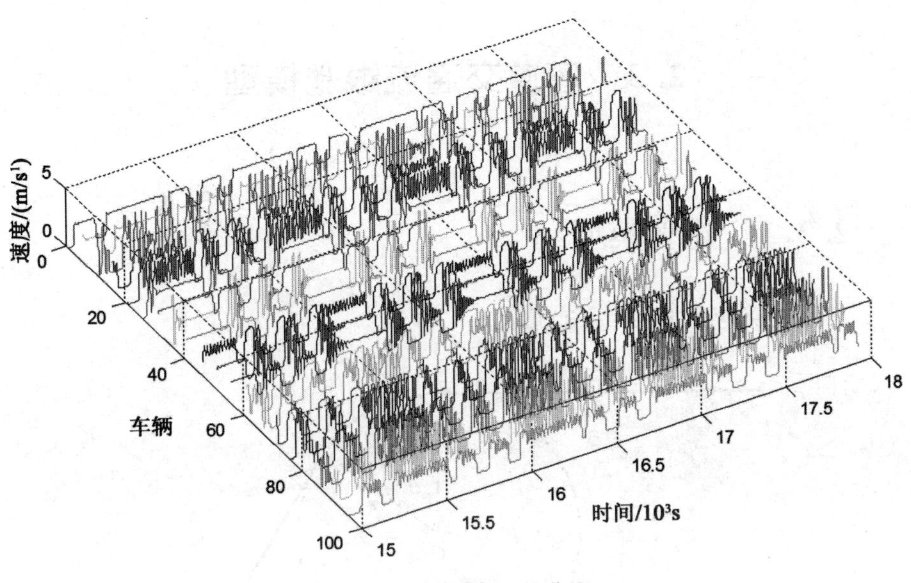

（b）速度特性分布曲线

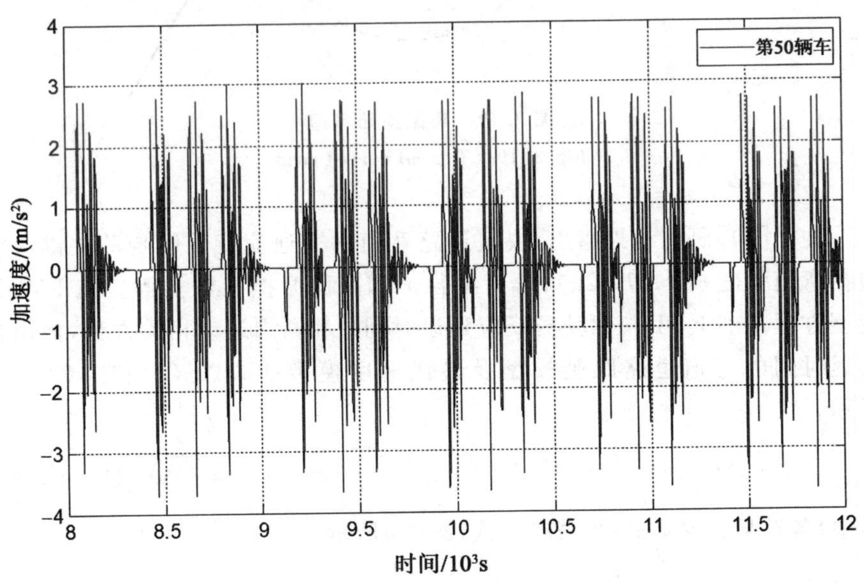

（c）第50辆车的加速度曲线

图 2.18　驾驶员类型随机分布情况下的交通流特性曲线

2.3 弯道交通流跟驰模型

2.3.1 建立模型

典型道路弯道如图 2.19 所示。

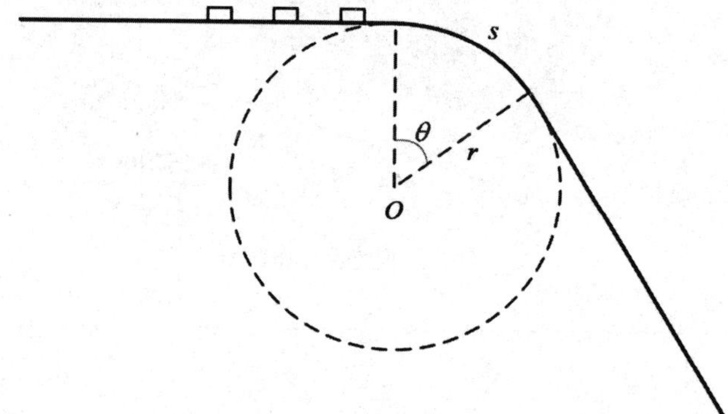

图 2.19 典型道路弯道

Fig. 2.19 Typical curved road

文献[54]研究结果指出，决定道路弯道对交通流特性影响的关键参数包括弯道弧度 $\theta(0\leqslant\theta\leqslant 2\pi)$、弯道半径 r 和路面摩擦系数 μ 等。在 FVDM 模型方程基础上，引入驾驶员反应延迟时间 τ 和圆周运动相关方程，提出带延迟时间的弯道道路跟驰模型及最优速度模型如式(2-42)和式(2-42a)所示。

$$\ddot{\theta}_n(t+\tau)=\frac{a}{r}\times[V(r\times\Delta\theta_n(t))-r\times\theta_n(t)]+\lambda\times\Delta\theta_n(t) \quad (2\text{-}42)$$

式中，各符号含义如式(2-42a)～式(2-42i)所示。

$$V(r\times\Delta\theta_n(t))=\frac{r\omega_{\max}}{2}\times(\tanh(r\times\Delta\theta_n(t)-r\times\theta_{\min})+\tanh(r\times\theta_{\min})) \quad (2\text{-}42a)$$

$$\theta_n(t)=\frac{x_n(t)}{r} \quad (2\text{-}42b)$$

$$\dot{\theta}_n(t)=\frac{1}{r}\times\dot{x}_n(t)=\frac{1}{r}\times v_n(t) \quad (2\text{-}42c)$$

$$\dot{\theta}_{n+1}(t)=\frac{1}{r}\times\dot{x}_{n+1}(t)=\frac{1}{r}\times v_{n+1}(t) \tag{2-42d}$$

$$\Delta(\dot{\theta}_n(t))=\dot{\theta}_{n+1}(t)-\dot{\theta}_n(t) \tag{2-42e}$$

$$\omega_{\max}=\frac{V_{\max}}{r} \tag{2-42f}$$

$$\theta_{\min}=\frac{h_c}{r} \tag{2-42g}$$

$$\lambda=\begin{cases}\frac{b}{r},\Delta\theta_n(t)\leqslant\Delta\theta_{\min}\\0,\Delta\theta_n(t)>\Delta\theta_{\min}\end{cases} \tag{2-42h}$$

$$\Delta\theta_{\min}=\frac{\Delta x_{\min}}{r} \tag{2-42i}$$

根据弯道处向心力[54]计算公式得式(2-43)：

$$m\frac{V_{\max}^2}{r}=\mu mg \tag{2-43}$$

车辆行驶最大线速度为式(2-44)：

$$V_{\max}=\sqrt{\mu gr} \tag{2-44}$$

其最大角速度为式(2-45)：

$$\omega_{\max}=\sqrt{\mu g/r} \tag{2-45}$$

式中，g 为重力加速度，一般取值为 $10\mathrm{N/s^2}$。

实际中，从驾驶安全角度考虑，最高速度一般远小于理论速度极值，故引入最高速度系数 $k(0<k\leqslant1)$，得到修正最优速度公式(2-46)：

$$V(r\Delta\theta_n(t))=k\times\frac{\sqrt{\mu gr}}{2}\times(\tanh(r\times\Delta\theta_n(t)-r\times\theta_{\min})+\tanh(r\times\theta_{\min})) \tag{2-46}$$

2.3.2 稳定性分析

首先给出弯道情况下交通流系统状态方程如式(2-47)、式(2-48)：

$$\dot{\omega}_n(t+\tau)=\frac{a}{r}\times[V(r\times\Delta\theta_n(t))-r\times\omega_n(t)]+\lambda\times(\Delta\omega_n(t)) \tag{2-47}$$

$$\Delta\dot{\theta}_n(t+\tau)=\omega_{n+1}(t)-\omega_n(t) \tag{2-48}$$

式中，$\omega_n(t)$表示队列中第 n 辆车在时刻 t 的角速度，各计算公式如下：

$$\omega_n(t)=\dot{\theta}_n(t) \tag{2-49}$$

$$\omega_{n+1}(t)=\dot{\theta}_{n+1}(t) \tag{2-50}$$

且考虑到驾驶员在反应延迟时间 τ 内车辆速度并未改变，因此

$$\omega_n(t)=\omega_n(t+\tau) \tag{2-51}$$

根据线性系统理论，设交通流系统稳定状态如式(2-52)：

$$[\omega^*(t),\Delta\theta^*(t)]^{\mathrm{T}}=\left[\omega_0,\frac{V^{-1}(r\omega_0)}{r}\right]^{\mathrm{T}} \tag{2-52}$$

系统状态空间方程表达式如式(2-53)、式(2-54)所示。

$$\begin{bmatrix}\dfrac{\mathrm{d}\,\bar{\omega}_n(t+\tau)}{\mathrm{d}t}\\ \dfrac{\mathrm{d}[\Delta\,\bar{\theta}_n(t+\tau)]}{\mathrm{d}t}\end{bmatrix}=\begin{bmatrix}-a-\lambda & \dfrac{a}{r}\Phi\\ -1 & 0\end{bmatrix}\times\begin{bmatrix}\bar{\omega}_n(t)\\ \Delta\,\bar{\theta}_n(t)\end{bmatrix}+\begin{bmatrix}\lambda\\ 1\end{bmatrix}\times\bar{\omega}_{n+1}(t) \tag{2-53}$$

$$\bar{\omega}_n(t)=[1\quad 0]\times\begin{bmatrix}\bar{\omega}_n(t)\\ \Delta\,\bar{\theta}_n(t)\end{bmatrix} \tag{2-54}$$

式中，各表达式含义如式(2-54a)～(2-54f)：

$$\bar{\omega}_n(t+\tau)=\bar{\omega}_n(t)=\omega_n(t)-\omega_0 \tag{2-54a}$$

$$\bar{\omega}_{n+1}(t+\tau)=\bar{\omega}_{n+1}(t)=\omega_{n+1}(t)-\omega_0 \tag{2-54b}$$

$$\Delta(\bar{\omega}_n(t+\tau))=\bar{\omega}_{n+1}(t)-\bar{\omega}_n(t) \tag{2-54c}$$

$$\Delta(\bar{\theta}_n(t))=\Delta\theta_n(t)-V^{-1}(r\omega_0) \tag{2-54d}$$

$$\Delta(\bar{\theta}_n(t+\tau))=\Delta\theta_n(t+\tau)-V^{-1}(r\omega_0) \tag{2-54e}$$

$$\Phi=\frac{\mathrm{d}V(r\Delta\theta_n(t))}{\mathrm{d}(\Delta\theta_n(t))}\Big|_{\Delta\theta_n(t)}=\frac{V^{-1}(r\omega_0)}{r} \tag{2-54f}$$

经由拉化变换，则系统频域空间表达式转换为：

$$W_n(s)=G_{11}(s)\times\Delta\Theta_n(s)+G_{12}(s)\times W_{n+1}(s) \tag{2-55}$$

$$\Delta\Theta_n(s)=\frac{1}{s\mathrm{e}^{s\tau}}\times[W_{n+1}(s)-W_n(s)] \tag{2-56}$$

算子 $L(\cdot)$表示拉化变换，式子(2-55)、式(2-56)中各符号含义如下：

$$W_n(s)=L(\bar{\omega}_n(t)) \tag{2-56a}$$

$$W_{n+1}(s)=L(\bar{\omega}_{n+1}(t)) \tag{2-56b}$$

$$\Delta\Theta_n(s)=L(\Delta\,\bar{\theta}_n(t)) \tag{2-56c}$$

$$G_{11}(s)=\frac{\dfrac{a}{r}\Phi}{s\mathrm{e}^{s\tau}+a+\lambda} \tag{2-56d}$$

$$G_{12}(s)=\frac{\lambda}{s\mathrm{e}^{s\tau}+a+\lambda} \tag{2-56e}$$

将式(2-56)代入式(2-55)，消去 $\Delta\Theta_n(s)$后，得到第 $n+1$ 辆车和第 n 辆车速度经约简如式(2-57)：

$$W_n(s)=G(s)\times W_{n+1}(s) \tag{2-57}$$

式中，传递函数 $G(s)$由式(2-58)确定：

$$G(s)=\frac{a\Phi+se^{s\tau}\lambda r}{rs^2e^{2s\tau}+r(a+\lambda)se^{s\tau}+a\Phi}$$
$$\approx\frac{a\Phi+\lambda rs}{rs^2+r(a+\lambda)s+a\Phi} \tag{2-58}$$

传递函数特征方程 $G(s)$ 为式(2-59)：

$$D(s)=rs^2+r(a+\lambda)s+a\Phi \tag{2-59}$$

根据控制理论中系统稳定性判据：若系统稳定，则系统传递方程特征方程中各项系数均为正，得到式(2-60)：

$$\begin{cases} r>0 \\ r(a+\lambda)>0 \\ a\Phi>0 \end{cases} \tag{2-60}$$

显然，$\Phi>0$，$a>0$，$\lambda>0$，$r>0$。

再者，若系统稳定，需满足 $\|G(s)\|_\infty\leqslant1$。

根据交通流系统稳定性条件，$\|G(s)\|_\infty\leqslant1$，令 $s=\mathrm{j}\omega$，得到式(2-61)：

$$\|G(s)\|_\infty=\sup_{\omega\in[0,+\infty]}\sqrt{\frac{(a\Phi)^2+(\lambda r\omega)^2}{(a\Phi-r\omega^2)^2+(r\omega(a+\lambda))^2}}\leqslant1 \tag{2-61}$$

可得式(2-62)：

$$\frac{(a\Phi)^2+(\lambda r\omega)^2}{(a\Phi-r\omega^2)^2+(r\omega(a+\lambda))^2}\leqslant1 \tag{2-62}$$

整理后得式(2-63)：

$$(r\omega^2+ra^2+2a\lambda r-2a\Phi)r\omega^2\geqslant0 \tag{2-63}$$

由此，得到系统稳定的充分而不必要条件如式(2-64)：

$$\begin{cases} r\geqslant0 \\ ra^2+2a\lambda r-2a\Phi\geqslant0 \end{cases} \tag{2-64}$$

经约简运算，得到系统稳定性条件如式(2-65)：

$$\Phi\leqslant r\times\left(\lambda+\frac{a}{2}\right) \tag{2-65}$$

由式(2-65)可知，相比于直道交通流，稳定条件中多了弯道半径项 r，这也与常识吻合，弯度越大的道路，其稳定性相对越差。

根据式(2-65)，以角位移 θ 为自变量，以灵敏度系数 a 为因变量，可绘制如图 2.20 所示的交通流稳定区间。

在图 2.20 中，路面摩擦系数 $\mu=0.5$，安全车头间距为 $H_c=1.2$，车辆总数为 $N=100$，道路总长度为 $L=200\text{m}$，道路弧度 θ 取值分别为{1,2,3,4,5,6}(单位：弧度)，弯道最大速度修正值 $k=0.14$。对应各个弧度 θ 的道路，曲线下为交通流的不稳定区域(unstable)；曲线上为交通流的稳定区域(stable)。

可以看出，随着道路弧度值增大，不稳定区域逐渐增大，满足交通流稳定条件的驾驶员灵敏度系数逐渐减小。如当 $\theta=3$（约为 172°）时，$a_0\approx1.55$，驾驶员灵敏度临界值约为：当 $a>a_0$ 时，交通流稳定；当 $a<a_0$ 时，交通流不稳定。下面数值模拟也说明了这一现象。

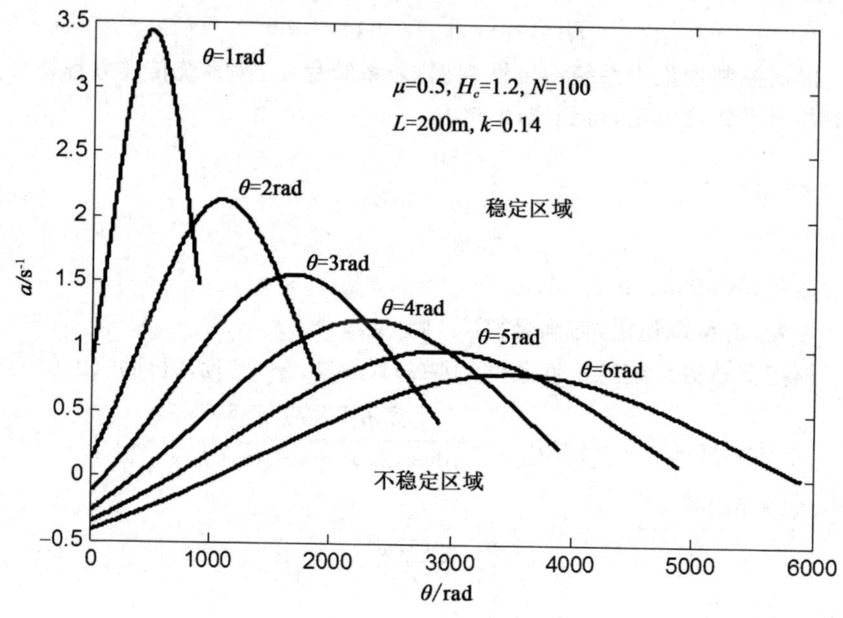

图 2.20 稳定性区域分析

2.3.3 仿真分析

设道路长度 $L=200$m，车辆数 $N=100$ 辆，稳态车流密度 $\rho=\frac{L}{N}=2$，道路弧度 $\theta=3$，重力加速度 $g=10\mathrm{N/s^2}$，道路摩擦系数 $\mu=0.5$，道路半径 $r=\frac{L}{\theta}=\frac{200}{3}$m，速度差项 $b=0.5$，$\Delta\theta_{\min}=\frac{6}{r}$，$\omega_{\max}=\frac{2.74}{r}$，安全车头间距弧度 $\theta_{\min}=\frac{1.2}{r}$，驾驶员延迟时间 $\tau=0.1$s，弯道道路速度系数 $k=0.15$。车流初始（稳定）车流密度 $\rho'=\frac{\theta}{N}=0.03$ 弧度。仿真车辆初始位置及扰动条件设置如下：$x_n(0)=\rho'\times n$，$N\neq\frac{N}{2}$，$N\neq\frac{N}{2}+1$；$x_n(0)=\rho'\times n+\frac{\rho'}{3}$，$n=\frac{N}{2}$；$x_n(0)=\rho'\times n-\frac{\rho'}{3}$，$n=\frac{N}{2}+1$。

1. 不稳定交通流

根据分析得到的稳定性条件及图 2.20 所示的稳定性结果图表，取 $\theta=3$，$a=1.5$，绘制交通流速度、加速度曲线，如图 2.21 所示。从图 2.21 中可以看出，交通流系统中车辆速度、加速度等参数均呈现振荡特性，即从一个极值变化到另一个极值的状态，也即实际交通过程中的车辆走停现象，出现了交通拥挤，正与前面分析得到的交通流不稳定状态条件相符合。

2. 稳定交通流

设道路弧度 $\theta=3$，驾驶员灵敏度系数 $a=3.5$，其他参数与前同，通过进行仿真，得到如图 2.22 所示全部车辆速度曲线、典型车辆（第 50 辆车）速度和加速度变化曲线。从图 2.22 可以看出，交通流速度曲线振幅呈现出逐渐衰减趋势，同时加速度振幅也呈现出逐渐衰减趋势，总体上交通流逐渐趋于稳定状态，也与前面稳定性分析结论相吻合。

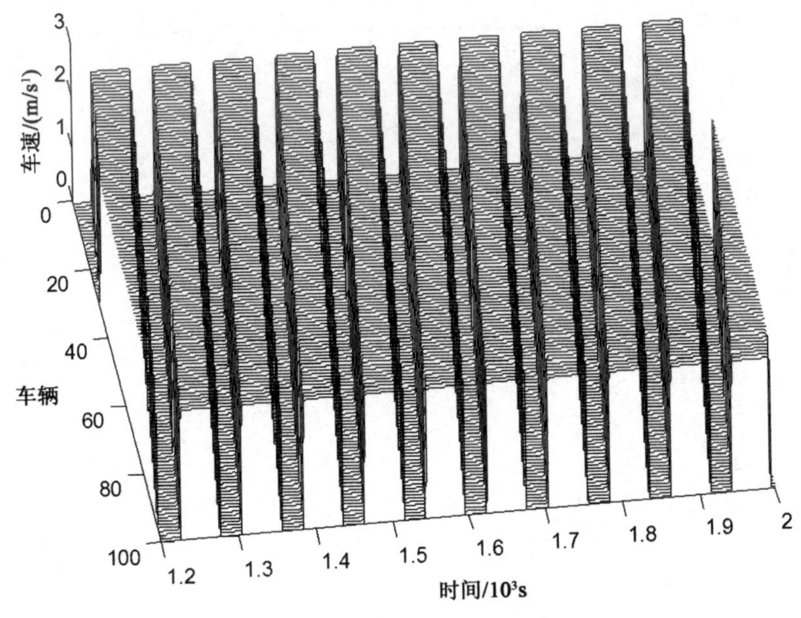

（a）全部车辆在1200~2000s时的仿真结果

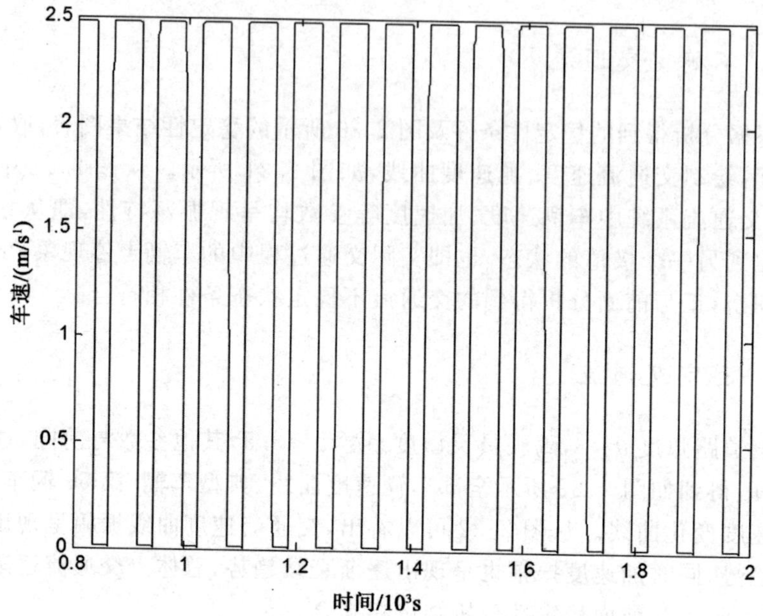

（b）典型车辆（第50辆车）在800~2000s的速度变化曲线

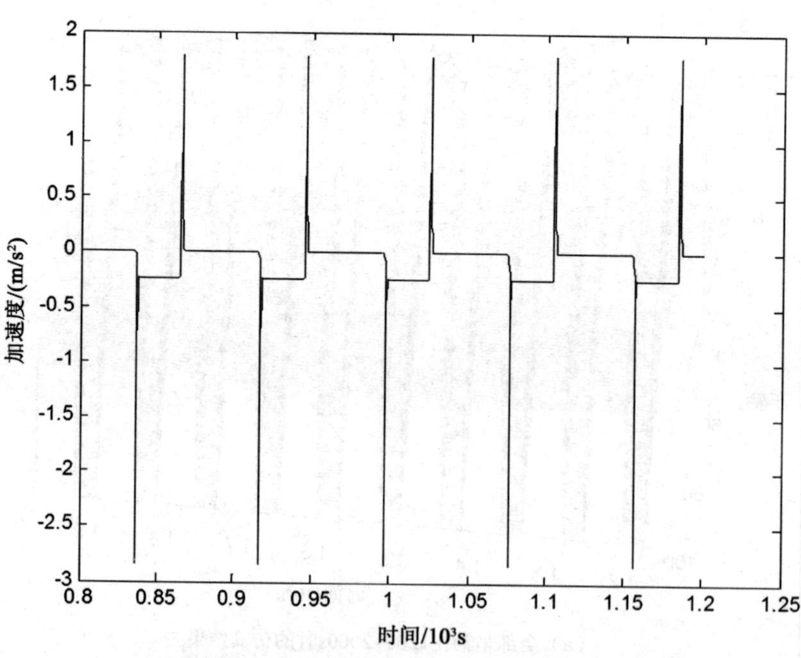

（c）典型车辆（第50辆车）在800~2000s的加速度变化曲线

图 2.21　不稳定交通流特性曲线

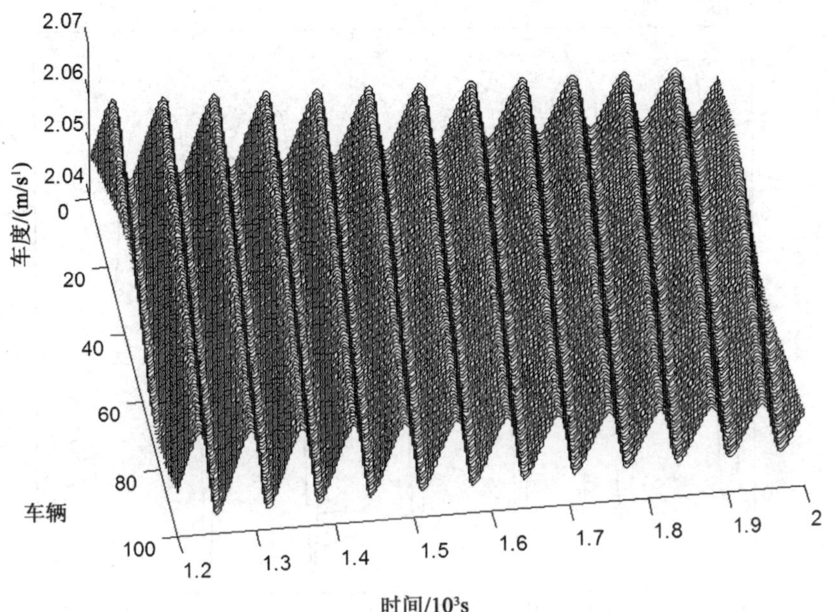

（a）全部车辆在1200~2000s时的仿真结果

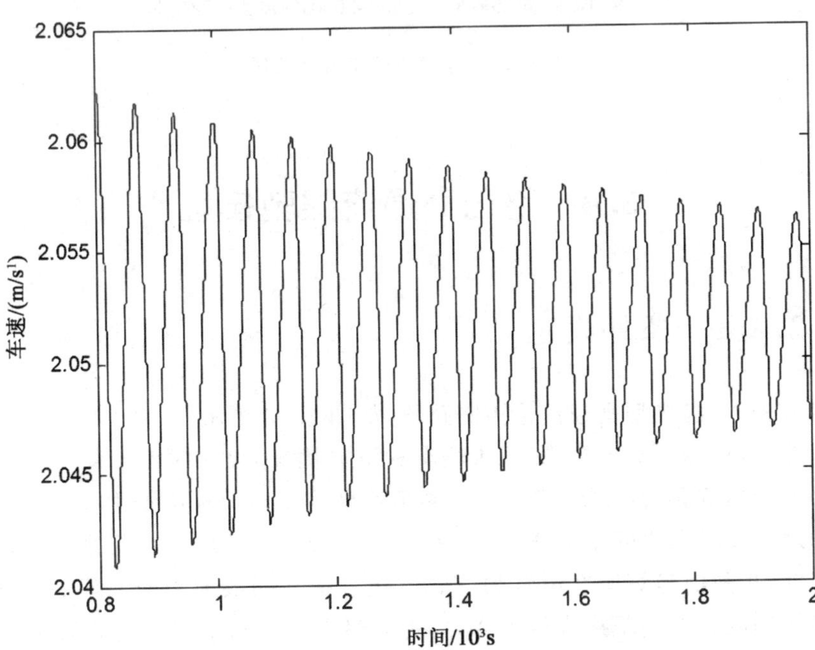

（b）典型车辆（第50辆车）在800~2000s的速度变化曲线

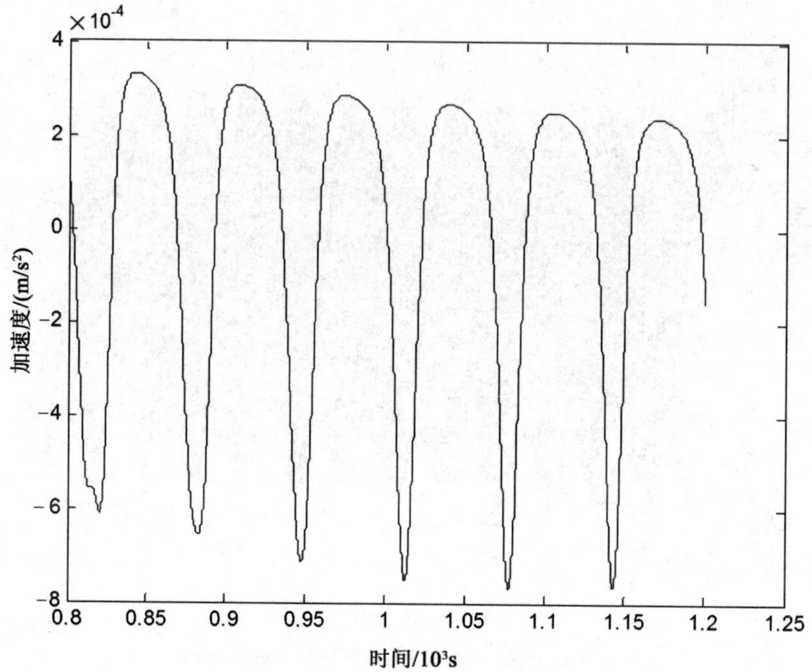

（c）典型车辆（第50辆车）在800~2000s的加速度变化曲线

图 2.22　稳定交通流特性曲线

2.4　路口交通流跟驰模型

2.4.1　条件设定

首先，给出典型交通信号控制路段，如图 2.23 所示。

然后，设分析对象为第 $n+1$ 辆车和第 n 辆车，设在时刻 t，第 n 辆车速度为 $v_n(t)$，位置为 $x_n(t)$，第 $n+1$ 辆车速度为 $v_{n+1}(t)$，位置为 $x_{n+1}(t)$，则两车之间实时车头间距为 $\Delta x_n(t)=x_{n+1}(t)-x_n(t)-L$，$L$ 为标准小客车当量长度，当前信号灯所在位置为 X_{signal}，颜色状态函数为 $s(t)$。车辆间存在相互作用的车头间距最大值为 X_{max}，将此最大车头间距 X_{max} 划分为 M 个分段区间，设定各个区间最大行驶速度 $V_{imax}(i=1,2,\cdots,M)$，车辆根据运动实时位置实施车速改变；车辆行驶允许最小车头间距为 H_{min}，路段运行最大行驶速度为 $V_{iR}(i=1,2,\cdots,A)$，i 为路段编号，A 为路段总数；路口运行允

许最大速度为 $V_{jC}(j=1,2,\cdots,B)$，j 为路口编号，B 为路口总数；路口停车线位置为 $X_{is}(i=1,2,\cdots,A)$，各符号与路段符号含义相同。设信号灯影响范围距离信号灯所在路口为 L_s，道路长度为 L_{road}，停车线距离路口为 L_{stop}（单位为 km）。

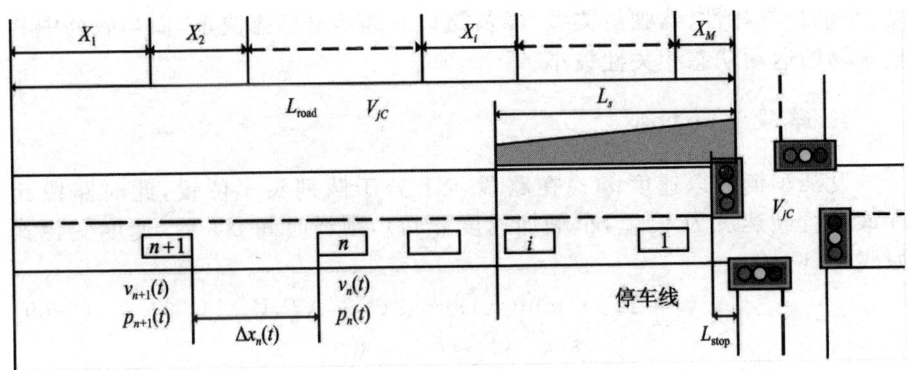

图 2.23　典型的信号控制路段图

2.4.2　信号灯函数建模

给出信号灯作用下车辆行驶速度泛函数(2-66)：

$$v(t+\Delta t)=F(s(t),\Delta x_n(t),v(t),p(t)) \tag{2-66}$$

式中，$s(t)$为信号灯颜色状态函数。

设当前路口信号灯划分为 P 个相位，其满足分段阶跃函数如式(2-67)：

$$s(t)=\begin{cases}1;t\%T\in T_G\\0;t\%T\in T_R\end{cases} \tag{2-67}$$

式中，T_G 为当前路口绿灯相位；T_R 为当前路口红灯相位；T 为路口信号周期，且满足：$T_G+T_R=T$；$t\%T$ 为表示取余操作，代表交通信号状态的周期性变化。

$\Delta x_n(t)$为 t 时刻车头间距，若车辆当前行驶在第 n 个车头间距区间，则 $\Delta x_n(t)$满足如下条件式(2-68)：

$$\frac{X_{max}}{M}\times(n-1)\leqslant\Delta x_n(t)\leqslant\frac{X_{max}}{M}\times n \tag{2-68}$$

$v(t)$为车辆当前速度，单位为 km/h；Δt 为仿真时间步，单位为 s；$p(t)$为车辆在路段上距离起始路口距离，单位为 km。

2.4.3 路段头车运动建模

车流队列头车是指在指定路段上一列交通流队列中的第一辆车，其属于交通流队列中首车或引导车，运动特点为加减速过程，主要由路段最大速度、车辆自身特性、驾驶员类型，以及路口交通信号状态决定，而与队列中其他车辆的运动状态相关性较小。

1. 路段运动模型

设某车辆 n 以速度 $v(t)$ 在路段 p 上处于队列头车位置，此时路段允许最大行驶速度为 $V_{p\max}$，车辆加速度 $a_1(t)$，则经时间 ΔT 后，速度变化式如式(2-69)：

$$v_n(t+\Delta T)\leftarrow \min(v_n(t)+a_i(t)\times\Delta T, V_{p\max}) \quad \text{s.t. } p(t)<L_{\text{road}}-L_s \tag{2-69}$$

式中，$a_i(t)$为车辆在第 i 个车头间距区间内的加速度值。

2. 渠化区到停车线运动模型

当交通流队列头车进入渠化区时，将根据路口信号灯颜色状态(红灯或黄灯停止，绿灯通行)决策运动行为，此时加速度为 $a_2(t)$，运动方程为式(2-70)：

$$F(s(t),\Delta x_n(t),v_n(t))=\begin{cases} v_n(t)+a_j(t)\Delta T, p(t)<L_{\text{road}}-L_{\text{stop}} \\ \quad \&\& p(t)\in\Delta x_j(t) \\ s(t)*(v_n(t)+a_j(t)\Delta T), p(t)>L_{\text{road}}-L_{\text{stop}} \\ \quad \&\& p(t)<L_{\text{road}} \end{cases} \tag{2-70}$$

式中，$a_j(t)$为车辆在第 j 个跟驰区间内的加速度值。

若路口当前相位为绿灯，$s(t)=1$，车辆速度为 $v_n(t+\Delta T)\leftarrow v_n(t)+a_j(t)\Delta T$，车辆按照路口允许加速度值行驶。

若路口当前相位为红灯，$s(t)=0$，车辆逐渐减速，最终速度为 $v_n(t+\Delta T)\leftarrow 0$，即车辆停驶在停车线上。

3. 位置更新方程

$$x_n(t+\Delta T)\leftarrow x_n(t)+v_n(t+\Delta T) \tag{2-71}$$

2.4.4 路段跟驰车建模

跟驰车是指车辆在一段时间内处于交通流非头车位置，运动过程主要受与前车间车头时距影响，此时，车辆运动状态也将受信号灯影响。显然，由于信号灯绿灯相位时间有限性和周期性，路段跟驰车到达路口时也有可能成为队列头车，则其运动遵循队列头车运动规则。

1. 路段跟驰建模

当交通队列中车辆跟驰运动时，运动方程表示如式(2-72)～式(2-74)。

$$F[s(t),\Delta x_n(t),v(t)]=f(\Delta x_n(t),v(t)) \tag{2-72}$$

$$f(\Delta x_n(t),v(t))=\begin{cases} v_n(t)+1;v_n(t)<\Phi(\Delta x_n(t)) \\ v_n(t)-1;v_n(t)\geqslant\Phi(\Delta x_n(t)) \end{cases} \tag{2-73}$$

$$\Phi(\Delta x_n(t))=V_{n\max} \tag{2-74}$$

2. 渠化区到停车线运动建模

当车辆行驶至路口一定范围内时，若成为头车，则主要根据路口信号灯状态决定行驶状态，运动方程与式(2-70)相同；若非头车，则根据车辆间车头间距改变行驶状态，如式(2-75)。

$$v_n(t+\Delta T)\leftarrow f(\Delta x_n(t),v_n(t)) \tag{2-75}$$

3. 位置更新方程

$$x_n(t+\Delta T)\leftarrow x_n(t)+v_n(t+\Delta T) \tag{2-76}$$

2.4.5 路口运动建模

车辆在路口运动主要以跟驰运动为主，类似于前述讨论路段行驶情况，车辆以头车和跟驰车分为两类，队列头车运动最高速度主要受路口限速及地理条件因素限制。跟驰车除上述因素项外，还受车头间距影响，运动方程表达式为式(2-77)：

$$v_n(t+\Delta T)\leftarrow\min(v_n(t)+a_i(t)\times\Delta T,V_{ic}) \tag{2-77}$$

各符号含义前面已经论述，不再重复。

2.4.6 仿真分析

1. 仿真设置

以济南市某路段为研究对象，结合交通工程中探测车理论，仿真过程中设置测试车，令其随机从主干道入口进入仿真路网，记录其实时行驶速度和车头间距等参数。为客观描述问题，进行100次仿真，分别由东西入口各仿真50次，随机选取20条有效数据，进行分析讨论。道路网络如图2.24所示，图中直线代表路段，圆代表路口。设路口交通信号由四相位组成，主干道直行相位45s，左转相位35s；次干道直行相位30s，左转相位20s，相位红黄灯间隔时间为3s。

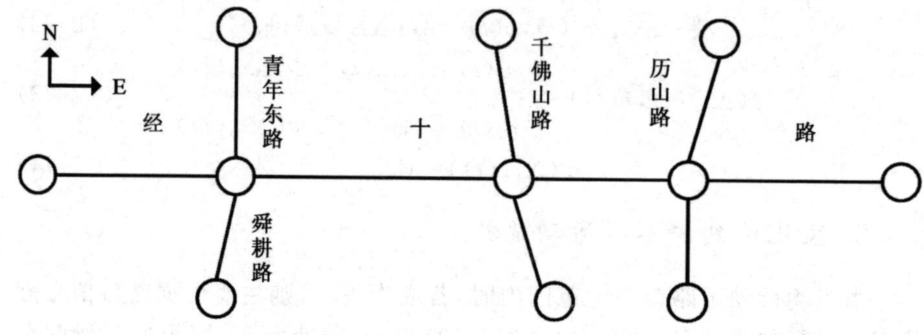

图 2.24　仿真路网

Fig. 2.24　Simulation network

标准小客车长度为$L=4$m，路段允许最大速度为$V_{max}=65$km/h，路口运动允许最大速度为$V_{cmax}=20$km/h，停车线位置距离路口$X_s=5$m，车辆生成周期为主干道入口2s/辆，次干道入口3s/辆。前导车静止情况下，车头间距划分为三个区间，即$M=3$；区间及相应速度组合分别为$\{[0,H_{min}],0\}$、$\{[H_{min},100],20\}$、$\{[100,R],25\}$，其中R为道路长度，速度单位为km/h。前导车行驶状态下，车辆速度为V_l，车头间距划分为7个区间，即$M=7$，区间及相应速度组合分别为$\{[0,H_{min}],0\}$、$\{[H_{min},R]\|0,V_{cur}\}$、$\{[H_{min},7],V_l\}$、$\{[7,15],25\}$、$\{[15,35],35\}$、$\{[35,80],45\}$、$\{[80,R],V_{max}\}$。

仿真平台为课题组自主研发了城市微观交通流仿真系统（UTSS）[160]，以脚本文件对仿真得到的各类交通流数据加以处理，得到分析结果和关系曲线，直观观察现象，验证理论结论正确与否。

2. 运动特性模拟分析

图2.25所示为测试车在仿真过程中实时车速变化宏观情况。从图中可以直观地观察到仿真车辆运动过程的平稳性特点（曲线中的直线采样区）、车辆加速运动过程（尖峰曲线部分）、车辆减速运动过程（凹形曲线部分）、跟驰运动过程（连续直线小尖峰区）等情况。

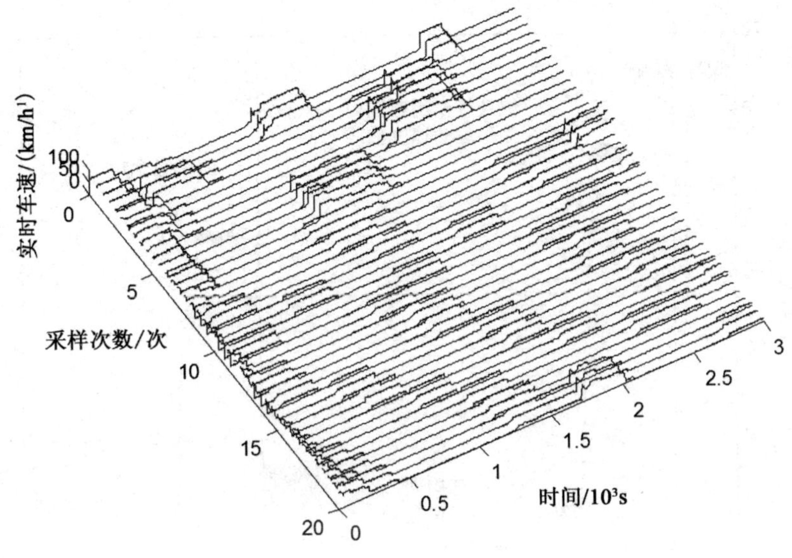

图 2.25　测试车实时车速曲线

图 2.25 为测试车多次仿真的综合曲线。为从细节上观察测试车具体运动状态,选取 20 次仿真结果中具有代表性的中间值,即第 10 次仿真结果数据,绘制时间—实时车速二维图(图 2.26),进一步分析测试车的运动情况。

由图 2.26 可以明显看出测试车作为队列头车时的行驶情况,在路段上跟驰波动行驶情况,以及在路口停驶待行状态,分别如图 2.26 中标注典型区域所示,模型较为全面地体现了车辆行驶过程中的各种特征。

3. 车速与路口距离关系分析

进一步观察所建模型中车辆运动速度变化与车辆距离上游路口距离之间的关系或车辆距离下一路口的距离关系,通过记录车辆实时车速数值、行驶过程中距离起点路口(上游路口)的距离值,经多次仿真得到如图 2.27 所示曲线,图中给出了车辆车速实时变化以及行驶距离趋势,分析可知,模型较好地体现了靠近路口时的减速行为以及驶离路口时的加速行为等运动特征。

4. 车速与信号灯状态变化

信号灯与车辆行驶行为之间的关联关系如图 2.28 所示。红色表示当前为信号红灯,黄色表示当前为信号黄灯,绿色表示当前为信号绿灯。分析可知,红灯情况下车辆减速运动和绿灯情况下车辆加速运动均符合实际车辆运动规律。

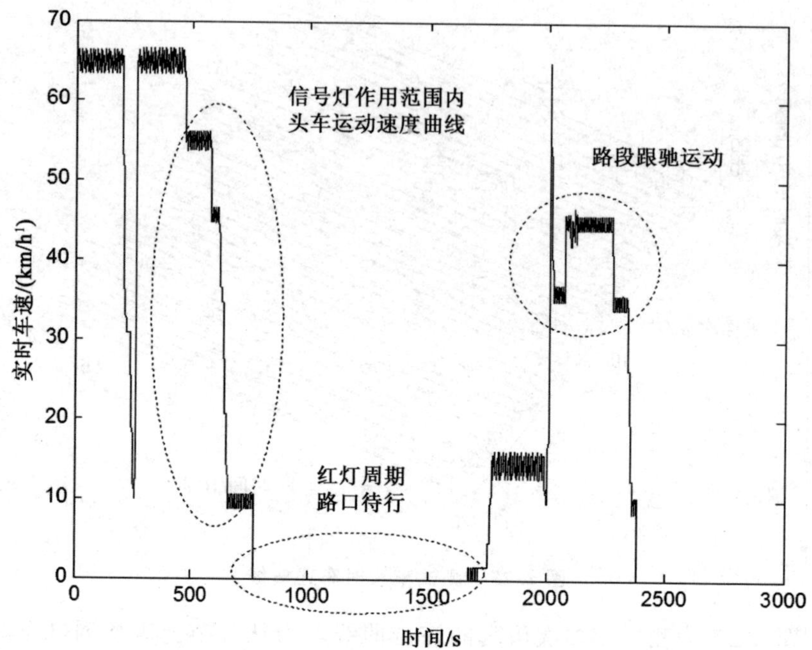

图 2.26　测试车第 10 次车速曲线

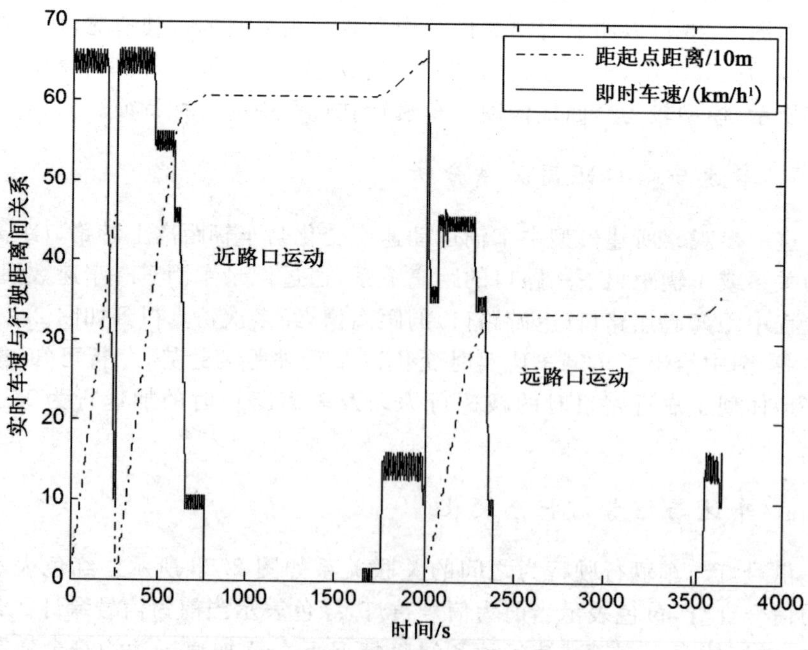

图 2.27　车速与车距离路段起始点距离曲线

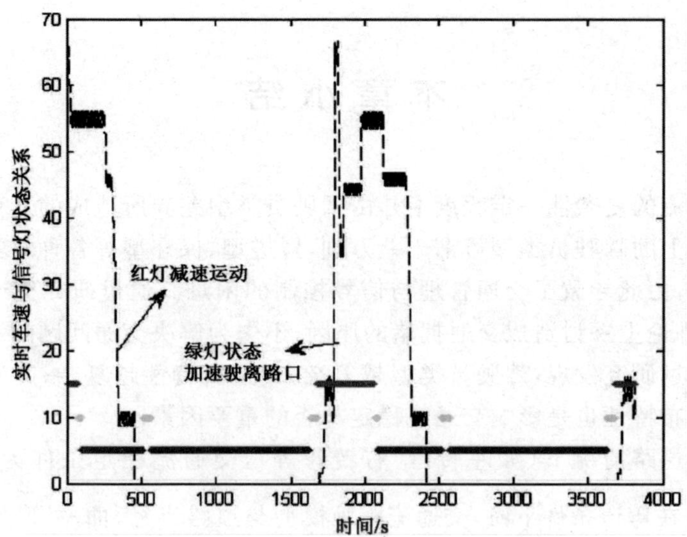

图 2.28　车速与信号灯颜色状态变化曲线

5. 跟驰行为

车辆在运动中的跟驰行为一般具有滞后性特征，通过实时记录仿真过程中的前导车速度和当前车速度，分析得到其运动关系曲线如图 2.29 所示。由曲线知，在减速、加速以及速度波动过程中，跟驰车均显著表现出滞后性特征，符合要求。

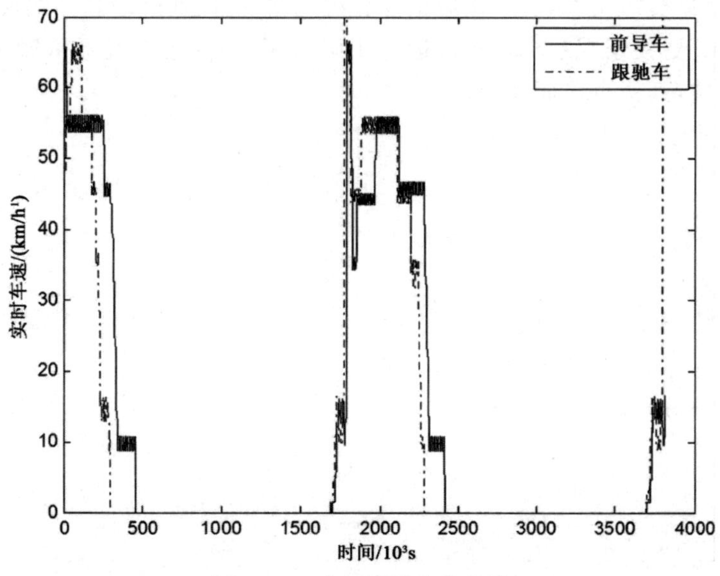

图 2.29　车辆跟驰变化曲线

本章小结

交通流的复杂性一定程度上是由驾驶员类型差异所造成的。现实中行驶在道路上的驾驶员类型可谓千差万别，冒进型、保守型等各种驾驶员类型普遍存在，由此导致了交通管理与信号控制的困难。通过研究交通流的复杂性，从理论上探讨造成交通拥堵的原因，不失为解决交通问题的一个较好思路。通过研究发现，驾驶员类型越复杂，交通流特性越复杂；交通流中的驾驶员分布特性也是影响交通流稳定与否的重要因素。

弯道道路情况下（如左转弯、右转弯等），交通流稳定条件为 $\Phi \leqslant r \times \left(\lambda + \frac{a}{2}\right)$；在弯道条件下时，交通流跟驰模型与道路半径、曲率、摩擦系数等参数均相关，在保持交通流初始密度不变的情况下，随着道路弧度增大，影响交通流稳定性的驾驶员灵敏度系数逐渐减小，交通流稳定性条件比直道情况下更加严格。上述结论对在道路弯道处采取合理管理措施有重要参考价值。

信号灯影响作用下的交通流模型是交通流建模研究中的难点和重点，文中提出的元胞跟驰交通流模型结合了元胞自动机模型与跟驰模型的各自优点，将离散性和连续性模型有机地结合起来，较为适合于交通信号控制路段的交通流模拟仿真，适于在数字计算机上实现，而通过动画方式模拟的交通流，因其更便于观察车辆微观运动正确与否，消除了单纯数值模拟的“黑匣子”模式，其优点显而易见。

第3章 交通流溢流机理及识别

众所周知，交通参数与交通状态之间是一种影射关系，因此交通状态判别算法的根本任务在于确定合理映射法则 f。若设 $D=\{$交通参数$\}$，$y=\{$交通状态$\}$；则有如下映射函数：$y=f(x)$，$x\in D$。基于实际观察、直观印象与专业经验知识等三个角度综合考虑，交通溢流情况下交通流与常规情况下的交通流特性理应不同，这时还需要考虑两者之间究竟存在何种不同；在三参数关系、波动特性等方面的差别何在；在发生交通溢流的情况下，如何通过交通流的参数去识别溢流。本章将从交通流理论、数理统计分析、信息技术、智能理论等基础知识入手，从理论上探讨并解决上述问题，为后续研究奠定基础。

3.1 交通溢流形成机理

设主干路网结构拓扑如图3.1所示，典型单路段发生溢流情况如图3.2所示，其中路口 O_2 驶向路口 O_1 交通流，交通流队列已经延伸至路口 O_2，阻碍了路口 O_2 南北方向直行与左转交通流，使得原定相序的交通信号控制失去作用，驾驶员常处于无所适从的境地，更为严重的是这种拥堵具有蔓延性，随着时间的推移，会逐渐蔓延到全局路网，导致大范围交通瘫痪。

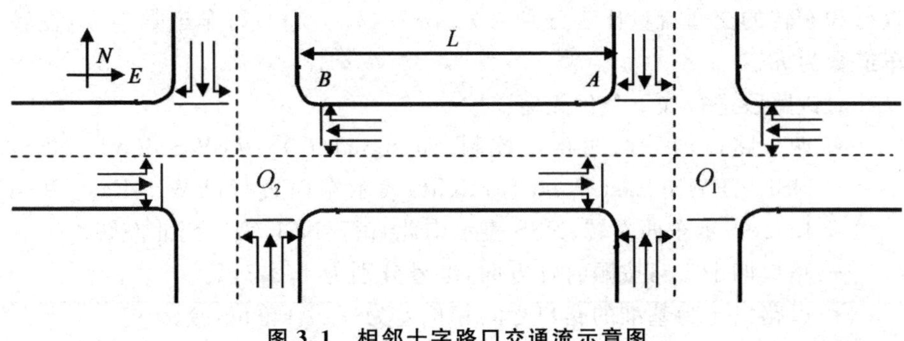

图3.1 相邻十字路口交通流示意图

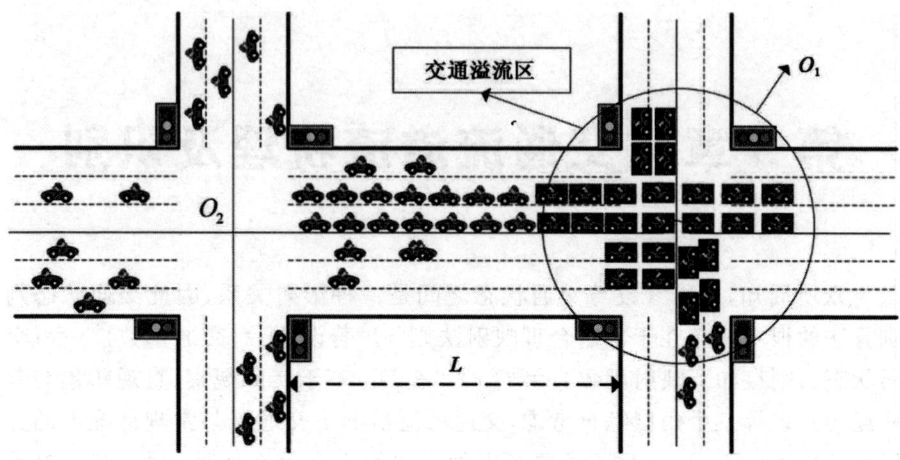

图 3.2 交通溢流现象

Fig. 3.2 Typical traffic flow overflow phenomenon

3.1.1 基于关联流量的机理分析

1. 关联路口流量模型

设两个相邻路口分别以 O_1 和 O_2 表示，设定各参数含义分别如下：signal_{ij} 表示路口 i 相位 j 的信号灯配时，$i=1,2$，$j\in\text{signal}(O)$；路口相位周期为 C_i（单位：s），则有 $C_i=\sum_i \text{signal}_{ij}$；路口 i 各相位交通流流出速率为 $q_{ij}(t)$（单位：辆/s）；路口各个相位饱和流量分别为 S_{in}（单位：辆/s）：$i=1,2$，$n=1,2,3,4$；路口之间距离为 L（单位：m）；以标准小客车当量设计车辆长度为 l（单位：m）；车辆静止时的平均车头间距为 H_c（单位：m）；路口 i 左转、直行和右转的交通流量比率分别为 r_{im}，$m=\{l,s,r\}$；直行车道数为 n_s；左转车道数为 n_l。

对该路段进行如下条件设定。

- 两个路口均采取四相位控制，即 signal(O) = {EWS, EWL, NSS, NSL}，EWS(East-West Straight)表示东西直行；EWL(East-West Left)表示东西左转；NSS 表示南北直行；NSL 表示南北左转。
- 路口四个支路按顺时针方向，编号分别为 1,2,3,4。
- 以路口 1 为基准的路口之间相位差为 T_{offset}（单位：s）。
- 分析时间段为[0,T]，其一般分析时段 T 为周期的整数倍值，若两个路口周期不同，则取为两个路口周期最小公约数的整数倍。

- 路口 1 流向路口 2 的道路为分析对象，车辆严格按照转向选择车道，右转车辆不设信号灯，车辆可自由行驶。

下面讨论路段上滞留交通流及发生交通溢流的条件。

路段上滞留的总交通流量(Q)如式(3-1)：

$$Q=Q_1-Q_2 \tag{3-1}$$

式(3-1)中参变量 Q_1 和 Q_2 的计算方法和公式如下。

(1) 设 Q_1 为该时间段 T 内由路口 1 驶入路段的总交通流量，由式(3-1a)计算：

$$Q_1=\sum_{j=1,2,3} Q_{1j} \tag{3-1a}$$

其由三个方向交通流量组成，分别计算如下。

东向直行驶入流量：

$$Q_{11}=\int_0^T \text{signal}_{11}\times q_{11}\,\mathrm{d}t \tag{3-1b}$$

南向左转驶入流量：

$$Q_{12}=\int_0^T \text{signal}_{14}\times q_{14}\,\mathrm{d}t \tag{3-1c}$$

北向右转驶入流量：

$$Q_{13}=\int_0^T r_{1r}\times t\mathrm{d}t \tag{3-1d}$$

(2) 设 Q_2 为路口 2 在时间段 T 内驶出路段的总交通流量。

$$Q_2=\sum_{j=1,2,3} Q_{2j}$$

其也由三个方向交通流量组成，分别计算如下。

右转驶出流量：

$$Q_{23}=\int_0^T r_{2r}\mathrm{d}t \tag{3-2a}$$

直行驶出流量：

$$Q_{21}=\int_0^{T-T_{\text{offset}}} \text{signal}_{21}\times q_{21}\,\mathrm{d}t \tag{3-2b}$$

左转驶出流量：

$$Q_{22}=\int_0^{T-T_{\text{offset}}} \text{signal}_{22}\times q_{22}\,\mathrm{d}t \tag{3-2c}$$

则根据分析，可知各个相位滞留的交通流排队长度分别如下。

直行滞留车辆数如式(3-2)：

$$Q_s=Q_1\times r_{2s}-Q_{21} \tag{3-2}$$

根据车辆数与车辆标准长度之间的关系，得到直行滞留排队长度，如式(3-3)：

$$L_s=\frac{Q_s}{n_s}\times(l+H_c)-H_c \tag{3-3}$$

左转滞留车辆数如式(3-4)：

$$Q_l=Q_1\times r_{2l}-Q_{22} \tag{3-4}$$

同样得到左转滞留排队长度如式(3-5)：

$$L_l=\frac{Q_l}{n_l}\times(l+H_c)-H_c \tag{3-5}$$

2. 溢流产生条件

根据上述公式分析，可知交通溢流发生条件描述如下。

(1) 当 $L_s>L$ 时发生直行溢流。

由 $L_s>L$，代入 L_s 表达式，得到式(3-6)、式(3-7)：

$$\frac{Q_s}{n_s}\times(l+H_c)-H_c>L \tag{3-6}$$

$$Q_s>\left(\frac{L+H_c}{l+H_c}\right)\times n_s \tag{3-7}$$

在图 3.3 中，直线上部分为交通溢流发生区，直线下部分为非交通溢流发生区，直线为交通溢流和非交通溢流临界分界线。

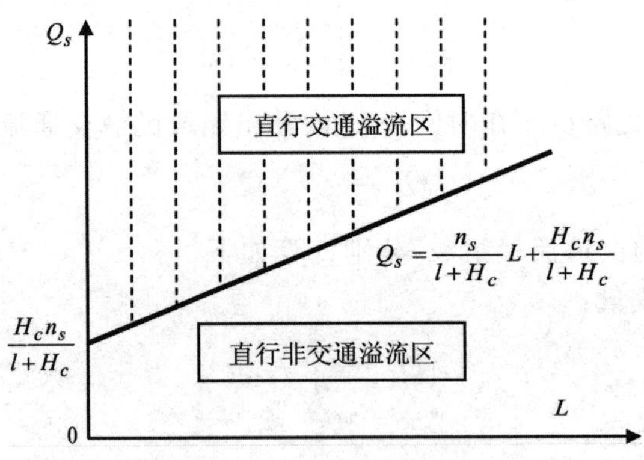

图 3.3　直行交通溢流条件

(2) 当 $L_l>L$ 时发生左转溢流，如图 3.4 所示。

由 $L_l>L$，代入 L_l 表达式，得到式(3-8)的判定条件：

$$\frac{Q_l}{n_l}\times(l+H_c)-H_c>L \tag{3-8}$$

整理式(3-8)后，得到式(3-9)：

$$Q_l>\left(\frac{L+H_c}{l+H_c}\right)\times n_l \tag{3-9}$$

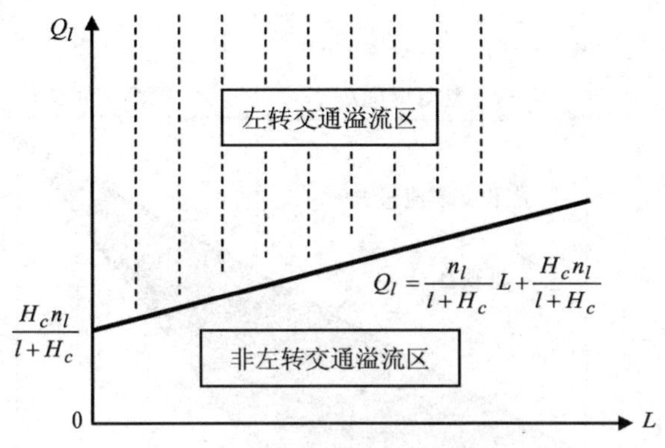

图 3.4　左转交通溢流条件

(3) 当 $L_s>L\&\&L_l>L$ 时，路段全面（直行、左转）溢流，如图 3.5 所示。

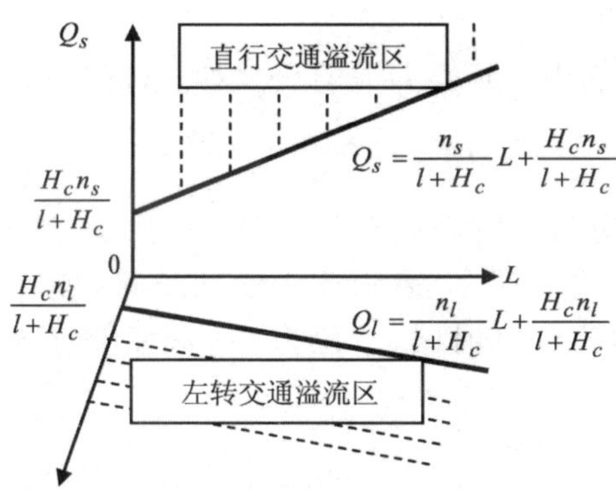

图 3.5　全面交通溢流条件

3.1.2　基于延误模型的机理分析

3.1.2.1　基本延误模型

首先阐述一般信号控制交叉口通用延误模型及计算方法[161]。对孤立交叉口，可以假定到达模式为均匀分布，即假定车辆以一定车头时距到达交叉口（均匀到达）模式。以停车线为分析标准，在非过饱和情况下，一个周期时间内总延误 D，可描绘为如图 3.6 所示的三角形面积。

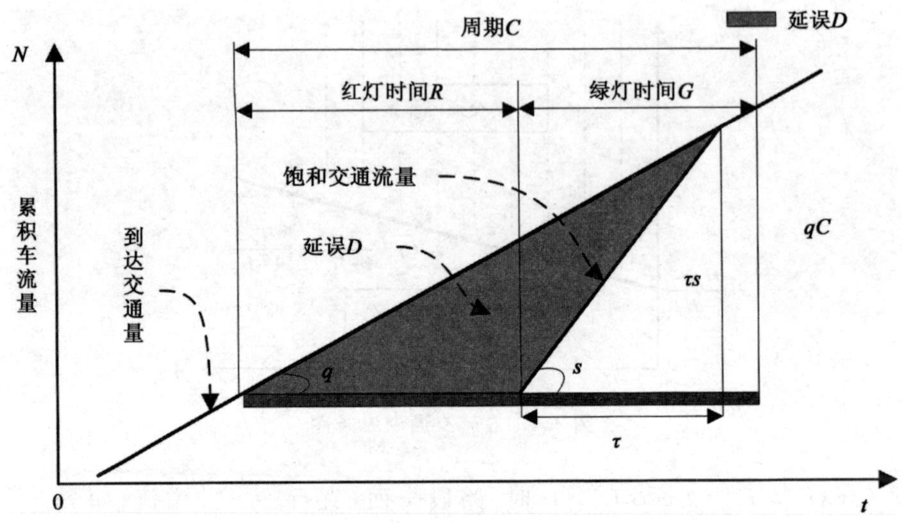

图 3.6　信号控制交叉口延误类型 1

则得到一个周期内总延误 D 计算公式如式(3-10)：

$$D=\frac{sqR^2}{2(s-q)}=\frac{qR^2}{2(1-\lambda)} \tag{3-10}$$

式中，D 表示一个周期 C 时间内总延误，辆·秒(或辆·s)；s 表示路口饱和交通流量，辆/h(或辆/s)；q 表示流入交通流量，辆/h(或辆/s)；R 表示包括损失时间的相位红灯时间，单位为 s；λ 表示交通流量饱和度，计算公式为 $\lambda=\frac{q}{s}$。

此时，路口流出交通流量实际值为：$Q_l=\frac{Rq}{1-\lambda}<sG$。

因此，根据式(3-11)可以计算得到每辆车平均延误计算公式如下：

$$\bar{d}=\frac{D}{qC}=\frac{R^2}{2(1-\lambda)C}=\frac{(1-g)^2}{2(1-\lambda)}C \tag{3-11}$$

式中，C 表示周期长，单位为 s；g 表示绿灯时间比，$g=\frac{G}{C}=\frac{C-R}{C}$。

上述情况($\tau<G$)，在绿灯相位时间内，路口没有滞留车辆，且绿灯信号有盈余，则不属于最优设置；当 $\tau=G$ 时，路口恰好没有滞留车辆，此时绿灯信号时间为最优设置。

3.1.2.2　溢流延误模型

这里讨论 $\tau > G$ 时的情况，重新绘制累积车流量随时间变化的曲线，如图 3.7 所示。

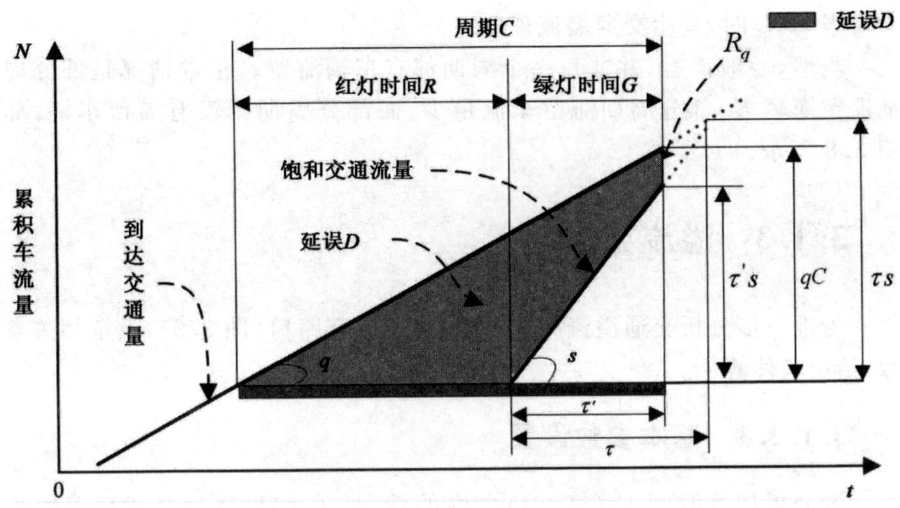

图 3.7　信号控制交叉口延误类型 2

从图 3.7 中可知在绿灯时间内，到达的车流并没有完全通过路口，反而有车辆滞留在路段，此时交通延误计算式为式(3-12)：

$$D = \frac{qC^2 - sG^2}{2} \tag{3-12}$$

路口滞留交通流量计算公式为式(3-13)：

$$R_q = qC - sG = qC - s(C - R) \tag{3-13}$$

此种情况下，离开路口交通流量计算式为 $Q_l = sG$。

3.1.2.3　溢流产生条件

设所有车辆换算为标准小汽车之后，长度为 l_{car}，车辆排队长度表示为 l，路段长度为 L，则发生交通溢流条件可由式(3-14)表示：

$$R_q = \sum_{i=1}^{n} (q_i C - s G_i) \tag{3-14}$$

式中，q_i 表示第 i 周期车流到达流量；G_i 表示第 i 周期交通绿灯信号时间。

则经过 n 个周期时间之后，滞留在路段上的车辆逐渐增多，其排队长度计算公式如式(3-15)：

$$\begin{aligned} l &= l_{\text{car}} \times R_q \\ &= l_{\text{car}} \times \sum_{i=1}^{n} (q_i C - s G_i) \end{aligned} \tag{3-15}$$

当 $l>L$ 时，发生交通溢流现象。

当然，一般而言，并非每一个周期都有车辆滞留。正常情况是部分周期滞留车辆多，部分周期滞留车流量少，而部分周期则没有滞留车辆，如图 3.8 所示。

3.1.3 溢流算例

为进一步分析交通溢流问题，针对前述研究路口(图 3.2)，设定相关参数，给出具体算例。

3.1.3.1 基本参数设置

设分析计算时间 1h(3600s)之内的情况，$T=18C_i(i=1,2)$，车辆静止时平均车头间距 $H_c=3\text{m}$；路段长度(路口之间的距离)$L=450\text{m}$；直行车道数 $n_s=3$；左转车道数 $n_l=1$；右转车道数 $n_r=1$；标准小客车长度 $l=4\text{m}$；设定路段限速 $V_{\max}=50\text{km/h}$；车辆行驶平均最大速度为 40km/h (约 12m/s)。

3.1.3.2 路口 O_1 相关参数设置

路口 O_1 采用四相位交通信号控制参数，如表 3-1 所示。

表 3-1 路口 1 相位设置

路口 1 相位设置		
相位及相序	相位时长(单位:s)	交通流相位描述
相位 1	60	东西直行
相位 2	45	东西左转
相位 3	45	南北直行
相位 4	30	南北左转

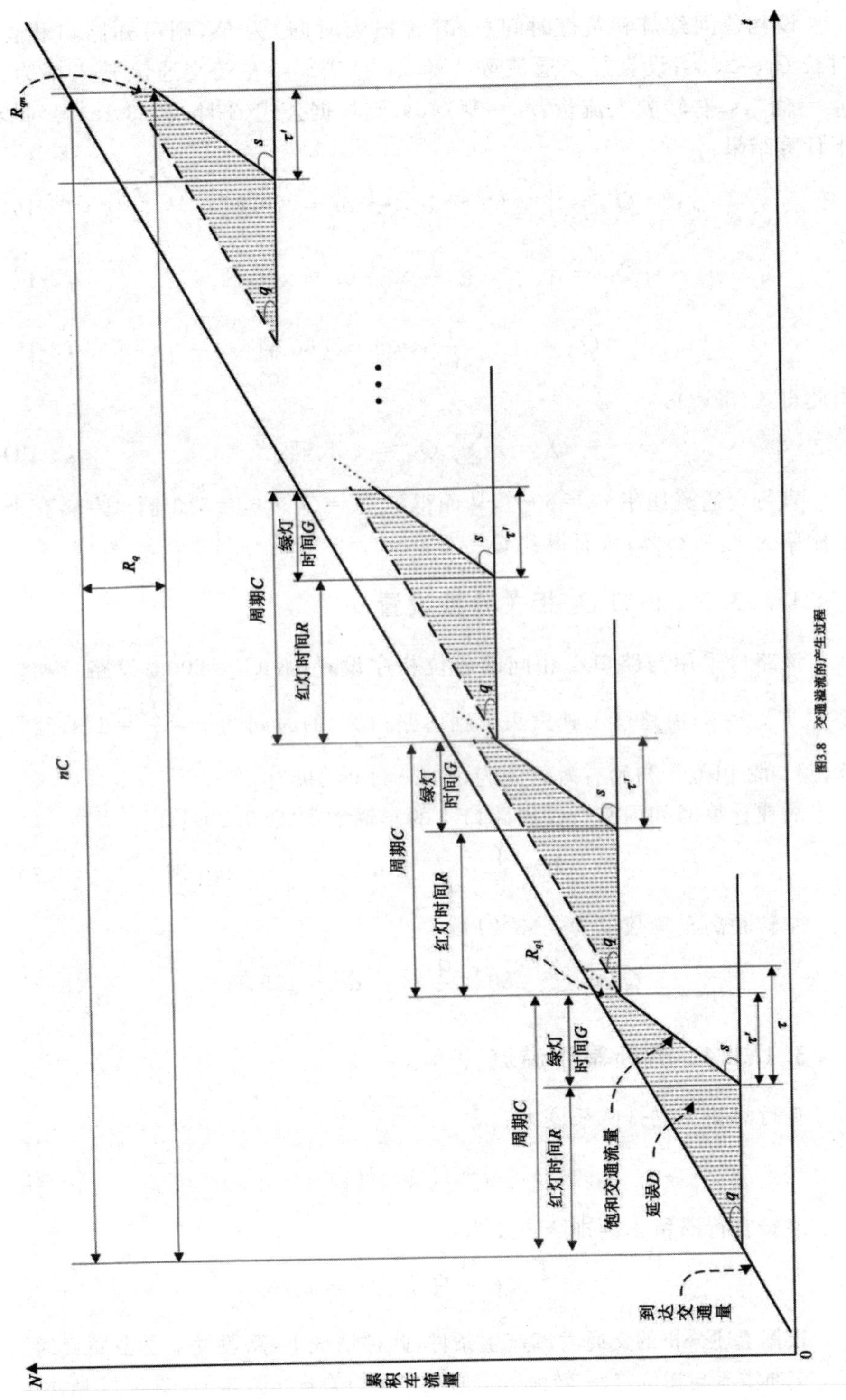

图3.8　交通溢流的产生过程

设相位间红灯和黄灯时间总和(含损失时间)为 5s,则可知路口相位时长 $C_1=200\text{s}$;设直行交通流驶入率 $q_{11}=$ 辆/3s;左转交通流驶入率为:$q_{14}=$ 辆/4s;右转驶入流量:$r_{1r}=$ 辆/10s;则根据公式(3-1b)和(3-1c)得到如下计算结果:

$$Q_{11}=\int_0^{18C_1}60\times\frac{1}{3}\times\frac{t}{C_1}\mathrm{d}t=360\text{ 辆}\tag{3-16}$$

$$Q_{12}=\int_0^{18C_1}30\times\frac{1}{4}\times\frac{t}{C_1}\mathrm{d}t\approx 135\text{ 辆}\tag{3-17}$$

$$Q_{13}=\int_0^{18C_1}\frac{1}{10}\times t\mathrm{d}t\approx 360\text{ 辆}\tag{3-18}$$

由此得式(3-19):

$$Q_1=\sum_{j=1,2,3}Q_{1j}=855\text{ 辆}\tag{3-19}$$

直行交通流比率 $r_{2s}=60\%$,从而得到 $Q_s=Q_1\times r_{2s}=513$ 辆。左转交通流比率为 $r_{2l}=25\%$,从而得到 $Q_l=Q_1\times r_{2l}=214$ 辆。

3.1.3.3 路口 O_2 相关参数设置

该路口采用与路口 1 相同的相位相序设置,故 $C_2=200\text{s}$;设路口相位差为 $T_{\text{offset}}=0$;由路口 1 驶离头车到达路口 2# 的时间为 $t'=\frac{L}{V}=41\text{s}$,经计算,路口 2 相位 1 初始有效时间为(60s−41s=19s)。

故在计算时间内直行驶出路口 1 的车辆数如式(3-20):

$$Q_{21}=\int_0^{17C_1}60\times\frac{1}{3}\times\frac{t}{C_1}\mathrm{d}t+19\times\frac{1}{3}=346\text{ 辆}\tag{3-20}$$

左转驶离车辆数值为式(3-21):

$$Q_{22}=\int_0^{18C_1}30\times\frac{1}{4}\times\frac{t}{C_1}\mathrm{d}t=135\text{ 辆}\tag{3-21}$$

3.1.3.4 判断是否溢流

直行滞留车辆排队长度为:

$$L_s=\frac{Q_s}{n_s}\times(l+H_c)-H_c=804\text{m}\tag{3-22}$$

左转直行滞留车辆排队长度为:

$$L_l=\frac{Q_l}{n_l}\times(l+H_c)-H_c=942\text{m}\tag{3-23}$$

根据上述分析的交通溢流产生条件,此种情况下,路段发生了全面交通溢流。交通溢流与相位差、右转流入交通流之间的关系如图 3.9~图 3.11 所示。

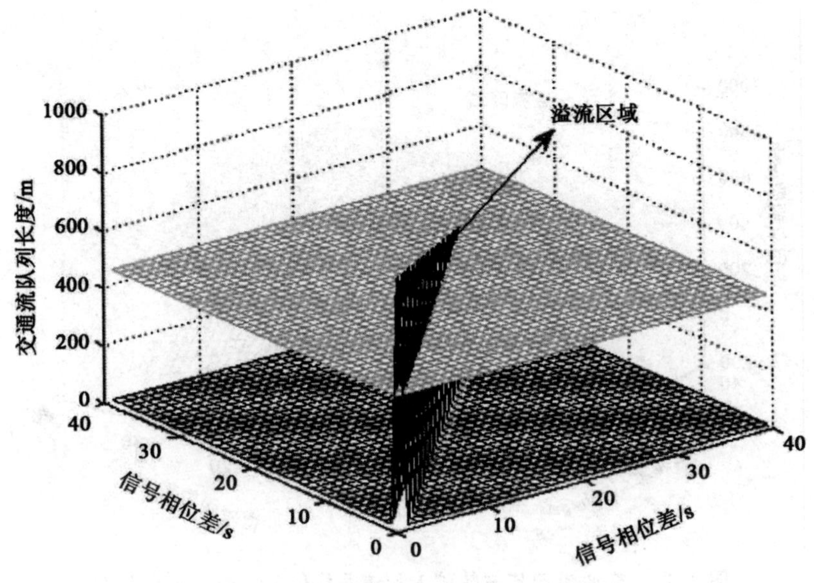

图 3.9　交通溢流与路口相位差之间的关系

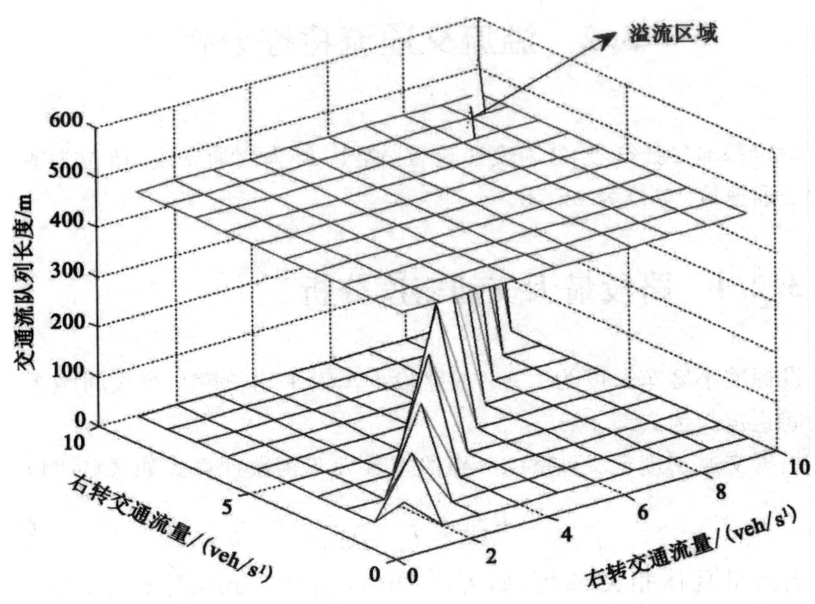

图 3.10　交通溢流与右转驶入交通流之间的关系

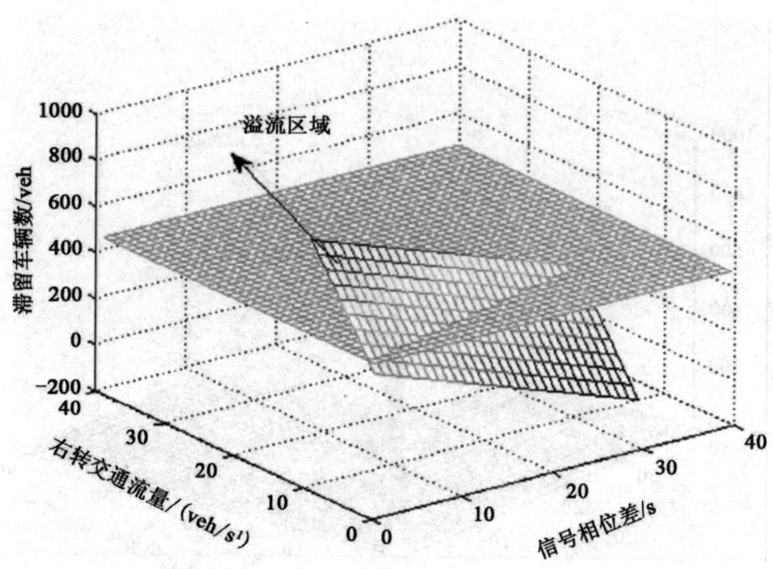

图 3.11　交通溢流与右转驶入和信号相位差之间的综合关系

3.2　溢流交通流特性分析

设定基本参数符号，Q 为交通流量，辆/h；K 为交通密度，单位为辆/km；V 为交通速度，单位为 km/h。

3.2.1　路段最大交通密度分析

设标准小客车长度为 l_{car}m(或路段上车辆平均长度)，车头间距为 l_{head}，车头间距定义为 $l=l_{car}+l_{head}$。

根据交通密度定义，在 1km 路段上最大车辆数计算式如式(3-24)：

$$K_{max}=\frac{1000-l_{car}}{l_{car}+l_{head}} \tag{3-24}$$

若给出具体相关参数，如 $l_{car}=4$m，$l_{head}=3.5$m，则 $l=7.5$m，$V_f=60$km/h，可得到路段上最大车辆数约为 133 辆，即瞬态路段饱和密度为 $K_{max}=133$ 辆/km，换言之，若在一定时间段内路段上交通流密度一直大于 K_{max}，则可认为是发生了交通溢流。图 3.12 给出了随车头平均间距的增大，路段最大交通密度之变化曲线，车头间距最小时，即理想情况下车辆间无间隙时，达到最大值，随着平均车头间距的增大，最大密度逐渐减小。

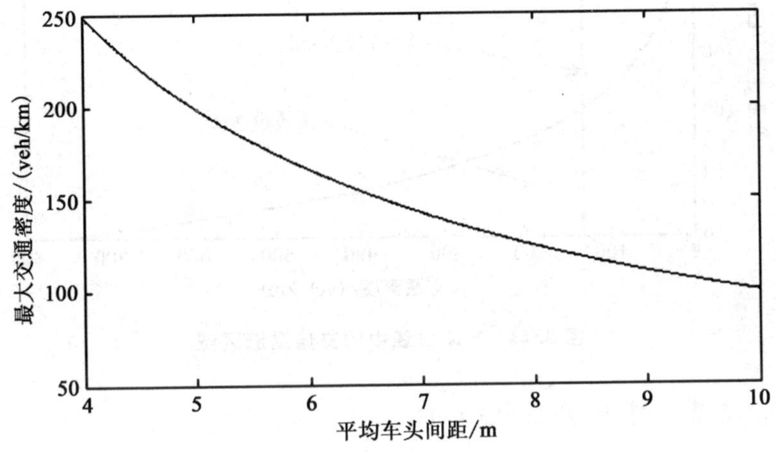

图 3.12　路段最大交通密度

3.2.2　传统模型中交通溢流区

流量、速度和密度是交通流的三个基本参数[4]，描述其关系的典型模型包括 Greenshields 模型（速度—流量模型、速度—密度模型）、Greenberg 模型（即速度—密度对数模型）、Underwood 模型（速度—密度模型）、Edie 模型（速度—密度模型）等。其中 Greenberg 模型（对数模型）适用于密度较大的情况，恰好可以用于研究交通溢流现象。

1. 速度—密度关系曲线中交通溢流区

首先给出 Greenberg 模型式如式(3-25)：

$$V=V_f\ln\frac{K_j}{K}\tag{3-25}$$

得到速度—密度关系图中交通溢流分界线以及交通溢流区，如 3.13 所示。

根据图 3.13 中曲线可知，在发生交通溢流的情况下，路段上交通密度已经大于路段所能承载最大车辆数限度。

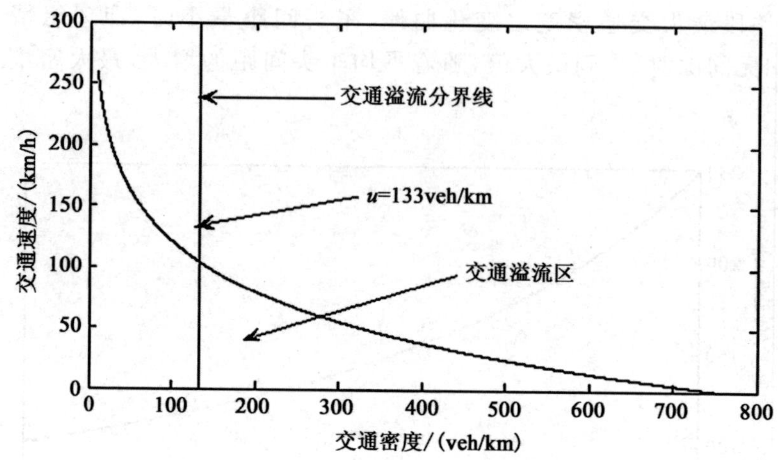

图 3.13　*V-K* 曲线中的交通溢流区域

2. 流量—密度关系(Q-U)

采用 Greenberg(对数)模型，结合流量、密度和速度基本式(3-26)～式(3-28)：

$$V = V_f \ln \frac{K_j}{K} \tag{3-26}$$

$$Q = KV \tag{3-27}$$

$$Q = K \times V_f \times (\ln K_j - \ln K) \tag{3-28}$$

当在上述自由流速度等条件下，得交通密度-交通流量曲线图 3.14，从图中可以明显看出，在交通溢流区，交通流量成为负值，即流入路段交通流量大于流出路段交通流量。

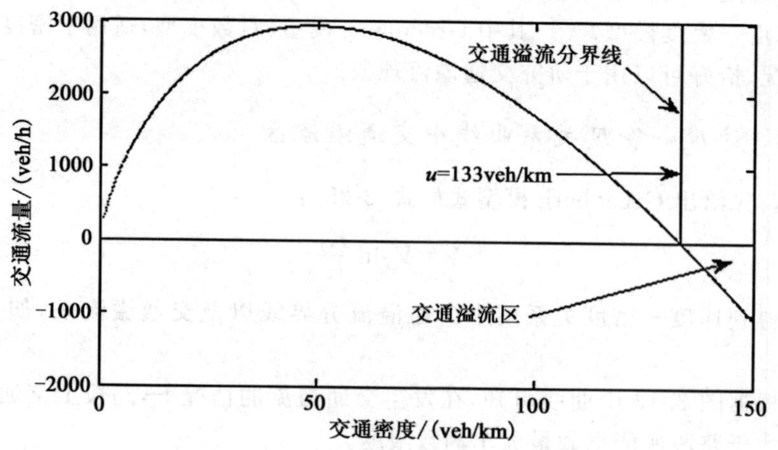

图 3.14　*Q-K* 曲线中交通溢流区

3. 流量—速度关系(Q-V)

由 $V=V_f\ln\frac{K_j}{K}$，结合 $Q=KV$，得到式(3-29)、式(3-30)：

$$K=K_j\times e^{-\frac{V}{V_f}} \tag{3-29}$$

$$Q=V\times K_j\times e^{-\frac{V}{V_f}} \tag{3-30}$$

根据上面同样条件可以分析，得到流量—速度关系图中交通溢流区域(图 3.15)。

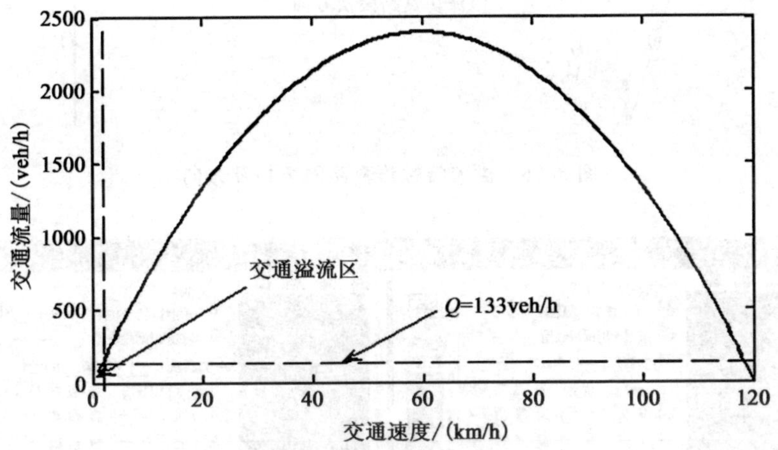

图 3.15　*Q-V* 曲线中交通溢流区

3.2.3　溢流模拟

交通溢流是现实中客观存在的一种交通现象，但因其并不是频繁发生，因此在数据采集上比较困难。下面根据交通溢流情况下交通流的特点，借助 UTSS 仿真系统，采用数值模拟方式，设置溢流条件，获取交通流量、路段速度等相关参数，分析发生溢流时的交通流特性。

3.2.3.1　道路网络及参数设置

路网拓扑如图 3.16 所示，图中各主要符号及数字意义分别给出了标注说明。考虑到一条道路两个方向同时发生溢流的可能性比较小，因为交通流早晚一般具有“潮汐”现象，因此，在本次仿真中，设由路口 0 至路口 2 上行交通流方向为溢流路段分析对象。

为尽快实现交通溢流效果，设定路口交通信号及交通流转向比例值参数分别如图 3.17 和图 3.18 所示。

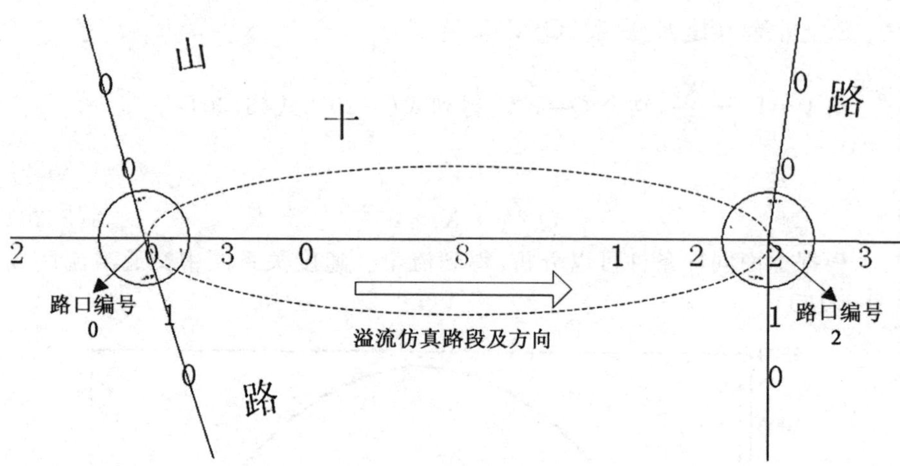

图 3.16　溢流特性仿真路网拓扑及方向

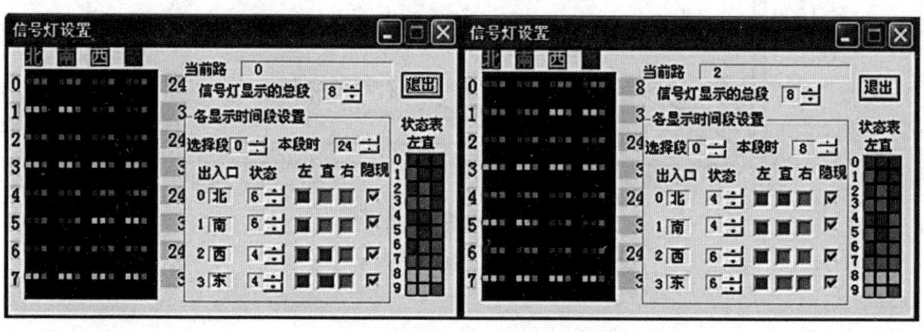

图 3.17　路口 0(左)和路口 2 信号灯设置(右)

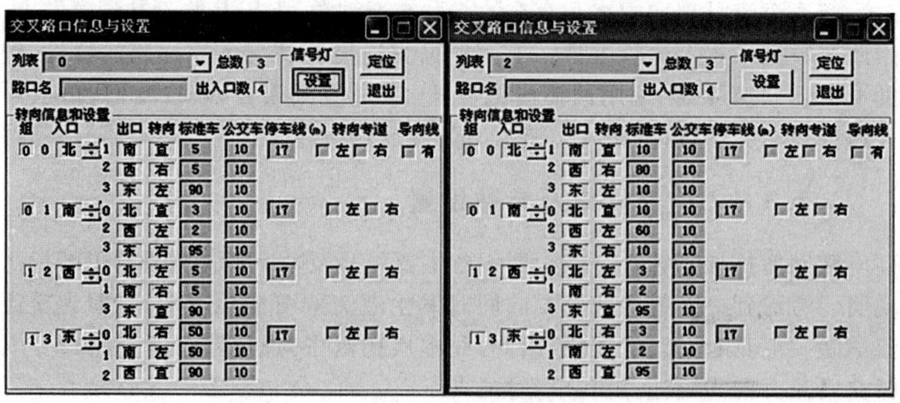

图 3.18　路口 0(左)和路口 2 流量设置(右)

设定典型正常交通流情况进行仿真，比较异同，路口 2 仿真交通信号东西直行交通流时间设为 24s，各路口转向交通流恢复为默认值(30%)，其他参数与溢流情况下参数设置相同。(注：一般情况下交通流情况众多，此处仅选择一组有代表性数据进行测试，目的在于观察与溢流情况时交通流特性的异同。)

3.2.3.2　仿真结果分析

在路段上自路口 0 向路口 2 依次设置 9 个采集区间，以 10s 为基本采集单位，采集时长为 $T=20\text{min}$，分别采集全路段交通密度和平均交通流速度以及各个采集区间内平均速度、流量等参数。

1. 参数计算

路段交通流参数计算公式如流量公式(3-31)和速度公式(3-32)：

$$Q(\Delta T) = \sum_{t=1}^{\Delta T} q(t) \tag{3-31}$$

$$\overline{v(\Delta T)} = \frac{\sum_{t=1}^{\Delta T}\sum_{i=1}^{Q(\Delta T)} v_i(t)}{Q(\Delta T)} \tag{3-32}$$

式中，$Q(\Delta T)$表示采集时间间隔内路段交通流量；$q(t)$表示路段实时流量；$\overline{v(\Delta T)}$表示在采集间隔内行驶经过的车辆平均速度；$v_i(t)$表示第 i 辆车在时刻 t 的速度。

虚拟线圈检测区域内流量和车辆平均速度计算式如式(3-33)、式(3-34)：

$$Q_j(\Delta T) = \sum_{t=1}^{\Delta T} q_{j+1}(t) - \sum_{t=1}^{\Delta T} q_j(t) \tag{3-33}$$

$$\overline{v_j(\Delta T)} = \frac{\sum_{t=1}^{\Delta T}\sum_{i=1}^{Q_j(\Delta T)} v_{ji}(t)}{Q_j(\Delta T)} \tag{3-34}$$

式中，$Q_j(\Delta T)$表示第 j 个虚拟线圈区间在 ΔT 时间内通过的流量；$q_j(t)$表示第 j 个虚拟线圈实时流量；$v_{ji}(t)$表示第 j 个虚拟线圈第 i 辆车实时速度。

2. 路段交通流速度特性

将仿真所得数据在 Matlab 7.0 中绘图，得到速度、密度、速度—密度关系曲线分别如图 3.19～图 3.21 所示。

由图 3.19 分析可以得出，在溢流情况下，路段的平均速度普遍相对较低(<10km/h)；在形成溢流的过程中，速度曲线振幅逐渐减小；在溢流消散区，

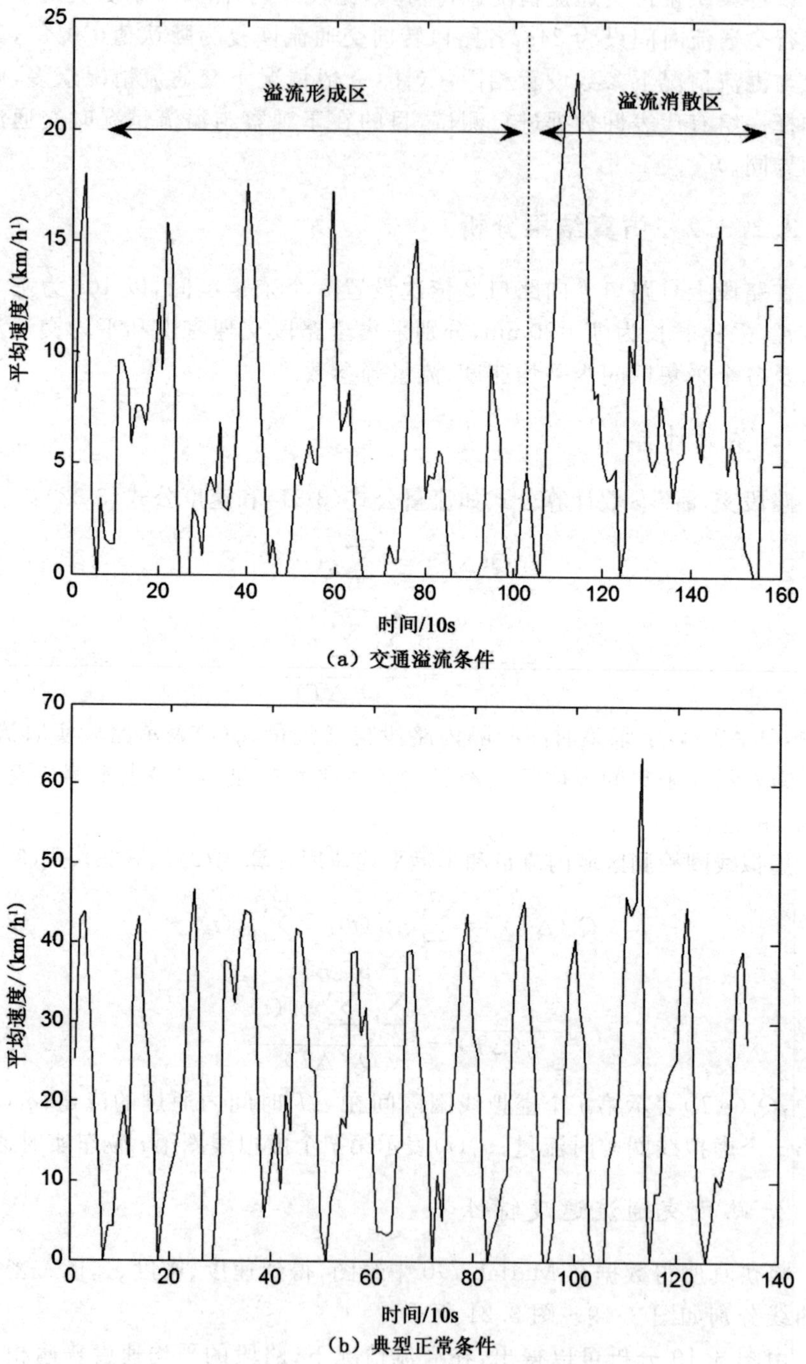

（a）交通溢流条件

（b）典型正常条件

图 3.19　路段平均速度采样变化趋势

平均速度曲线起始振幅逐渐增大，但随着溢流现象的消失，路段上车辆数逐渐减少，速度经历增大再减小过程。正常情况下交通平均速度值则相对大得多，且整体趋势上无拥堵情形，而是在交通信号灯因素的影响下，呈现周期振荡性特点。

3. 路段交通流密度特性

从图 3.20 所示的路段交通流密度曲线上可明显地看出交通流溢流的形成和消散过程。在溢流形成过程中，路段上交通流密度逐渐增大，逐渐达到饱和状态；而在交通溢流的消散过程中，路段上交通流密度逐渐减小。比较正常情况下的平均密度曲线则显得较为平稳，密度虽有变化，但无明显拥堵现象出现。

4. 路段平均速度和平均密度拟合曲线

通过路段平均速度和平均密度的拟合曲线（图 3.21）可以清楚地得到二者之间的变化关系。在一定区间内，随着交通流密度的增大，车辆平均速度逐渐增大；当密度达到一定值时，平均速度达到最大值，路段开始进入交通拥堵区域；随着交通流密度进一步增大，车辆逐渐处于静止状态，平均速度明显下降，符合基本的变化关系。在正常交通流情况下，随着密度的增大，速度呈逐渐增大的趋势。上面两种情况的曲线相结合，恰恰组成了交通速度—密度变化的抛物线形状。

5. 交通波动特性

为进一步观察在溢流形成和消散阶段的交通波变化情况，下面绘制虚拟线圈检测得到的交通流数据（图 3.22）。线圈区域编号自 1～9，数值越大离溢流起始路口越近。从图 3.22 中可以明显看出，在溢流情况下，交通流自路口（线圈编号 9）开始逐渐往后传播（线圈编号 1）的过程，速度波呈波浪形往后传播，有明显的拥堵形成区和拥堵消散区；而在正常交通流情况下的交通波形图中已经没有了明显的拥堵形成区和拥堵消散区，而是整体上呈现周期性、规律性速度变化。

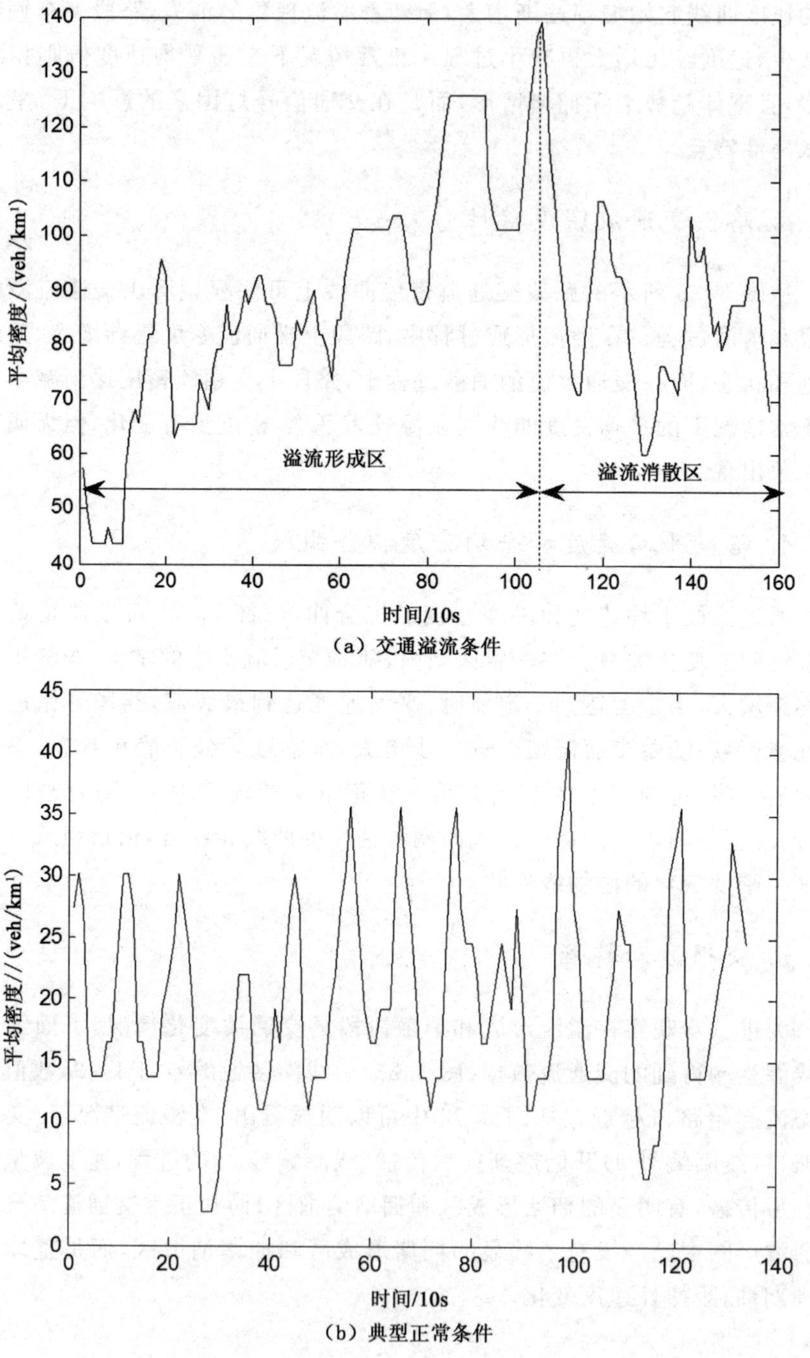

(a) 交通溢流条件

(b) 典型正常条件

图 3.20 路段平均密度变化趋势

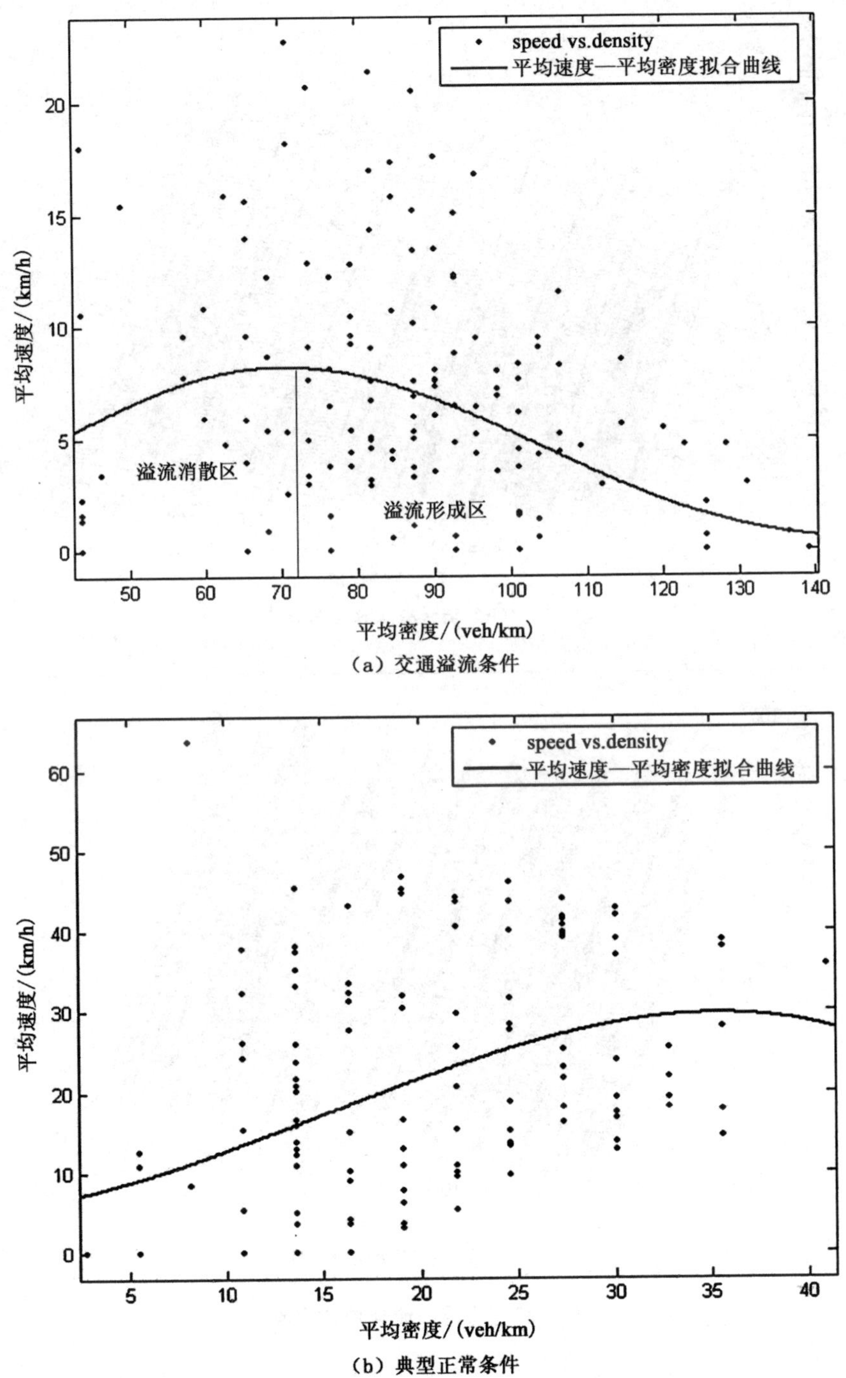

（a）交通溢流条件

（b）典型正常条件

图 3.21　路段平均速度与平均密度拟合曲线

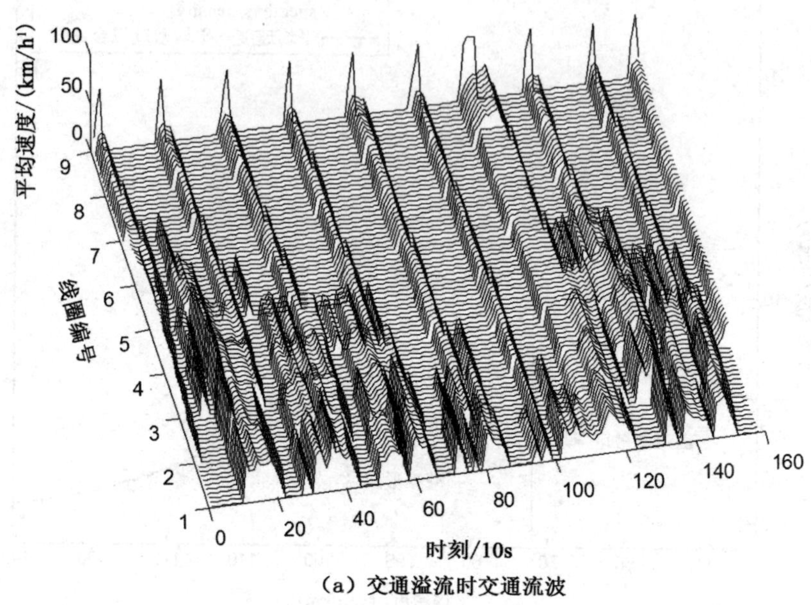

（a）交通溢流时交通流波

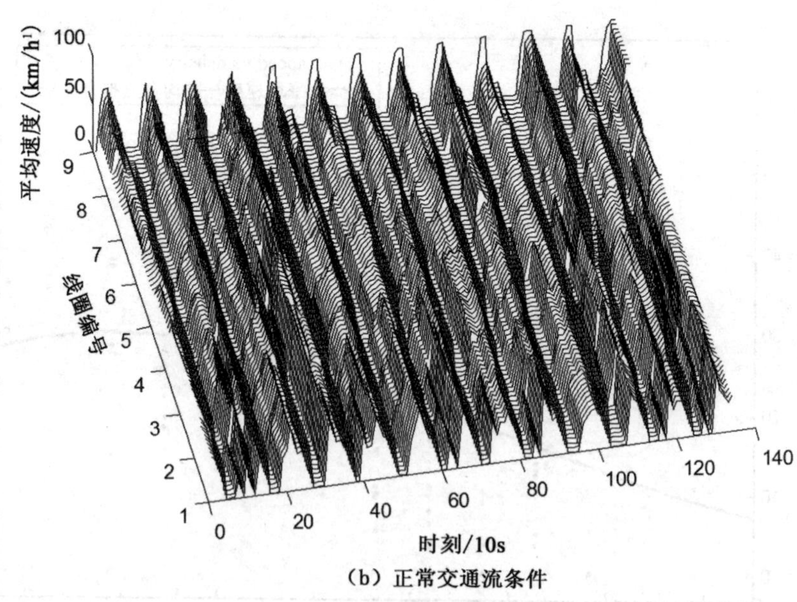

（b）正常交通流条件

图 3.22　路段溢流交通波现象

3.3　交通溢流状态模糊识别

识别交通溢流是一项带有较强主观性的认知过程，因此，联想到模糊理论及模糊逻辑在处理不精确数值问题上的优势，有学者提出基于模糊理论的交通溢流状态识别算法。

3.3.1　交通溢流识别算法描述

在前面对交通溢流特性进行分析的基础上，以模糊推理算法为基础，提出交通溢流模糊识别算法如下。

(1) 确定模糊推理器的逻辑结构，如“单输入—单输出”“双输入—单输出”等，且明确模糊推理器的输入变量和输出变量。

(2) 根据交通管理专家经验，确定各输入、输出变量的基本论域、离散论域，以及模糊语言变量值，并且根据实际检测到的交通流数据，以统计分析等方法得到各模糊语言值的隶属度函数。

(3) 再次根据交通管理专家（主要指交通警察、有经验交通工程师等）的交通指挥管理经验总结提炼溢流判别模糊规则，且确定推理规则。

(4) 根据推理规则，得到模糊关系矩阵 R，在“双输入—单输出”结构下，若输入、输出变量离散论域分别为 m,n,k，则矩阵 R 维数为 $m\times n$ 行、k 列。

(5) 确定解模糊算法，得到模糊推理查询表，算法结束。

3.3.2　交通溢流模糊推理

3.3.2.1　模糊识别器逻辑

根据专家经验，选择排队长度与道路长度的比率值(Q)（简称车辆排队比率）和车辆平均车速(V)作为模糊控制器的输入，道路交通溢流严重程度(O)作为模糊控制器的输出，即双输入—单输出的二维结构形式，其原理如图 3.23 所示。

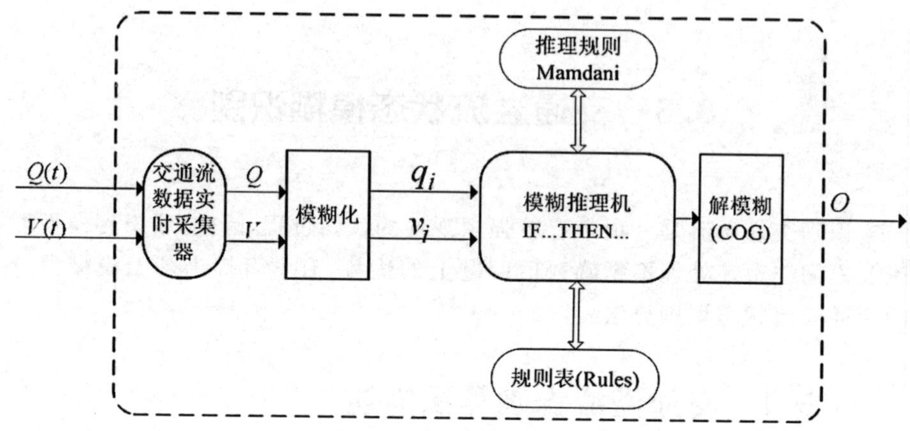

图 3.23 溢流模糊识别器

3.3.2.2 确定输入、输出变量及隶属度函数

1. 第一个输入变量

取车辆排队比率语言变量为 Q,基本论域为[0.8,1.2],语言值离散论域 $X=\{0,1,2,3,4,5,6,7,8,9,10\}$,其量化因子 $k_Q=25$,设 x_q 为对应基本论域上的值,则其对应离散论域 X 上的值为 $x_x=10(x_q-0.8)/0.4$,论域上模糊子集为 $\underset{\sim}{A}_i(i=1,2,3)$,相应的语言值为{小(S),中(M),大(B)},分别表示当前车辆排队比率"小""中等""大",各语言值隶属函数如表 3-2 所示。

表 3-2 车辆排队比率隶属度函数

Q		X										
		0	1	2	3	4	5	6	7	8	9	10
f	S	1	1	0.66	0.4	0	0	0	0	0	0	0
	M	0	0	0.2	0.73	1	1	1	0.73	0.2	0	0
	B	0	0	0	0	0	0	0	0	0.66	1	1

2. 第二个输入变量

取路段车辆平均车速语言变量为 V,基本论域为[0,10],语言值上的离散论域 $Y=\{0,1,2,3,4,5,6,7,8,9,10\}$,其量化因子 $k_V=1$,设 y_v 为基本论域上的值，则其对应离散论域 Y 上的值为 $y_y = y_v$，论域上的模糊子集为 $\underset{\sim}{B}_i(i=1,2,3)$，相应的语言值为{小(S)，中(M)，大(B)}，分别表示当前路段车辆平均车速为“小”“中”“大”，各语言值隶属度函数如表 3-3 所示。

表 3-3　路段车辆平均速度隶属度函数

V		Y										
		0	1	2	3	4	5	6	7	8	9	10
f	S	1	1	0.5	0	0	0	0	0	0	0	0
	M	0	0	0	0.5	1	1	1	0.5	0	0	0
	B	0	0	0	0	0	0	0	0	0.5	1	1

3. 输出变量

设路段交通溢流严重程度的语言变量为 O_1，其基本论域为[0,1]，语言值的离散论域 $Z=\{0,1,2,3,4,5,6,7,8,9,10\}$，则比例因子 $k_{o_1}=0.1$，论域上的模糊子集为 $\underset{\sim}{C}_i(i=1,2,3)$，其语言变量值为{轻微(S)，中等(M)，严重(H)}，分别表示交通溢流程度“轻微”“中等严重”“严重”三种情况，各语言值隶属度函数如表 3-4 所示。

表 3-4　交通溢流严重程度隶属度函数

O		Z										
		0	1	2	3	4	5	6	7	8	9	10
f	S	1	1	0.45	0	0	0	0	0	0	0	0
	M	0	0	0.1	0.35	1	1	1	0.35	0.1	0	0
	H	0	0	0	0	0	0	0	0	0.45	1	1

3.3.2.3　模糊规则及模糊推理

1. 建立模糊规则表

根据专家经验，经分析提炼，得到 9 条推理规则，如表 3-5 所示。

表 3-5　溢流判别规则表

No.	输入变量		输出变量
	车辆排队比率 Q	路段车辆平均车速 V	交通溢流严重程度 O_1
1	S	S	M
2	S	M	M
3	S	B	H
4	M	S	S
5	M	M	M
6	M	B	H
7	B	S	S
8	B	M	S
9	B	B	S

其模糊关系为矩阵式(3-35)：

$$R_1 = \bigcup_{i=1}^{9} R_{1i} \tag{3-35}$$

式中，$R_{1i}=(\underset{\sim}{Q_i}\times\underset{\sim}{V_i})\rightarrow O_{1i}$。

2. 推理规则

模糊蕴含关系采用 Mamdani“max-min”法，推理规则采用“min”法，即设车辆排队比率为 q'，路段平均速度为 v'，则推理规则可以描述为式(3-36)：

$$o'=(q'\times v')\circ R_1 \tag{3-36}$$

3.3.2.4　解模糊及查询表

1. 解模糊

采用重心法解模糊，如公式(3-37)：

$$o_1'=\frac{\int z\times\mu_o(z)}{\int\mu_o(z)} \tag{3-37}$$

式中，z 为论域值；$\mu_o(z)$为对应论域值 z 的隶属度值。

2. 模糊查询表

由 Matlab 7.0 编程运算，得到交通溢流模糊判别的模糊查询表如表 3-6 所示。

表 3-6　溢流判别查询表

No.	输入变量论域值		输出变量论域值 溢流严重程度 O_1
	车辆排队比率 Q	路段车辆平均车速 V	
1	[0,3]	[0,3]	5
2	[0,3]	[4,7]	3
3	[0,3]	[8,10]	2
4	[4,7]	[0,3]	7
5	[4,7]	[4,7]	5
6	[4,7]	[8,10]	3
7	[8,10]	[0,3]	9
8	[8,10]	[4,7]	7
9	[8,10]	[8,10]	4

3.3.2.5　实际输出值

输入变量经模糊化后，在查询表中查找得到相应的输出论域值，根据式(3-36)计算得到实际输出值，如式(3-38)：

$$O=k_{o_1}\times Z \tag{3-38}$$

3.3.3　仿真分析

采用数值模拟方式，在 Matlab 7.0 中进行仿真，分析上述模糊推理结果的正确性。首先,分析表 3-5 所示的模糊规则表,为直观地观察模糊规则变化情况,绘制其三维视图如图 3.24 所示。通过该图可以清晰地看出交通溢流的严重程度随着道路上车辆排队长度的变化以及路段平均速度变化之间的关系,在车辆排队长度达到一定程度时,交通溢流已经不可避免,这与交通常识完全吻合。

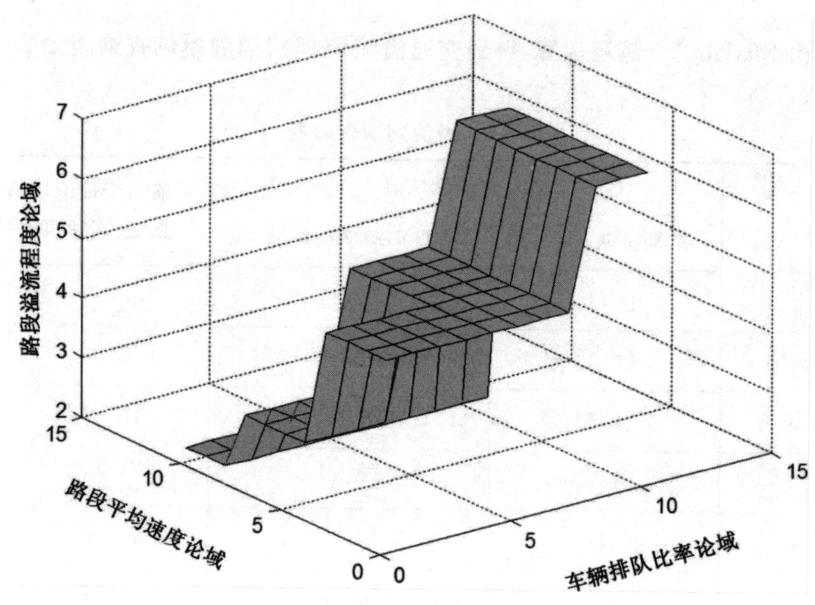

图 3.24　交通溢流模糊规则

其次,为观察识别结果随所给定的输入变量递进的变化趋势,设定道路长度 $L=800$m,平均车辆长度 $l=7.5$m,车辆比率变化区间为[0.1,3](无单位),路段速度变化区间为[1,80]km/h,仿真后得到图 3.25。由该图给出的数值模拟仿真结果可知,在路段平均速度小至一定区间且车辆排队长度大至一定区间时,路段溢流达到严重程度;同理可分析出中度溢流和轻微溢流区域(分别如图 3.25 中所标注区域),也与交通常识吻合。

最后,在 UTSS 仿真系统中通过设置溢流条件,采集车辆排队比率、路段车辆平均车速以及交通溢流严重程度的推理结果,经反复仿真,得到如图 3.26、图 3.27 所示的曲线。从图中可以明显地分析出模糊识别的结果,如图中的典型轻微溢流,对应路段的车辆平均速度较大,车辆排队比率较小,而严重溢流情况下,车辆排队比率急剧增大,而路段车辆平均车速变得很小。模糊识别器给出了正确判别,证明了其有效性。

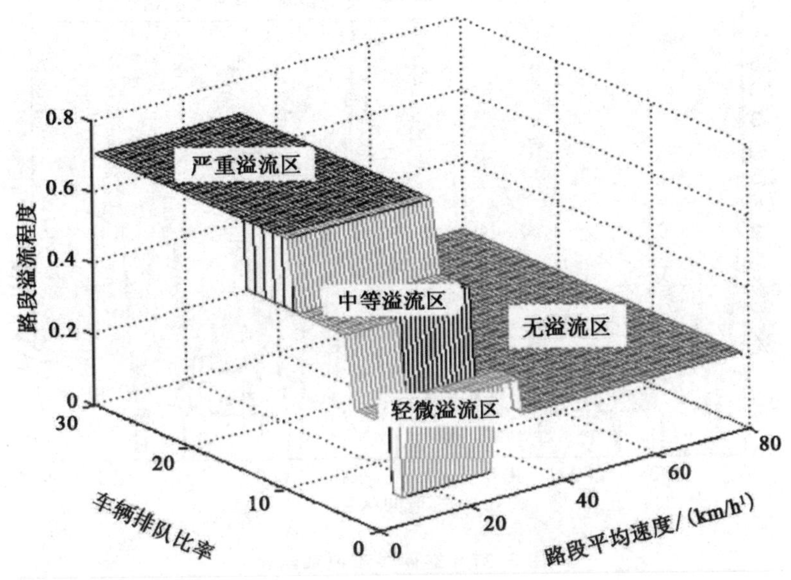

图 3.25　交通溢流推理规则

图 3.26　交通溢流路段

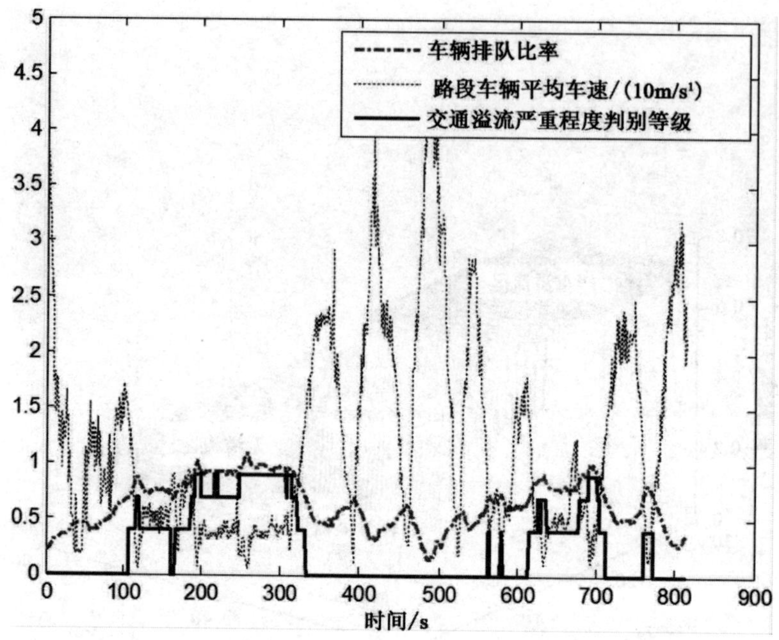

图 3.27　交通溢流识别结论

本章小结

交通溢流形成机理分析中，在公式推导与定量计算的基础上，有必要进一步分析交通溢流形成的原因，得到右转交通流量对路段交通溢流形成有着至关重要的影响，这也可以解释有些路段平峰时段很少发生交通溢流，而在高峰时段却较易发生交通溢流的原因。

考虑道路长度、车辆长度等因素，传统模型中也存在交通溢流区。交通延误模型中也隐含有溢流的条件。溢流情况下交通流速度、密度、速度—密度关系特点鲜明，在溢流形成和消散的过程中表现出明显聚集和消散波动特性。

交通溢流识别是实现交通溢流控制的前提和基础，也是研究的难点。本章提出的模糊识别算法结合了交通管理经验和实际交通状况，对交通系统的复杂性和动态性具有较好的鲁棒性，为研究交通溢流控制算法奠定了基础。

第 4 章　路段交通溢流智能控制算法

一般而言,路段交通溢流至少涉及两个路口的交通流协调控制问题,控制目标在于通过协调交通信号配时,使溢流能够快速消散,且保证相邻路口其他路段不至于产生新溢流现象或交通延误过甚。本章以模糊理论、神经网络、专家系统等为理论基础,探讨了单路段交通溢流智能协调控制算法,建立了多路口交通溢流协调控制理论框架,并进行了仿真分析。

4.1　算法概述

4.1.1　路网模型

交通路网模型如图 4.1 所示,设路口 i 第 j 方向的转向 k 的交通流量为 q_{ijk},$i=1,2$ 表示路口 1 和路口 2;$j=1,2,3,4$ 分别表示东、西、南、北四个方向;$k=1,2,3$ 分别表示直行、左转和右转。如路口 2 自西往东方向的直行交通流表示为 q_{221},左转交通流为 q_{222};路口 1 自南往北直行交通流为 q_{131}。常见四相位控制方案如图 4.2 所示。

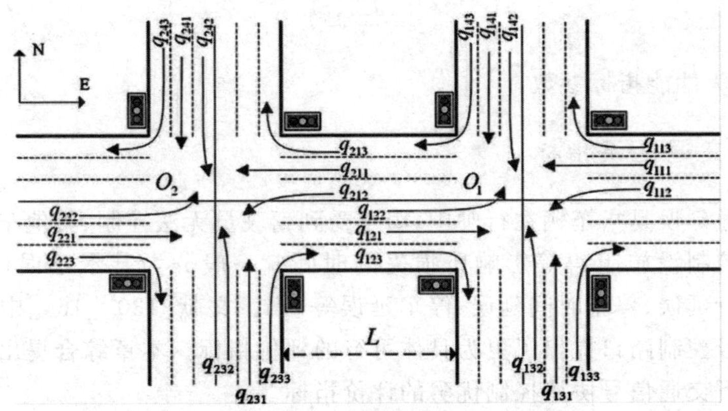

图 4.1　详细路网拓扑

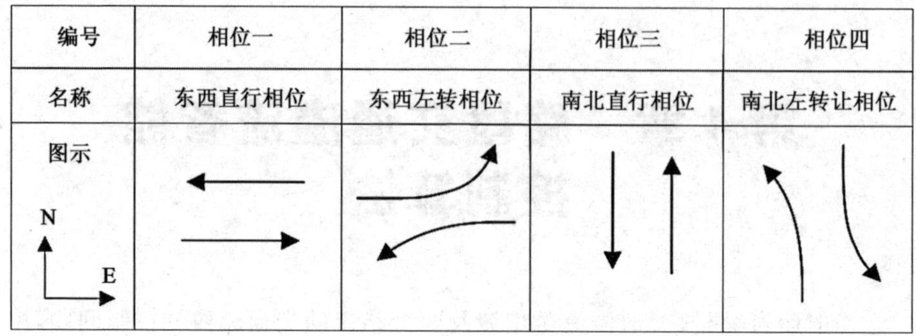

编号	相位一	相位二	相位三	相位四
名称	东西直行相位	东西左转相位	南北直行相位	南北左转让相位
图示 N E				

图 4.2 典型四相位图示

4.1.2 控制目标

本算法研究以有效遏制交通溢流的进一步恶化，尽快促使交通溢流消失，恢复正常交通流状态，并且确保对溢流路段相邻路口其他非溢流相位的交通流运行影响最小为主要目标。

从上述分析可以看出，控制目标由两部分组成，分别阐述如下。

1. 溢流消散指标

溢流消散是一种表象，其直接表征特征参数为车辆排队长度小于路段长度。设 $L_{of}(t)$ 为在溢流控制时段 ΔT 内，时刻 $t(t\in[0,\Delta T])$ 时车辆排队长度，单位为米(m)；L_{road} 为发生交通溢流的路段长度，单位为米(m)。给出其实时性能指标评价函数式(4-1)：

$$p=\frac{L_{of}(t)}{L_{road}} \tag{4-1}$$

式中，p 为性能指标参数。

2. 交通延误指标

交通延误是指车辆在行驶中，由于受到驾驶员无法控制、其他车辆干扰或交通控制设施阻碍等影响所损失的时间。一般分为基本延误（固定延误）、运行延误、停车时间延误、停车延误等[162]。文献[130][163]中曾针对交通信号控制路口提出了更为具体可行的评价指标。本章综合提出交通溢流情况下交通信号协调控制优劣的评价指标。

以常见单路口四支路四相位为例(图 4.2),路口在任意时刻等待通行的交通流队列有 12 支,分别用 $Q_{ijk}(t)$表示时刻 t 第 i 个路口第 j 方向 k 通行权的交通流队列长度,单位为米(m)。对两路口单路段四支路路口而言,则 $i=1,2$;$j=1,2,3,4$,分别表示东(E)、南(S)、西(W)、北(N)四个方向;$k=1,2,3$,分别表示每个方向的直行、左转和右转。如 $Q_{111}(t)$表示路口 1 在时刻 t 由东往西直行等待队列。在初始时刻 $t=0$ 时初始排队长度记为 $Q_{ijk}(0)$。路口各个支路的饱和流量表达式为 S_{ijk},单位为辆/小时(辆/h),一般情况下,直行饱和流量大于左转饱和流量。车辆在启动和相位末尾绿灯损失时间记为 T_{lost},此时间确保了路口范围内车辆清空效果,提高了路口交通安全水平。

设路口信号周期为 C,周期单位为秒(s),计时间隔为 Δt,即考虑延误时间间隔为$[t-\Delta t,t]$,设共有 $M=4$ 个相位,则第 m 个相位有效绿灯时间记为 $T_m(m=1,2,\cdots,M)$。各个车道各个方向车辆到达率为 $A_{ijk}(t)$,$Q_{ijk}(t-\Delta t)$表示 $t-\Delta t$ 时刻各个支路各个方向滞留车辆队列长度计算式(4-2):

$$Q_{ijk}(t) = \max\left(Q_{ijk}(t-\Delta t) + \int_{t-\Delta t}^{t} A_{ijk}(\lambda)\mathrm{d}\lambda - L_{ijk}(t), 0\right) \tag{4-2}$$

式中,$L_{ijk}(t)$表示在时刻 t 离去的交通流队列长。

若当前相位为红灯,则 $L_{ijk}(t)=0$。

若当前相位为绿灯,则 $L_{ijk}(t)$的计算式为式(4-3):

$$L_{ijk}(t) = \min\left(\int_{t-\Delta t}^{t} S_{ijk}\,\mathrm{d}t, Q_{ijk}(t-\Delta t) + \int_{t-\Delta t}^{t} A_{ijk}(\lambda)\mathrm{d}\lambda\right) \tag{4-3}$$

式中,L_{ijk}表示对应路口 i 相应方向 j 相应车道 k 的有效绿灯通行时间,一般在一个周期内,L_{ijk}小于等于对应的相位绿灯时间,即 $L_{ijk} \leqslant T_m$。

两个路口总车辆排队长度计算式为式(4-4),一般右转交通流不作考虑。

$$Q(t) = \sum_{i=1}^{2}\sum_{j=1}^{4}\sum_{k=1}^{2} Q_{ijk}(t) \tag{4-4}$$

车辆队列总延误计算式为式(4-5):

$$D(t) = \frac{1}{2}\left\{\sum_{i=1}^{2}\sum_{j=1}^{4}\sum_{k=1}^{2}\left[Q_{ijk}(t-\Delta t) + \int_{t-\Delta t}^{t} A_{ijk}(\lambda)\mathrm{d}\lambda\right]\right\}\Delta t \tag{4-5}$$

当式中 $t=C$,$\Delta t=C$ 时,得到一个周期内平均延误计算式为式(4-6):

$$\bar{d} = \frac{\sum_{i=1}^{2}\sum_{j=1}^{4}\left\{\int_{0}^{C} D_{ij}(t)\mathrm{d}t\right\}}{\sum_{i=1}^{2}\sum_{j=1}^{4}\left\{\int_{0}^{C} A_{ij}(t)\mathrm{d}t + Q_{ij}(0)\right\}} \tag{4-6}$$

4.2 控制器概要设计

4.2.1 控制逻辑流程

以4.1节内容为控制目标，确定实现单路段交通溢流智能控制的逻辑流程如图4.3所示，该控制算法遵循“检测—识别—控制—评价”的逻辑设计思路。

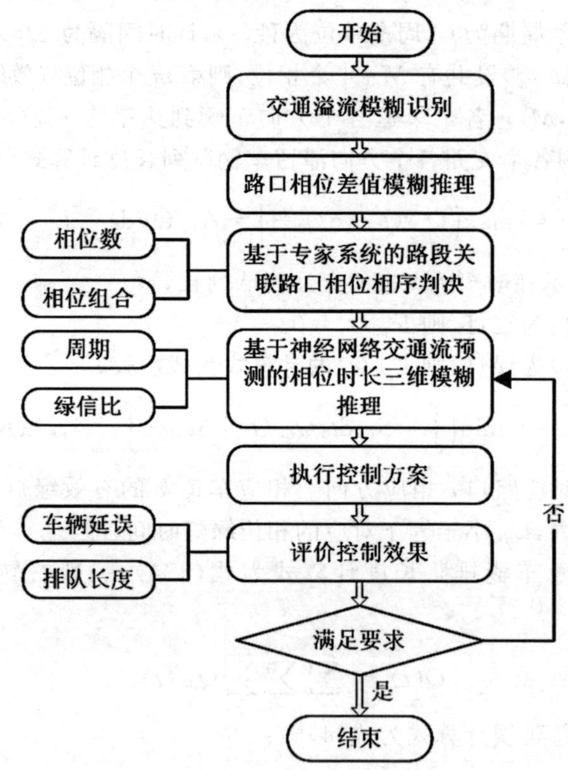

图4.3 溢流控制逻辑流程

4.2.2 控制逻辑拓扑

概括而言，交通溢流控制系统由两级构成，其宏观逻辑拓扑如图4.4所示，各级控制器功能描述如下。

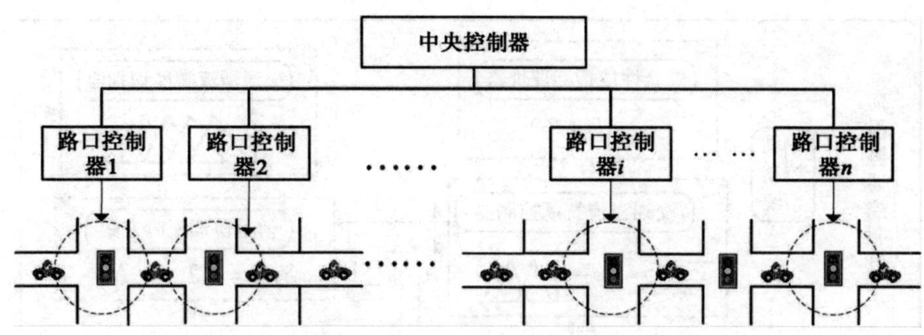

图 4.4　溢流控制器宏观逻辑拓扑

第一级为中央控制器，其功能为实时接收路段检测器检测得到的溢流信息，判断与溢流现象具有关联关系的路口，以及对应路口检测器检测得到的路口各支路交通流数据信息，并进行交通信号相序设计、优化信号配时，将优化后的交通流配时信号下传给相关路口控制器。

第二级为路口控制器，其功能为执行由中央控制器传达信号优化配时指令，包括信号周期、绿信比、相位差、相序等参数数值；各个路口控制器均通过联网方式与中央控制器通信，并接受中央控制器全局协调调度。

路口控制器微观架构如图 4.5 所示。

该控制器以两个邻接路口的正常交通流运转影响最小为优化指标，综合考虑路段交通溢流情况和路段邻接两个路口交通流量实时状态，通过协调多个路口交通信号配时策略，以消除交通溢流。

各组成部分功能描述如下。

路口交通流采集与预测器：实时采集路口 O_1 和 O_2 各支路交通流量、车流速度及停车次数等参数，并在实施溢流控制时实时预测相关路口相关支路交通流量的到达情况，作为实时溢流控制相位时间设置的输入变量之一。

交通溢流智能识别器：根据路段交通流参数、平均速度和排队长度，构建交通溢流严重程度识别器，实时识别交通溢流发生及其严重程度，给出是否实施溢流控制指令。

交通溢流智能控制器：根据路段交通溢流是否发生，以及发生之后的严重程度和两个路口各支路交通流情况，消除路段交通溢流，同时保证两个路口交通流最优为目标，以模糊控制原理和遗传算法优化协调路口配时。

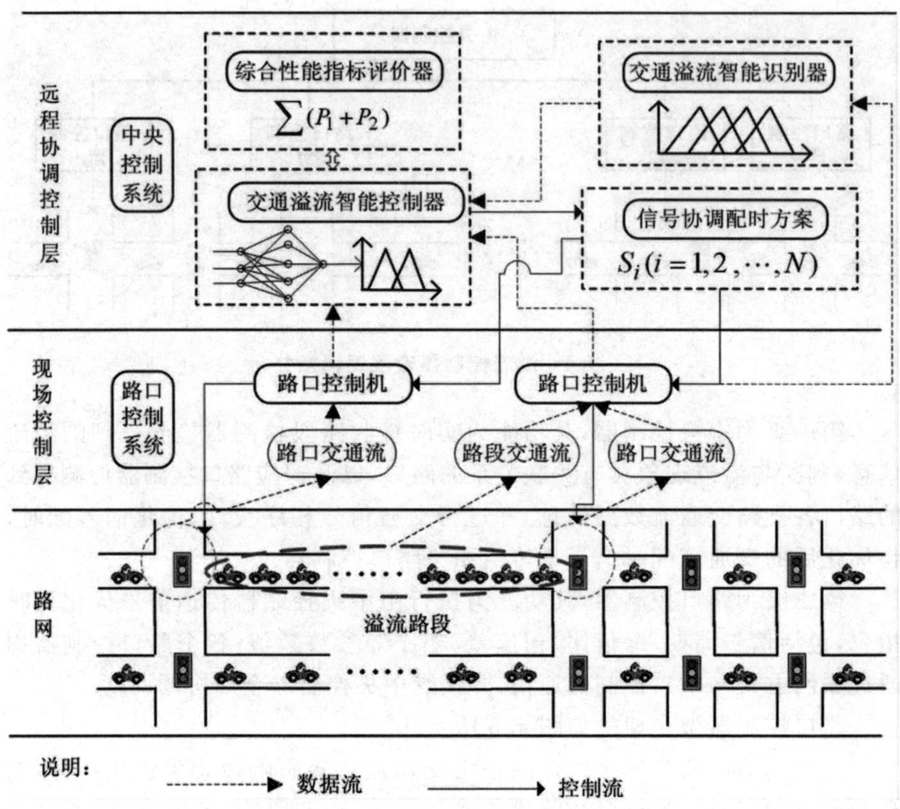

图 4.5　溢流控制器微观逻辑拓扑

综合性能指标评价器：从实现全局最优目标出发，对路段溢流控制效果评价和路口协调控制效果评价采取加权处理，综合考虑，既确保对交通溢流实施有效遏制，又不至于导致相邻路口交通紊乱，顾全大局，而不能顾此失彼。

信号配时方案：主要包括相邻路口周期、相位、绿信比、相位差协调配时结果，由中心协调控制器统一下传至关联路口，实施控制。

图 4.5 所示控制器的输入为三个变量，即两个路口交通流量和一个路段交通流量，输出为路口 O_1 的信号配时和路口 O_2 的信号配时，以及路口之间的相位差值。由于相位差的实现可体现在路口信号配时调整中，故为降低计算复杂度，以两个路口信号配时为最终输出。

控制器详细结构如图 4.6 所示，采用两级三阶段控制策略，实现“数据采集→优化配时→效果评价”的一体化、系统化控制流程。

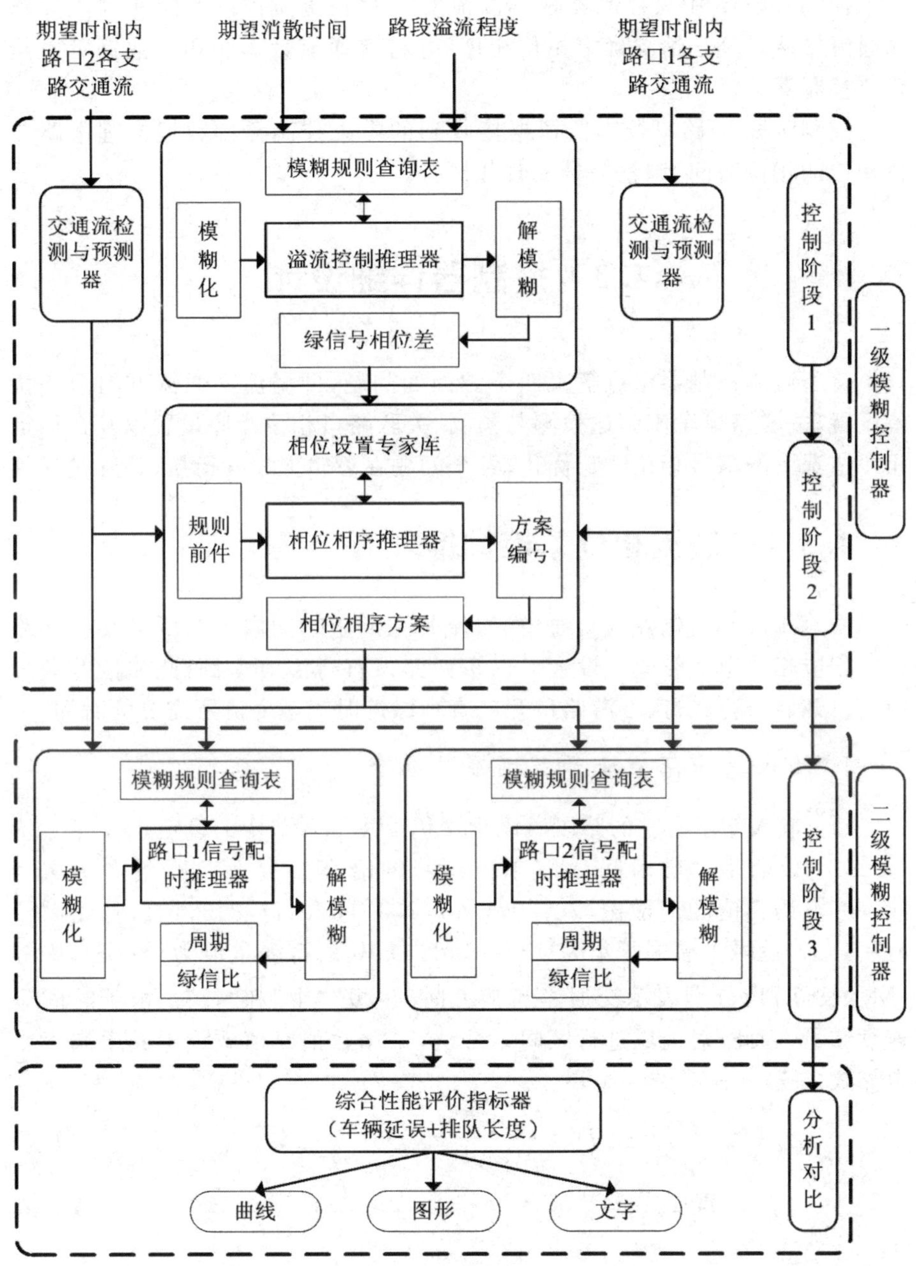

图 4.6　交通溢流控制器

控制阶段 1:中央控制器根据溢流程度确定两个相邻路口的信号调整方案,并下发给路口控制器。

控制阶段2:中央控制器根据溢流发生时和溢流控制期间非溢流支路交通流排队及到达情况确定相位相序,并将交通流数据和相序数据下发给路口控制器。

控制阶段3:路口控制器根据接收到的中央控制器的数据推理本路口各相位的相位时间,调整信号配时并执行。

4.3 控制器详细设计

交通溢流控制器重点解决四个方面的问题,即溢流交通流方向上相位差设置、关联路口车流到达检测与预测、关联路口相位相序设置以及在给定相序情况下的信号相位时长优化,各个问题在逻辑上相互衔接、相互关联。

4.3.1 溢流相位差模糊推理

溢流相位差是指控制交通溢流,使其在期望时间内消散所需要关联路口在相应相位上的时间差设置。以东西路口直行溢流为例,此相位差即上游路口开启直行红灯、下游路口开启直行绿灯时消散溢流所需要的时间。

1. 输入输出语言变量及隶属度函数

(1) 输入变量之一的路段溢流程度仍沿用3.3节中的设定。

(2) 设期望消散时间 ΔT(单位:秒)的语言变量为DT,基本论域为[0,300],语言值的离散论域 $X_1=\{0,1,2,3,4,5,6,7,8,9,10\}$,量化因子 $k_{dt}=1/30$,论域上模糊子集为 $\underset{\sim}{D_i}(i=1,2,3)$,其语言变量值为{短(S),中等(M),长{L}},分别表示交通溢流消散时间“短”“中”和“长”。由于时间是连续参量,因此,对论域进行区间划分法,采用数值赋值法设置其隶属度函数如式(4-7)~式(4-9):

$$\underset{\sim}{D_1}=\frac{1}{0}+\frac{1}{1}+\frac{0.5}{2}+\frac{0}{3} \tag{4-7}$$

$$\underset{\sim}{D_2}=\frac{0}{1}+\frac{0}{2}+\frac{0.5}{3}+\frac{1}{4}+\frac{1}{5}+\frac{1}{6}+\frac{0.5}{7}+\frac{0}{8} \tag{4-8}$$

$$\underset{\sim}{D_3}=\frac{0}{7}+\frac{0.5}{8}+\frac{1}{9}+\frac{1}{10} \tag{4-9}$$

(3) 设输出变量绿信号相位差的语言变量为OS,基本论域为[0,60],语言值的离散论域 $Y_1=\{0,1,2,3,4,5,6,7,8,9,10\}$,比例因子 $k_{os}=6$,论域上的模糊子集为 $\underset{\sim}{E_i}(i=1,2,3)$,其语言变量值为{小(S),中等(M),大(B)},

分别表示实现交通溢流在规定时间内消散所需的路口绿灯相位差时间值“小”“中”和“大”(注:溢流下游路口绿灯开启后,相位差越大,上游路口绿灯开启越晚)。如式(4-10)～式(4-12):

$$\underset{\sim}{E_1}=\frac{1}{0}+\frac{1}{1}+\frac{0.45}{2}+\frac{0}{3} \tag{4-10}$$

$$\underset{\sim}{E_2}=\frac{0}{1}+\frac{0.1}{2}+\frac{0.35}{3}+\frac{1}{4}+\frac{1}{5}+\frac{1}{6}+\frac{0.35}{7}+\frac{0.1}{8}+\frac{0}{9} \tag{4-11}$$

$$\underset{\sim}{E_3}=\frac{0}{7}+\frac{0.45}{8}+\frac{1}{9}+\frac{1}{10} \tag{4-12}$$

2. 建立模糊规则表

根据专家经验,建立相位差控制规则,见表 4-1。

表 4-1　溢流消散时间规则表

No.	输入变量		输出变量
	交通溢流严重程度 O_1	期望消散时间 ΔT	相位差 OS
1	S	S	S
2	S	M	S
3	S	L	S
4	M	S	M
5	M	M	M
6	M	L	S
7	H	S	B
8	H	M	B
9	H	L	M

3. 模糊推理算法

采用与 3.3 节中式(3-36)相同的算法。

4. 模糊查询表

由 Matlab 7.0 编程运算后,得到模糊控制查询表 4-2。

表 4-2 溢流相位差查询表

No.	输入变量论域值		输出变量论域 相位差 OS
	交通溢流严重程度 O_1	期望消散时间 ΔT	
1	[0,3]	[0,3]	3
2	[0,3]	[4,7]	2
3	[0,3]	[8,10]	1
4	[4,7]	[0,3]	5
5	[4,7]	[4,7]	4
6	[4,7]	[8,10]	2
7	[8,10]	[0,3]	8
8	[8,10]	[4,7]	7
9	[8,10]	[8,10]	4

4.3.2 交通流量神经网络预测

基于神经网络的交通流量到达预测算法描述为：以期望消散时间（ΔT）为基本单位，根据历史交通流数据预测消散时间内到达的交通流数据，选用BP 神经网络，以历史数据训练网络权值、阈值并记录，实际应用中，将此数据导入系统，实时检测交通流量，基于赋权值后的神经网络直接预测，得到预测结果。

4.3.2.1 构造网络

确定网络基本结构如图 4.7 所示。其中，x_j 表示输入层第 j 个节点输入，$j=1,2,\cdots,M$；w_{ij} 表示隐含层第 i 个节点到输入层第 j 个节点之间的权值；θ_i 表示隐含层第 i 个节点阈值；$\phi(x)$表示隐含层激励函数；w_{ki} 表示输出层第 k 个节点到隐含层第 i 个节点之间的权值，$i=1,2,\cdots,q$；a_k 表示输出层第 k 个节点阈值，$k=1,2,\cdots,L$；$\psi(x)$表示输出层激励函数；o_k 输出层第 k 个节点输出。

以 5min 为交通流采集基础单元，以常发生溢流路段相关联的路口为分析对象，预测算法步骤如下。

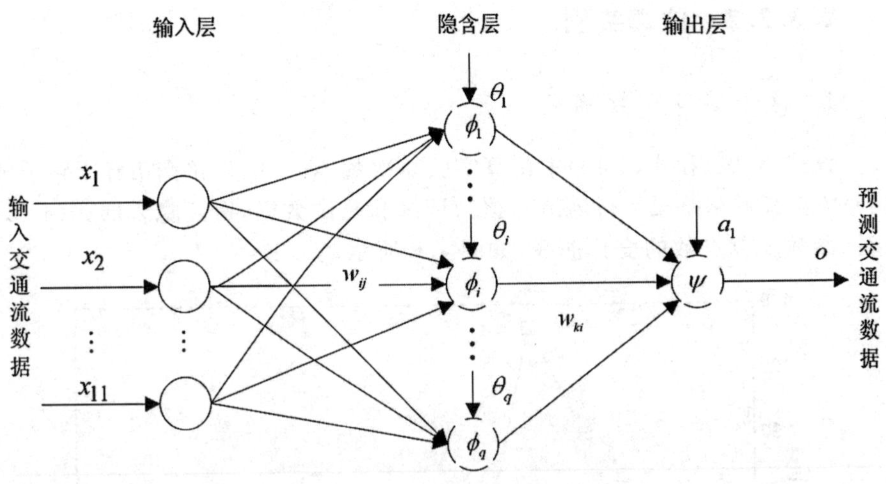

图 4.7　交通流预测神经网络结构

(1) 以一周数据为训练数据范围，溢流小时被划分为 12 个区间，编号分别为 $\Delta t_{ij}(i=1,2,3,\cdots,7;j=0,1,2,3,\cdots,11)$。

(2) 以周内该小时区间内的前 11 个数据为训练输入样本，第 12 位数据为训练输出样本，对网络进行训练。

(3) 隐含层单元数按经验[71]公式 $n_1=\sqrt{n+m}+a$ 计算，n_1 为隐含层单元数，n 为输入单元数，m 为输出单元数，$a\in[1,10]$为常数。在网络相同初始权值、阈值情况下顺序增加，确定网络隐含层最优数目。确定选择最优隐含层数计算式如式(4-13)～式(4-15)：

$$\mathrm{num}(h)=\mathrm{iteration}(h)*\mathrm{error}(h) \tag{4-13}$$

$$\mathrm{iteration}(h)=\frac{\sum_i \mathrm{iteration}(h_i)}{N} \tag{4-14}$$

$$\mathrm{error}(h)=\frac{\sum_i \mathrm{error}(h_i)}{N} \tag{4-15}$$

式中，$\mathrm{iteration}(h_i)$表示第 i 次仿真的迭代次数，$\mathrm{error}(h_i)$表示第 i 次仿真的误差；$\mathrm{num}(h)$越小，则越优，所有测试中 $\mathrm{num}(h)$最小者为最优隐含层节点数；N 为仿真实验总数。

为尽量消除单次测试过程中随机因素影响，对各个节点数量情况下仿真收敛步数和仿真误差采取“去掉最大值和最小值，然后分别取平均”策略。

(4) 在确定预测网络结构的基础上，在 VC 仿真程序中根据网络结构创建单独类，设置线圈实现数据的实时检测，输入神经网络实现预测。

4.3.2.2 仿真实例

1. 隐含层节点数确定

设式(4-14)和式(4-15)中仿真实验总次数 $N=10$,以济南市经十路千佛山路段至舜耕路路段下行溢流数据为训练和测试数据,得到隐含层式(4-15)指标参数随节点数的变化曲线,如图 4.8 所示。

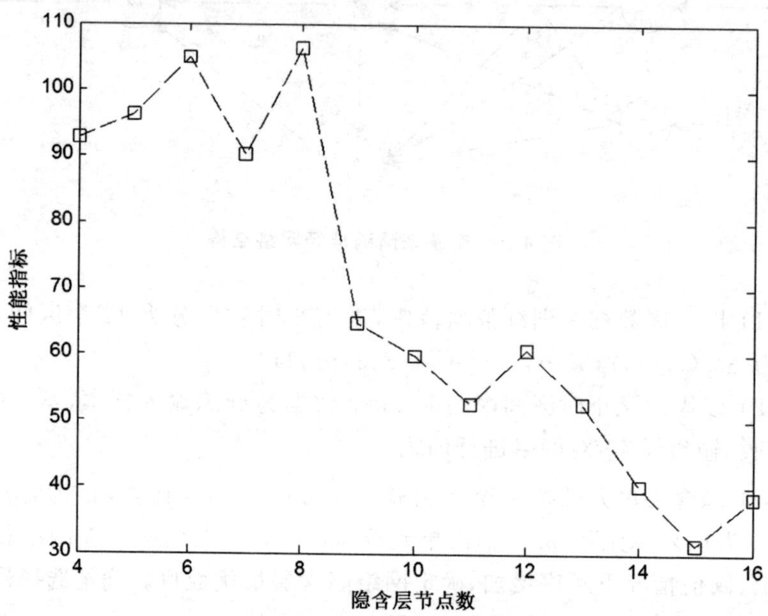

图 4.8 神经网络最优隐含层节点数

从图 4.8 分析可知,针对当前济南市交通流数据特征和网络架构,隐含层节点数为 15 时,网络性能最优,因此可以确定所构建网络各层节点数,其隐含层节点数宜取 $q=15$,能够满足精度和效率所需。

2. 预测实例及分析

以济南市 2011 年经十路至舜耕路路口由东往西(千佛山路至舜耕路下行路段)某月交通流量为样本(共 8534 个样本数据),进行实际预测分析。根据前面的预测思路,每天 24 个预测值,同时为了重点分析关键时间段误差情况,给出每天 18:00—19:00、19:00—20:00 曲线,作为误差重点分析的区域。

为比较神经网络和一般线性预测算法之间精度的高低,给出如下平均线性预测法,即针对 1h 内每 5min 采集得到的交通流时间序列,以其前 11 个序列值预测第 12 个序列值,并计算实际值和预测值之间的误差值,所用误差计算式(4-16)：

$$t_{12}=\frac{\sum_{i=1}^{11}t_i}{11} \tag{4-16}$$

式中，t_{12}为预测值；t_i 为 $1h$ 内第 i 个交通流时间序列值。

与神经网络相同月交通流时间序列进行仿真预测，得到图 4.9～图 4.13 所示预测结果曲线和预测误差曲线，同时绘出神经网络和线性预测误差曲线(图 4.14)，重点以较易发生交通溢流的 0:00—19:00 时间段为分析区间，比较两者之间精度的高低。

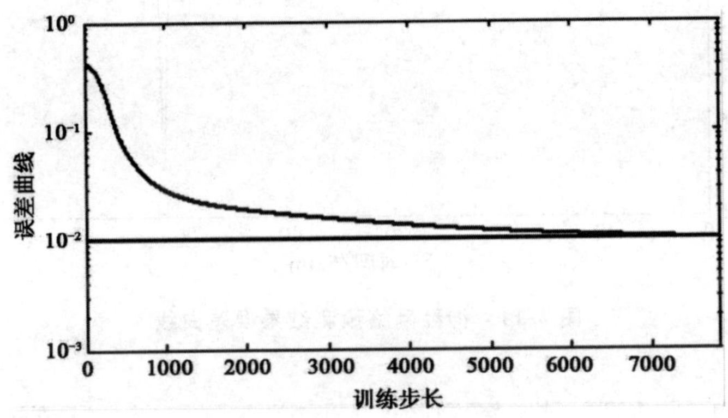

图 4.9　神经网络训练曲线

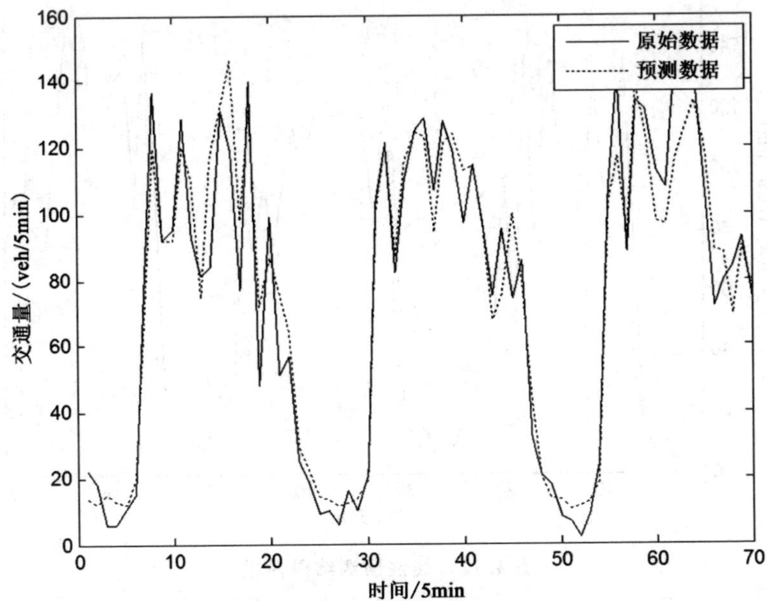

图 4.10　神经网络预测结果曲线

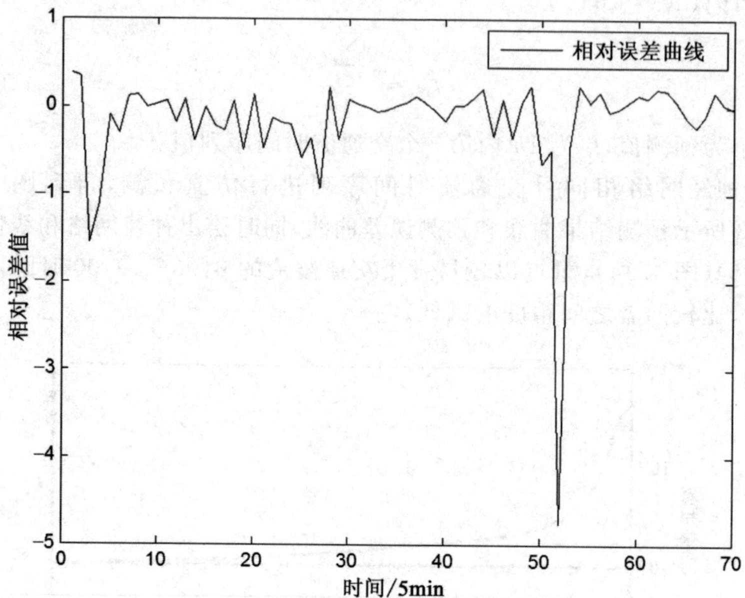

图 4.11 神经网络预测结果误差曲线

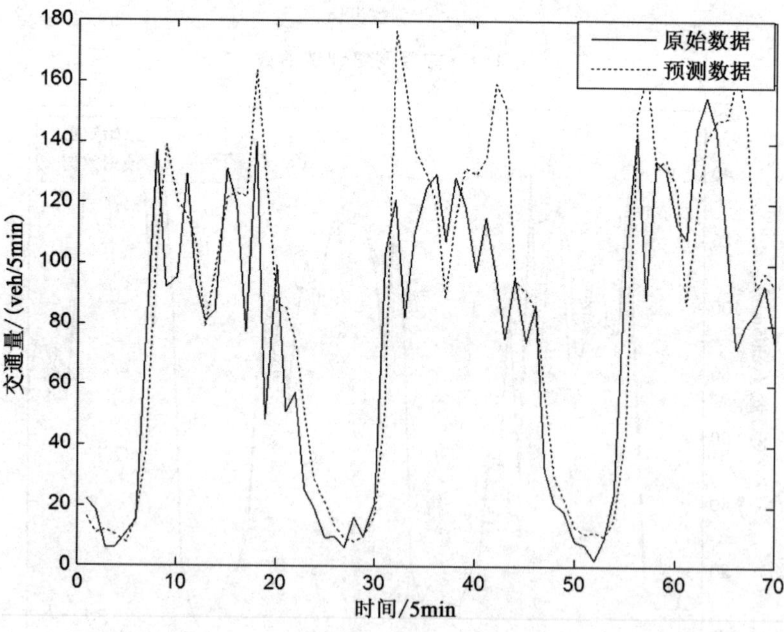

图 4.12 线性预测结果曲线

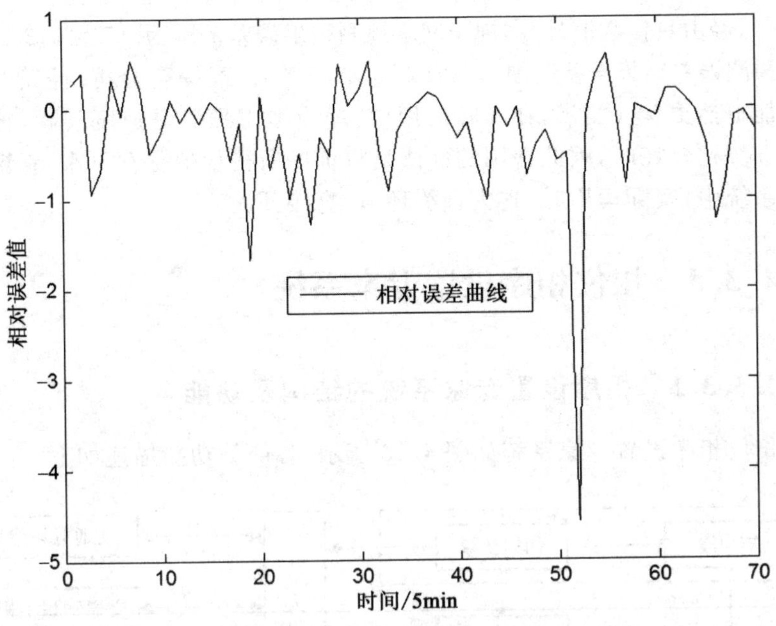

图 4.13　线性与 BP 预测误差曲线

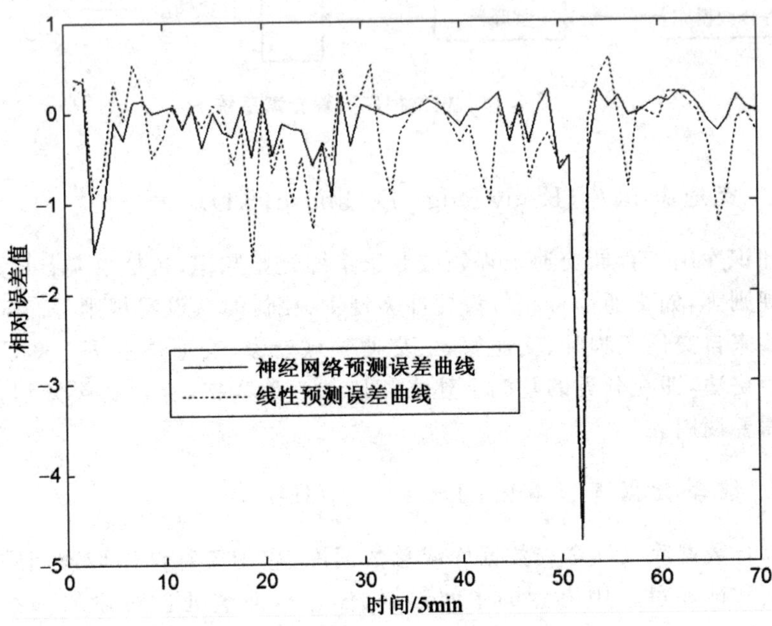

图 4.14　线性与 BP 预测结果误差比较曲线

由图 4.9～图 4.14 分析可知，在所探讨的溢流发生时间段（17:00—19:00），经由具体数值计算，神经网络预测结果误差范围为[17.8%，26.8%]，线性预测误差结果误差范围为[17.2%，29.5%]。经综合分析，神经网络预测性能显然更优。当然，在实际运用中，理当考虑预测是速度问题，神经网络的训练比较耗时，因此常用的办法是将训练所得权值保存下来，直接存入仿真系统中，实际运用时，省去训练环节，直接预测。

4.3.3 相位相序设置专家系统

4.3.3.1 相序设置专家系统的结构及功能

相位相序设置专家系统如图 4.15 所示，各部分功能描述如下。

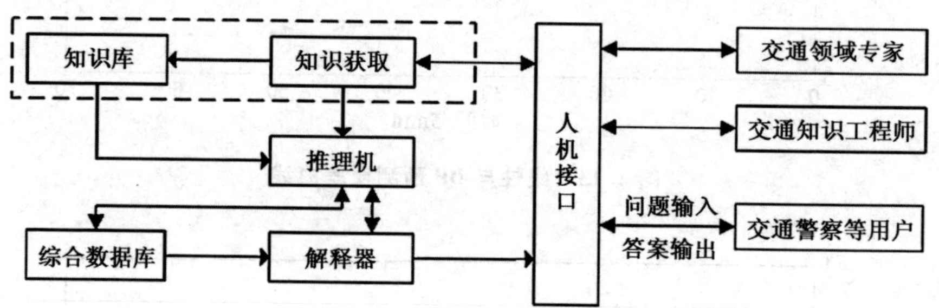

图 4.15 相位相序设置专家系统

1. 交通知识库（Knowledge Database，KD）

知识库用于存储交通工程领域专家系统经验知识，包括事实、可行性操作与规则等，如交通信号相位设置冲突规则、相位时长设置规则等。知识获取主要来自交通工程师、交通警察、交通领域专家、交通法规等。知识表示采取表格法，即在分类的基础上建立相应的存储表格，存储各类知识，以便根据需要调用。

2. 综合数据库（Global Database，GD）

综合数据库又称全局数据库或总数据库，它用于存储领域或问题的初始数据和推理过程中得到的中间数据（信息），即被处理对象的一些当前事实。

3. 推理机(Reference Machine,RM)

推理机用于记忆所采用的规则和控制策略的程序,使整个专家系统能够以逻辑方式协调地工作,能够根据知识进行推理和导出结论,本文采用正向推理法。

4. 解释器(Explanator)

解释器能够向用户解释专家系统的行为,包括解释推理结论的正确性以及系统输出其他候选解的原因。

5. 接口(Interface)

接口又称界面,它能够使系统与用户进行对话,使用户输入必要的数据、提出问题和了解推理过程及推理结果等。系统通过接口要求用户回答提问,并回答用户提出的问题,进行必要的解释。

4.3.3.2　知识获取

根据交通工程知识(文献、书籍、法规、手册等)及交通警察的指挥经验,总结出交通溢流及与之对应的交通信号控制策略及相关知识。设两个路口名称继续沿用前面的论述,分别为 O_1 和 O_2,为东西方向,其他方向类似可得,以 O_1 到 O_2 为发生溢流的方向。

1. 溢流类型知识

发生在路段上的交通溢流一般分为三类,分别为直行溢流、左转溢流和全面溢流。所谓直行溢流,是指路段上的直行车道交通溢流,此车道数可能大于一条;左转溢流是指路段上的左转车道交通溢流;而全面溢流是指左转和直行均溢流。而右转车道由于一般不采取信号控制,较少发生溢流。

2. 交通溢流控制步骤知识

一般情况下,当发生交通溢流时,应立即采取非常规措施对交通信号实施调整,但考虑到交通惯性和人的习惯,一般选择在某个相位结束时采取措施,必要时也可采取“信号早断”“信号迟启”等措施。信号的设置要考虑溢流大于路段长度情况和溢流小于路段情况,以实现在疏散交通溢流的情况下,保证全局交通最优,同时要兼顾相位相序的连续性,不产生跳跃相位,要确保溢流控制方案与常规控制方案之间的转换接续性，进而确保交通流运行的连续性，而不发生跃变。

3．交通溢流基本相位相序设置知识

(1) 如果发生直行交通溢流，且交通流队列长度大于道路长度。

针对路口 O_1：

知识点 1：如果进入溢流路段的左转车流大于驶出溢流路段的直行车流，那么路口 O_1 此时为驶入溢流路段(西向)的左转信号绿灯，其他方向信号红灯；且下一相位为南北向直行。

知识点 2：如果进入溢流路段的左转车流小于驶出溢流路段的直行车流(东向)，那么驶出溢流路段(东向)的直行信号绿灯，其他方向信号红灯；且下一相位为东西左转相位。

针对路口 O_2：

知识点 3：如果驶出溢流路段(西向)的左转车流大于驶入溢流路段的直行车流(东向)，那么驶出溢流路段的直行和左转信号绿灯，其他方向信号红灯；且下一相位为东向直行与左转相位。

知识点 4：如果驶出溢流路段的左转车流小于驶入溢流路段的直行车流，那么东西直行信号绿灯，其他方向信号红灯；且下一相位为东西左转相位。

(2) 如果发生左转交通溢流，且交通流队列长度大于道路长度。

知识点 5：针对路口 O_1，此时不能放行进入溢流路段的任何交通流，且溢流长度阻碍了南北交通流，那么只能放行东向直行交通流，其他方向信号红灯；且下一相位为东西左转相位。

针对路口 O_2，此时应考虑自东往西直行交通流、自西往北左转交通流、自北往南直行交通流。

知识点 6：如果自东往西(西向)直行交通流队列较大，那么西向信号直行和左转绿灯，其他方向信号红灯；且下一相位为东向直行左转相位。

知识点 7：如果自西往北左转交通流队列较大，那么东西向左转绿灯，其他方向信号红灯；且下一相位为南北直行相位。

知识点 8：如果自北往南直行交通流队列较大，那么西向左转和南向直行信号绿灯，其他方向信号红灯；且下一相位为南北左转相位。

(3) 如果发生全面交通溢流，且交通流队列长度大于道路长度。

知识点 9：针对路口 O_1，此时全面拥堵，在不产生冲突的情况下，只能放行东向直行交通流，其他方向信号红灯；且下一相位为东西左转相位。

知识点 10：针对路口 O_2，为尽快疏散交通溢流，则西向直行与左转信号同时绿灯，其他方向信号红灯；且下一相位为东向直行和左转相位。

(4) 不管发生哪种交通溢流，如果交通流队列长度小于道路长度，则执行上述各种情况下的下一相位。针对溢流上游路口 O_1，当交通流队列长度为道路长度的 0.8 倍时，执行下一相位方案；对于下游路口 O_2，当交通流队列长度为道路长度的 0.5 倍左右时，执行下一相位方案。关于下一相位的时间设置，采用下一节的模糊推理算法。

注：由 O_2 到 O_1 路段溢流的情况，类似可得，不再赘述。当溢流完全结束后，一般情况下，从尊重驾驶员交通习惯的原则出发，仍恢复到初始相位相序设置。

4. 知识归纳成表

根据上面的分析，归纳得到溢流方向(of_way)、溢流类型(of_type)、溢流控制阶段(of_step)、路口编号(of_cross)、相位设置(of_phase)、相位传递设置(of_next_phase)等几个重要的知识存储结构表(表 4-3～表 4-8)。

表 4-3　溢流方向表(of_way)

of_way_no	of_way_shuoming	of_way_remark
0	由 O_1 到 O_2 路段溢流	no
1	由 O_2 到 O_1 路段溢流	no

表 4-4　溢流类型表(of_type)

of_type_no	of_type_shuoming	of_type_remark
0	直行溢流	直行车道交通流为分析对象
1	左转溢流	左转车道交通流为分析对象
2	全面溢流	左转与直行车道交通流为分析对象

表 4-5　溢流控制阶段表(of_step)

of_step_no	of_step_shuoming	of_step_remark
0	第一阶段	溢流交通流队列大于路段长度
1	第二阶段	溢流交通流队列小于路段长度

表 4-6　溢流路口表(of_cross)

of_cross_no	of_cross_shuoming	of_cross_remark
0	路口 1	溢流路段的关联路口 1
1	路口 2	溢流路段的关联路口 2

表 4-7　交通流相位设置表(of_phase)

of_phase_no	of_phase_name	of_phase_remark
0	相位 1	东西直行
1	相位 2	东西左转
2	相位 3	南北直行
3	相位 4	南北左转
4	相位 5	西向直行
5	相位 6	西向左转
6	相位 7	西向直行且左转
7	相位 8	西向左转与南向直行
8	相位 9	东向直行
9	相位 10	东向左转
10	相位 11	东向直行且左转
11	相位 12	东向左转与北向直行
12	相位 13	北向直行
13	相位 14	北向左转
14	相位 15	北向直行且左转
15	相位 16	北向左转与东向直行
16	相位 17	南向直行
17	相位 18	南向左转
18	相位 19	南向直行且左转
19	相位 20	南向左转与西向直行

表 4-8　交通流相位传递设置表(of_next_phase)

of_next_phase_no	of_phase_name	of_phase_remark	of_next_phase_remark
0	相位 4	南北左转	东西直行
	相位 14	北向左转	
	相位 18	南向左转	
	相位 19	南向直行且左转	
1	相位 1	东西直行	东西左转
	相位 5	西向直行	
	相位 9	东向直行	
	相位 16	北向左转与东向直行	
	相位 20	南向左转与西向直行	
2	相位 7	西向直行且左转	东向直行且左转
3	相位 2	东西左转	南北直行
	相位 6	西向左转	
	相位 10	东向左转	
	相位 11	东向直行且左转	
4	相位 3	南北直行	南北左转
	相位 8	西向左转与南向直行	
	相位 12	东向左转与北向直行	
	相位 13	北向直行	
	相位 17	南向直行	
5	相位 15	北向直行且左转	南向直行且左转

根据控制流程的设计得到各知识库表的数据流，如图 4.16 所示。

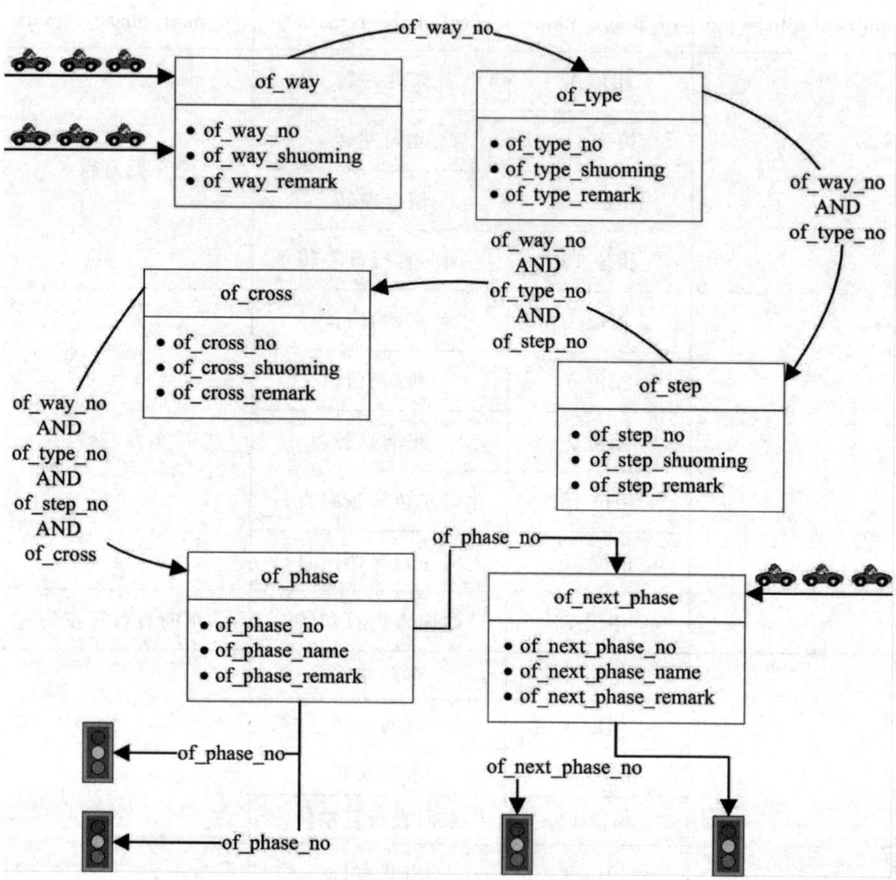

图 4.16　ES 推理及数据流程

5. 知识库

采用“IF... THEN”推理逻辑，得到如下产生式规则（仅列主要规则）。

Rule 1：**if** of_way_no=0 **and** of_type_no=0 **and** of_step_no=0 **and** of_cross_no=0 **and** $q_{112}>q_{121}$，**then** of_phase_no=5；

Rule 2：**if** of_way_no=0 **and** of_type_no=0 **and** of_step_no=1 **and** of_cross_no=0 **and** of_phase_no=5，**then** of_next_phase_no=3；

Rule 3：**if** of_way_no=0 **and** of_type_no=0 **and** of_step_no=0 **and** of_cross_no=0 **and** $q_{112}<q_{121}$，**then** of_phase_no=8；

Rule 4: **if** of_way_no=0 **and** of_type_no=0 **and** of_step_no=1 **and** of_cross_no=0 **and** of_phase_no=8, **then** of_next_phase_no=1;

Rule 5: **if** of_way_no=0 **and** of_type_no=0 **and** of_step_no=0 **and** of_cross_no=1 **and** $q_{212}>q_{221}$, **then** of_phase_no=6;

Rule 6: **if** of_way_no=0 **and** of_type_no=0 **and** of_step_no=1 **and** of_cross_no=1 **and** of_phase_no=6, **then** of_next_phase_no=2;

Rule 7: **if** of_way_no=0 **and** of_type_no=0 **and** of_step_no=0 **and** of_cross_no=1 **and** $q_{212}<q_{221}$, **then** of_phase_no=0;

Rule 8: **if** of_way_no=0 **and** of_type_no=0 **and** of_step_no=1 **and** of_cross_no=1 **and** of_phase_no=0, **then** of_next_phase_no=1;

Rule 9: **if** of_way_no=0 **and** of_type_no=1 **and** of_step_no=0 **and** of_cross_no=1 **and** q_{222} is big, **then** of_phase_no=1;

Rule 10: **if** of_way_no=0 **and** of_type_no=1 **and** of_step_no=1 **and** of_cross_no=1 **and** of_phase_no=1, **then** of_next_phase_no=3;

Rule 11: **if** of_way_no=0 **and** of_type_no=1 **and** of_step_no=0 **and** of_cross_no=1 **and** q_{241} is big, **then** of_phase_no=7;

Rule 12: **if** of_way_no=0 **and** of_type_no=1 **and** of_step_no=1 **and** of_cross_no=1 **and** of_phase_no=7, **then** of_next_phase_no=4;

由 O_2 到 O_1 路段溢流的情况，类似同样将产生 12 条推理规则，从理论探讨角度分析，本章仅给出思路，不再拓展探讨。

4.3.3.3　溢流情况下的相位设置

设路口 i 第 j 方向的转向 k 的交通流量为 q_{ijk}，$i=1,2$；$j=1,2,3,4$，分别表示东、西、南、北；$k=1,2,3$，分别表示直行、左转和右转。如路口 2 自西往东方向的直行交通流表示为 q_{221}，左转交通流为 q_{222}；路口 1 自南往北直行交通流为 q_{131}。

1. 谓词变量的定义

结合交通工程理论实际，定义如下谓词变量。

OF(x)：表示 x 交通流方向溢流及溢流长度，如 OF(q_{221})表示路口 2 直行发生交通溢流。

OFL(x,L,op)：表示当前时刻 x 交通流方向溢流及其长度是否大于路段长度 L，算子 op 分别表示>和≤，如 OF(q_{221},$L(O_1,O_2)$,>)表示当前时刻，路口 2 直行发生交通溢流，且溢流长度大于路段长度 L。

$G(x)$:表示当前绿灯相位为 x 交通流。

$G(x,y)$:表示当前绿灯相位为 x,y 交通流。

$G(x,y,z)$:表示当前绿灯相位为 x,y,z 交通流。

$\mathrm{MAXB}(x,y)$:表示交通流量 x,y 中的较大者为 x。

$\mathrm{MAXQ}(x,y,z)$:表示交通流量 x,y,z 中的最大者。

2. 相位相序与交通流量的对应关系

以路口 O_1 到路口 O_2 的下行交通流为例,根据专家交通管理经验,总结得到如下的相序设置规则。

(1) 全面溢流情形 1

$$\mathrm{OF}(q_{211},L(O_1,O_2),>)\wedge\mathrm{OF}(q_{212},L(O_1,O_2),>)\wedge \mathrm{MAXB}(q_{112},q_{121})\rightarrow G(q_{112},q_{211},q_{212}) \tag{4-17}$$

该种情况下的交通信号控制相位如图 4.17 所示。

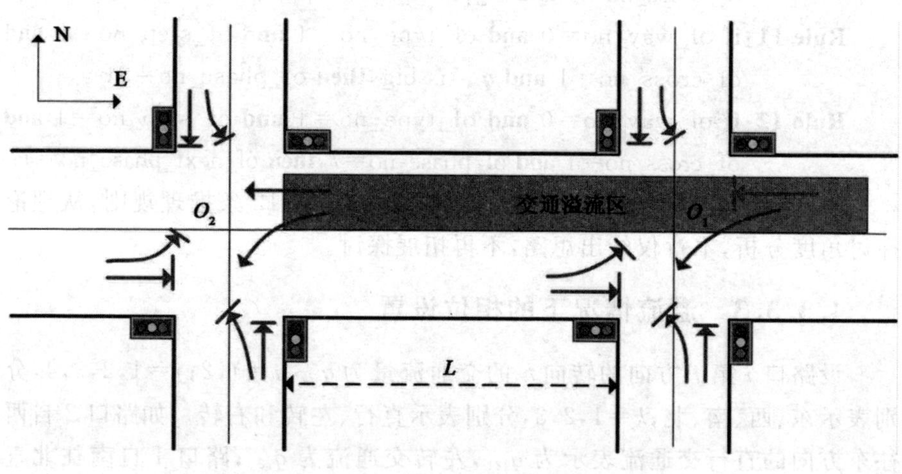

图 4.17　情形 1 信号控制方案

(2) 全面溢流情形 2(图 4.18)

$$\mathrm{OF}(q_{211},L(O_1,O_2),>)\wedge\mathrm{OF}(q_{212},L(O_1,O_2),>)\wedge \mathrm{MAXB}(q_{121},q_{112})\rightarrow G(q_{121},q_{211},q_{212}) \tag{4-18}$$

(3) 全面溢流情形 3(图 4.19)

$$\mathrm{OF}(q_{211},L(O_1,O_2),\leqslant)\wedge\mathrm{OF}(q_{212},L(O_1,O_2),\leqslant)\wedge \mathrm{MAXB}(q_{112},q_{121},q_{131},q_{141})\rightarrow G(q_{112},q_{122},q_{211},q_{212}) \tag{4-19}$$

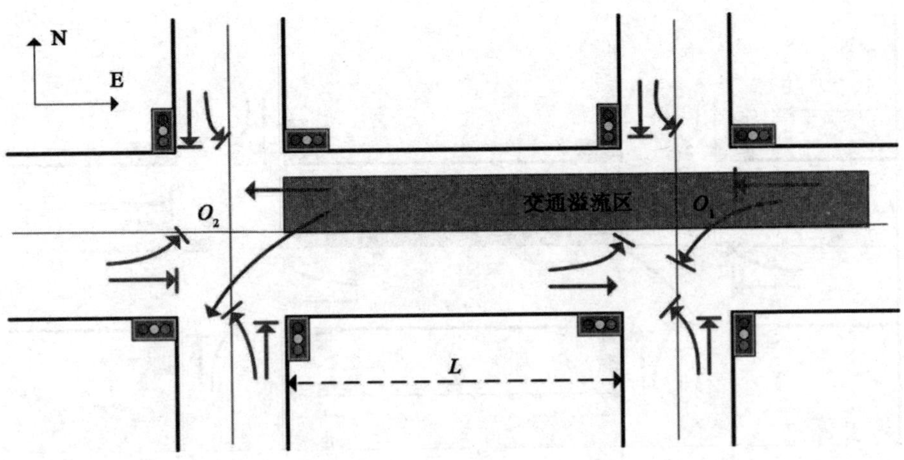

图 4.18　情形 2 信号控制方案

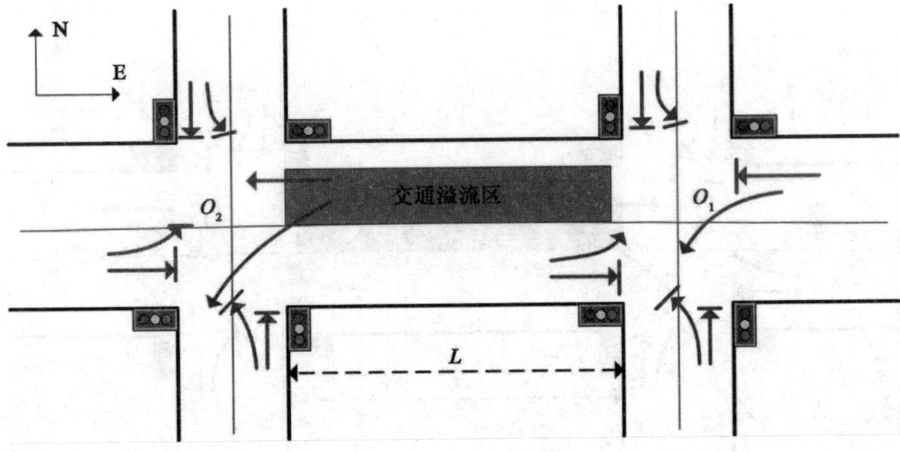

图 4.19　情形 3 信号控制方案

(4) 全面溢流情形 4(图 4.20)

$$\mathrm{OF}(q_{211},L(O_1,O_2),\leqslant)\wedge\mathrm{OF}(q_{212},L(O_1,O_2),\leqslant)\wedge$$
$$\mathrm{MAXB}(q_{121},q_{112},q_{131},q_{141})\rightarrow G(q_{121},q_{142},q_{211},q_{212}) \tag{4-20}$$

(5) 全面溢流情形 5(图 4.21)

$$\mathrm{OF}(q_{211},L(O_1,O_2),\leqslant)\wedge\mathrm{OF}(q_{212},L(O_1,O_2),\leqslant)\wedge$$
$$\mathrm{MAXB}(q_{131},q_{121},q_{112},q_{131},q_{141})\mid\mathrm{MAXB}(q_{141},q_{121},q_{112},q_{131},q_{131})$$
$$\rightarrow G(q_{131},q_{141},q_{211},q_{212}) \tag{4-21}$$

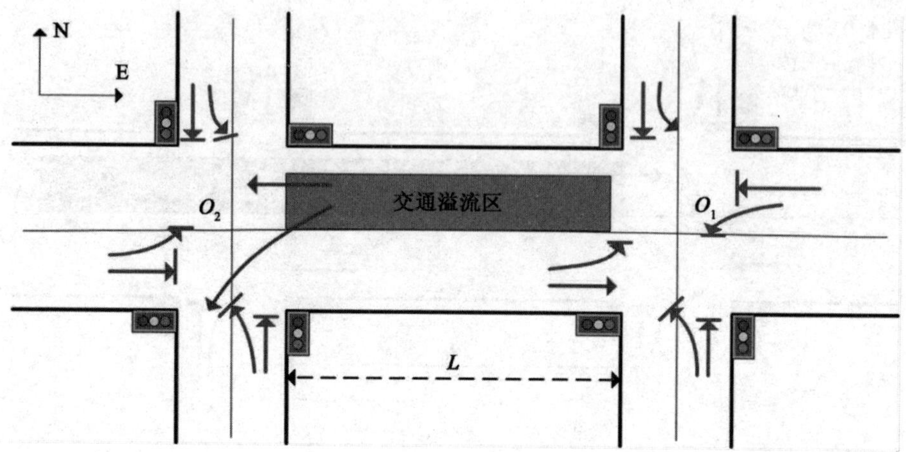

图 4.20 情形 4 信号控制方案

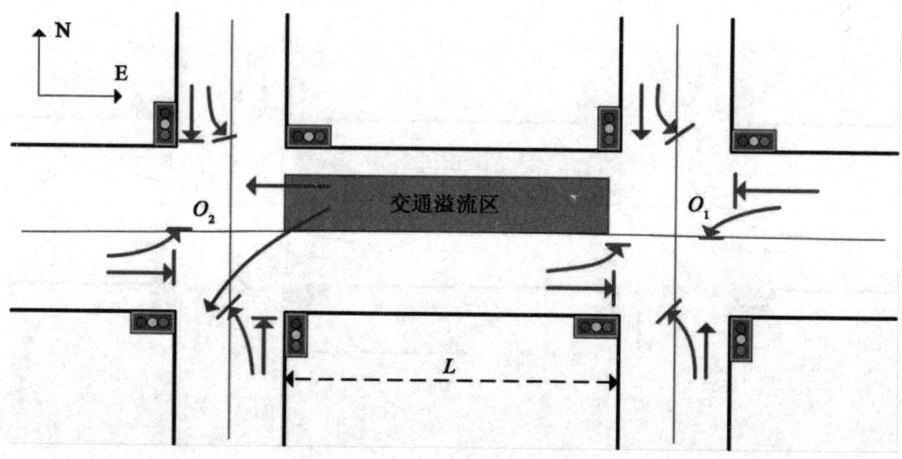

图 4.21 情形 5 信号控制方案

(6) 全面溢流情形 6(图 4.22)

$$\begin{aligned}&\mathrm{OF}(q_{211},L(O_1,O_2),\leqslant)\wedge\mathrm{OF}(q_{212},L(O_1,O_2),\leqslant)\wedge\\&\mathrm{MAXB}(q_{141},q_{121},q_{112},q_{131},q_{131})\\&\rightarrow G(q_{141},q_{142},q_{211},q_{212})\end{aligned}\tag{4-22}$$

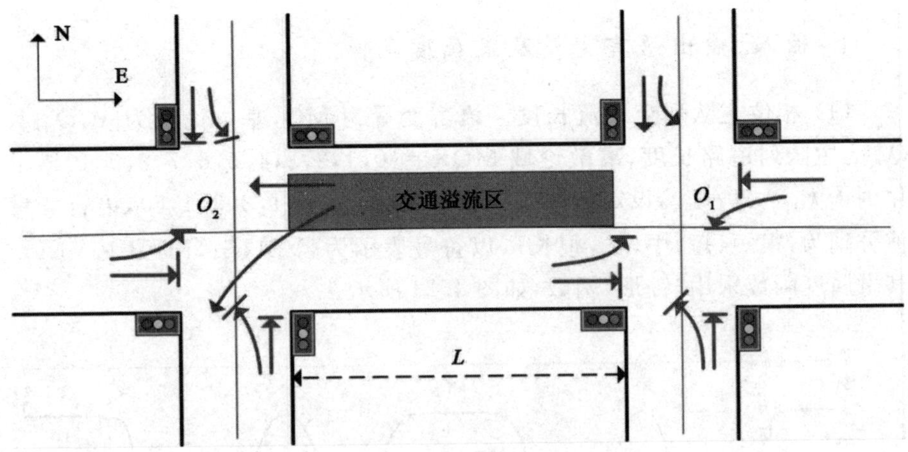

图 4.22　情形 6 信号控制方案

4.3.4　相位时间模糊推理

在确定相位相序的基础上，优化得到相位时间，需要主要综合考虑当前相位的主队列及预测交通流长度，以及下一相位的交通流主队列长度。根据上述分析，在第一控制阶段，主要根据相位差时间实施控制，而第二控制阶段则需要根据相位交通流队列进行相位时间推理，下面对此进行详细分析。

文献[28]曾提出一种三维模糊控制器，以当前相位主队列长度、最近 10s 及后继相主队列车流量为输入，以当前相位绿灯时间增益值作为输出。笔者仔细考虑发现，以最近 10s 到达交通流为输入，存在控制实施上的延迟问题。因此，提出以预测代替实际值方式确定模糊控制器输入。由此，控制器输入为相位主队列交通流长度及其预测交通流长度和下一相位主队列交通流长度，输出为相位增益时间，为三输入单输出模糊控制器，如图 4.23 所示。

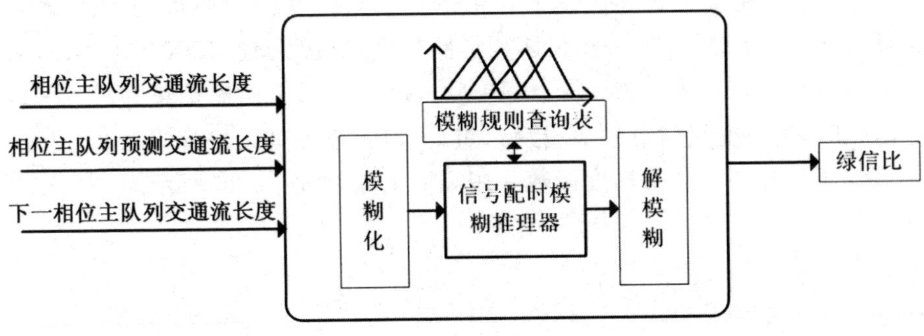

图 4.23　相位时间模糊推理器

1. 输入、输出语言变量及隶属度函数

(1) 相位主队列交通流长度。语言变量为MQ，基本论域为$[0,Q_{mq}]$，Q_{mq}为主队列道路长度，离散论域 MQX=\{0,1,2,3,4,5,6,7,8,9,10\}，量化因子$k_{mq}=10/Q_{mq}$，设定论域上模糊子集为$\underset{\sim}{E_i}(i=1,2,3,4,5)$，语言变量值分别为\{很短，短，中，长，很长\}，以符号表示为\{VS1，S1，M1，L1，VL1\}，其隶属度函数采用“钟形”函数，如图4.24所示。

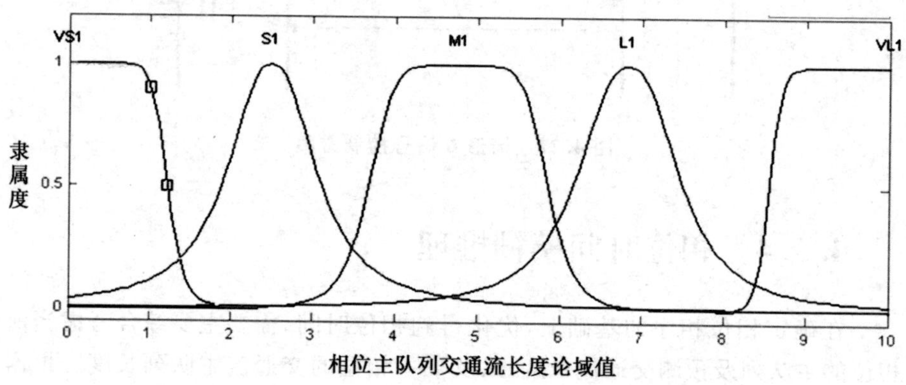

图4.24 相位主队列交通流长度隶属度函数

(2) 相位主队列预测交通流长度。设预测交通流长度语言变量为PQ，基本论域为$\left[0,\frac{Q_{mq}}{2}\right]$，$Q_{mq}$为道路长度，离散论域 PQX=\{0,1,2,3,4,5,6,7,8,9,10\}，量化因子$k_{pq}=5/Q_{mq}$，设定论域上模糊子集为$\underset{\sim}{F_i}(i=1,2,3,4,5)$，语言变量值分别为\{很短，短，中，长，很长\}，以符号表示为\{VS2，S2，M2，L2，VL2\}，其隶属度函数采用“梯形”函数，如图4.25所示。

(3) 下一相位主队列。设下一相位主队列长度语言变量为NQ，基本论域为$[0,Q_{nq}]$，Q_{nq}为下一相位队列道路长度，离散论域 NQX=\{0,1,2,3,4,5,6,7,8,9,10\}，量化因子$k_{nq}=10/Q_{nq}$，设定论域上模糊子集为$\underset{\sim}{F_i}(i=1,2,3,4,5)$，语言变量值分别为\{很短，短，中，长，很长\}，以符号表示为\{VS3，S3，M3，L3，VL3\}，其隶属度函数采用高斯函数，如图4.26所示。

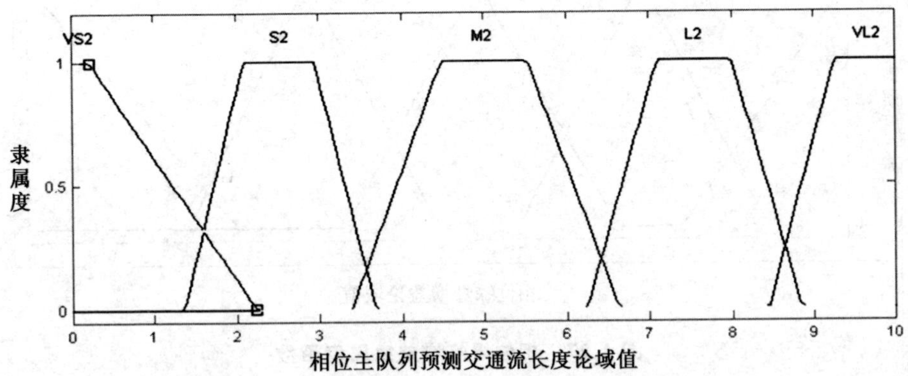

图 4.25　相位主队列预测交通流长度隶属度函数

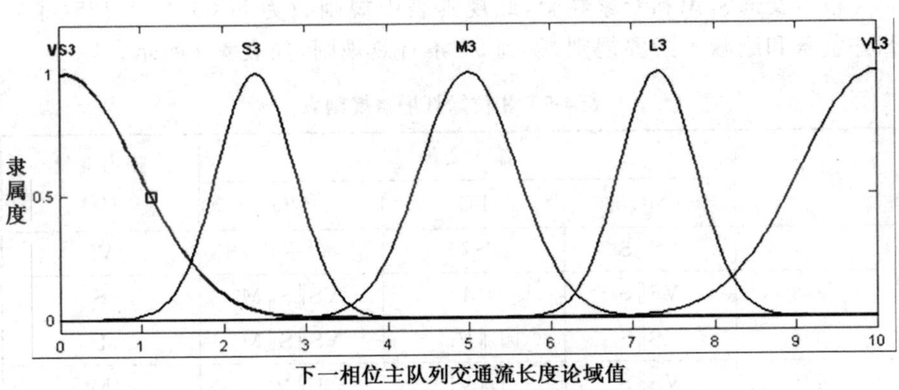

图 4.26　下一相位主队列交通流长度隶属度函数

(4) 相位绿灯时间增益。设相位绿灯时间增益语言变量为 G,基本论域为[0,60],离散论域 PQX={0,1,2,3,4,5,6,7,8,9,10},比例因子 $k_g=6$,设定论域上模糊子集为 $\underset{\sim}{G_i}$($i=1,2,3,4,5$),语言变量值分别为{很短,短,中,长,很长},以符号表示为{VS4,S4,M4,L4,VL4},其隶属度函数采用"三角"函数,如图 4.27 所示。

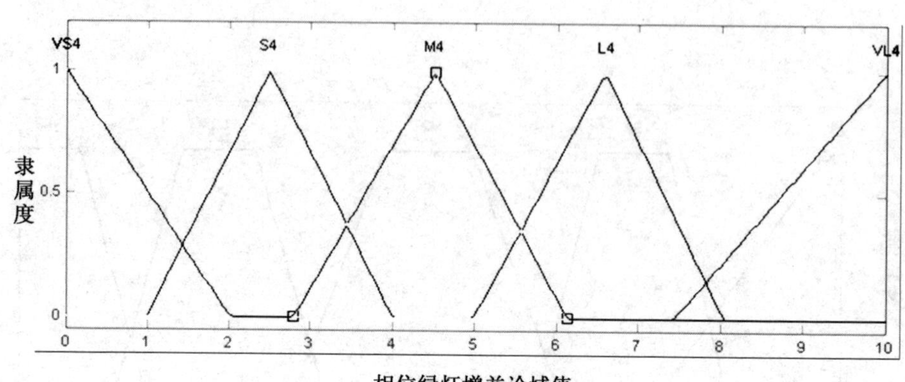

图 4.27 相位绿灯增益隶属度函数

2. 建立模糊规则表

根据交通常识和专家经验，此规则表中规则数为 5×5×5＝125(条)，归并重复和删减不必要规则，得到 97 条有效规则，如表 4-9 所示。

表 4-9 相位绿灯增益规则表

序号	输入变量			输出变量 (G)
	MQ	PQ	NQ	
1	VS‖S	VS‖S	—	VS
2	VS‖S	M	VS‖S‖M	S
3	VS‖S	L‖VL	VS‖S‖M	L
4	VS‖S	L‖VL	L‖VL	M
5	M	VS‖S‖M	VS‖S‖M	M
6	M	VS‖S	L‖VL	S
7	M	M	VS‖S‖M	L
8	M	L‖VL	VS‖S‖M	VL
9	M	L‖VL	L‖VL	L
10	L	—	VS‖S‖M	VL
11	L	VS‖S‖M	L‖VL	L
12	VL	VS‖S‖M	VS‖S‖M	VL
13	VL	—	L‖VL	L
14	VL	L‖VL	VS‖S‖M	VL

3. 模糊推理采用重心法

内容略。

4. 模糊查询表

在上述分析的基础上，在 Matlab 中求解得到模糊查询表 4-10。

表 4-10　相位绿灯增益查询表

序号	输入变量			输出变量 (*G*)
	MQ	PQ	NQ	
1	[0,3]	[0,3]	—	1
2	[0,3]	[4,6]	[0,6]	3
3	[0,3]	[7,10]	[0,6]	7
4	[0,3]	[7,10]	[7,10]	5
5	[4,6]	[0,6]	[0,6]	5
6	[4,6]	[0,3]	[7,10]	3
7	[4,6]	[4,6]	[0,6]	6
8	[4,6]	[7,10]	[0,6]	8
9	[4,6]	[7,10]	[7,10]	6
10	[7,8]	—	[0,6]	8
11	[7,8]	[0,6]	[7,10]	7
12	[9,10]	[0,6]	[0,6]	9
13	[9,10]	—	[7,10]	7
14	[9,10]	[7,10]	[0,6]	9

5. 实际输出值

设绿信号基本控制区间为$[g_{min}, g_{max}]$，则得到实际控制信号时间为：

$$g = g_{min} + k_g \times g^* \tag{4-23}$$

式中，g^* 为模糊推理得到输出论域值。

4.4 仿真分析

4.4.1 基本设置

1. 仿真参数设置

仿真路网采用图 3.16 所示的路网结构，仿真方向为由西往东行车方向，所在道路为直行道路，即直行溢流现象，涉及的上游路口在仿真系统路网中编号为 0，下游路口编号为 2，分别为上游路口 O_1 和下游路口 O_2。

起始路口车辆产生频率设置，主干道路路口 2 秒/辆，次干道路路口 3 秒/辆。上游路口 O_1 和下游路口 O_2 基本配时设置为东西直行 30 秒，东西左转 24 秒，南北直行 30 秒，南北左转 24 秒。各路口交通流流向概率为直行 55%，左转概率为 35%，右转概率为 10%。红灯、黄灯信号各为 3 秒。

2. 误差计算公式

为比较各种控制方案效果的优劣，根据问题基于全局性能提高的考虑，设 $C_1(t)$ 指强制控制方式下在时刻 t 的延误值，$V_1(t)$ 为强制控制方式下时刻 t 延误车辆总数；$C_2(t)$ 指智能控制方式下在时刻 t 的延误值，$V_2(t)$ 为智能控制方式下时刻 t 延误车辆总数，N 为计数总数，给出如下评价指标计算式(4-24)～式(4-27)。

(1) 总延误绝对误差

$$p_1 = \sum_{t=1}^{N} C_2(t) - \sum_{t=1}^{N} C_1(t) \tag{4-24}$$

若 p_1 为正值，则强制控制方式优于智能控制方式；反之，则智能控制方式优于强制控制方式。

(2) 总延误相对误差

$$p_2 = \frac{\sum_{t=1}^{N} C_2(t) - \sum_{t=1}^{N} C_1(t)}{\sum_{t=1}^{N} C_1(t)} \times 100\% \tag{4-25}$$

若 p_2 为正值，则强制控制方式优于智能控制方式；反之，则智能控制方式优于强制控制方式。

(3) 总平均延误绝对误差

$$p_3 = \sum_{t=1}^{N} \frac{C_2(t)}{V_2(t)} - \sum_{t=1}^{N} \frac{C_1(t)}{V_1(t)} \tag{4-26}$$

若 p_3 为正值,则强制控制方式优于智能控制方式;反之,则智能控制方式优于强制控制方式。

(4) 总平均延误相对误差

$$p_4 = \frac{\sum_{t=1}^{N} \frac{C_2(t)}{V_2(t)} - \sum_{t=1}^{N} \frac{C_1(t)}{V_1(t)}}{\sum_{t=1}^{N} \frac{C_1(t)}{V_1(t)}} \times 100\% \tag{4-27}$$

若 p_4 为正值,则强制控制方式优于智能控制方式;反之,则智能控制方式优于强制控制方式。

4.4.2 路口交通流量分析

根据图 4.28 分析可知,图中交通流量较为符合高峰期间交通流变化规律,存在交通尖峰、平峰区间,与实际相符。

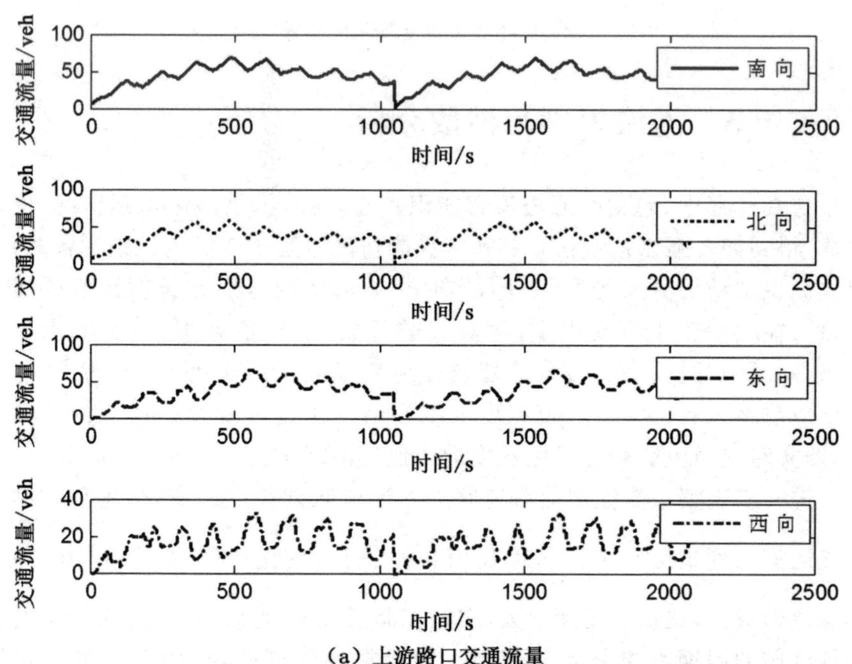

(a) 上游路口交通流量

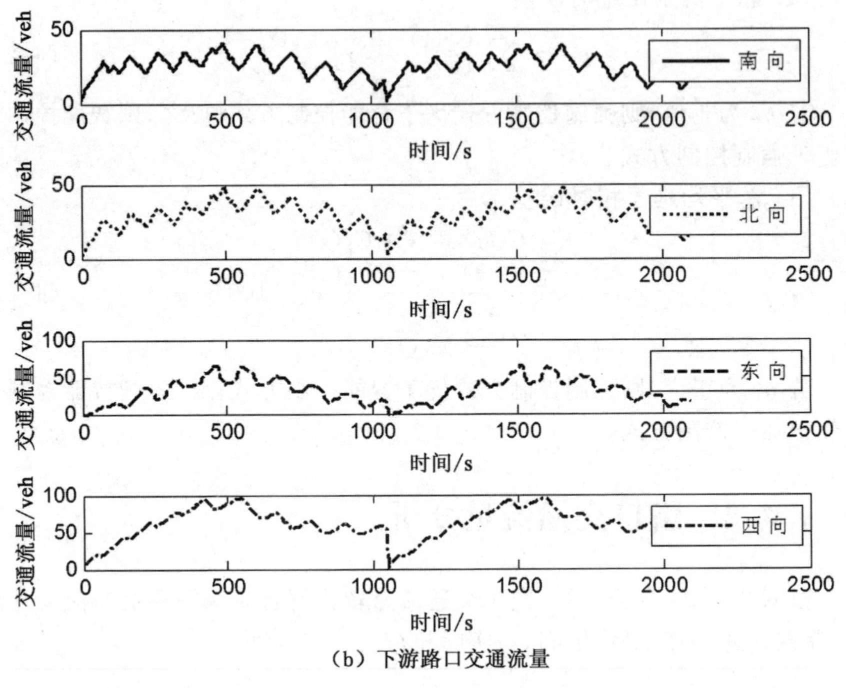

（b）下游路口交通流量

图 4.28　交通流量变化曲线

4.4.3　溢流识别及消散分析

仿真过程中，启动交通溢流智能识别器，实时记录溢流识别情况，反复仿真，得到如下强制控制仿真和智能控制仿真过程中的溢流识别过程曲线，因溢流识别结果值区间为[0,1]，实时交通流队列与道路长度比值区间为[0,1]，在图中较小不易识别，故对其进行放大 10 倍处理，不影响规律分析）。从图中分析可知，该智能器较好地完成了识别功能。同时从图 4.29 中可以清晰地看出溢流严重程度值的逐渐变小过程及交通溢流的消散过程，即实时交通流队列与道路长度的比值逐渐减小。

进一步观察溢流控制前后道路上交通流队列长度的变化，单独绘制实时交通流队列长度与道路长度比值$\left(\rho=\dfrac{q}{L}\right)$的变化曲线，如图 4.30 所示。在溢流形成区，比值 ρ 逐渐增大，实施控制后，ρ 迅速减小，然后由于交通信号灯状态的周期性更替作用使得 ρ 值呈振荡性变化，但由于采取了控制措施，ρ 值整体上呈减小趋势，即交通溢流得到了有效控制，溢流现象逐渐消散。

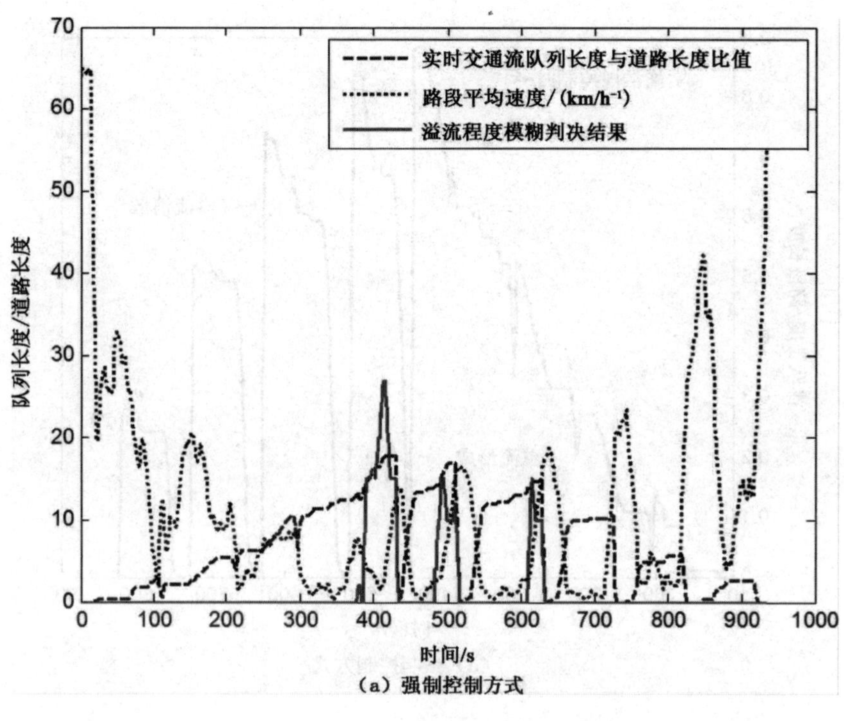

(a) 强制控制方式

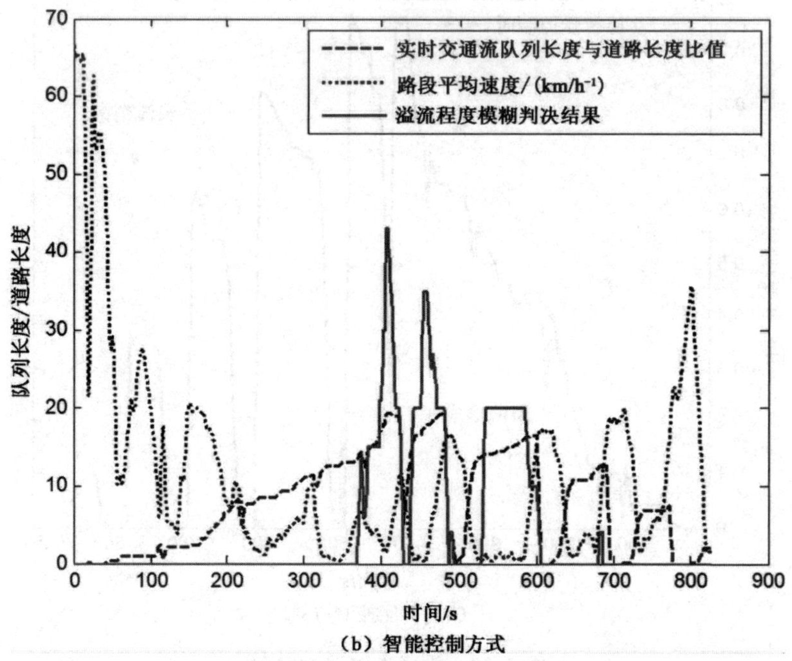

(b) 智能控制方式

图 4.29　交通溢流实时识别结果

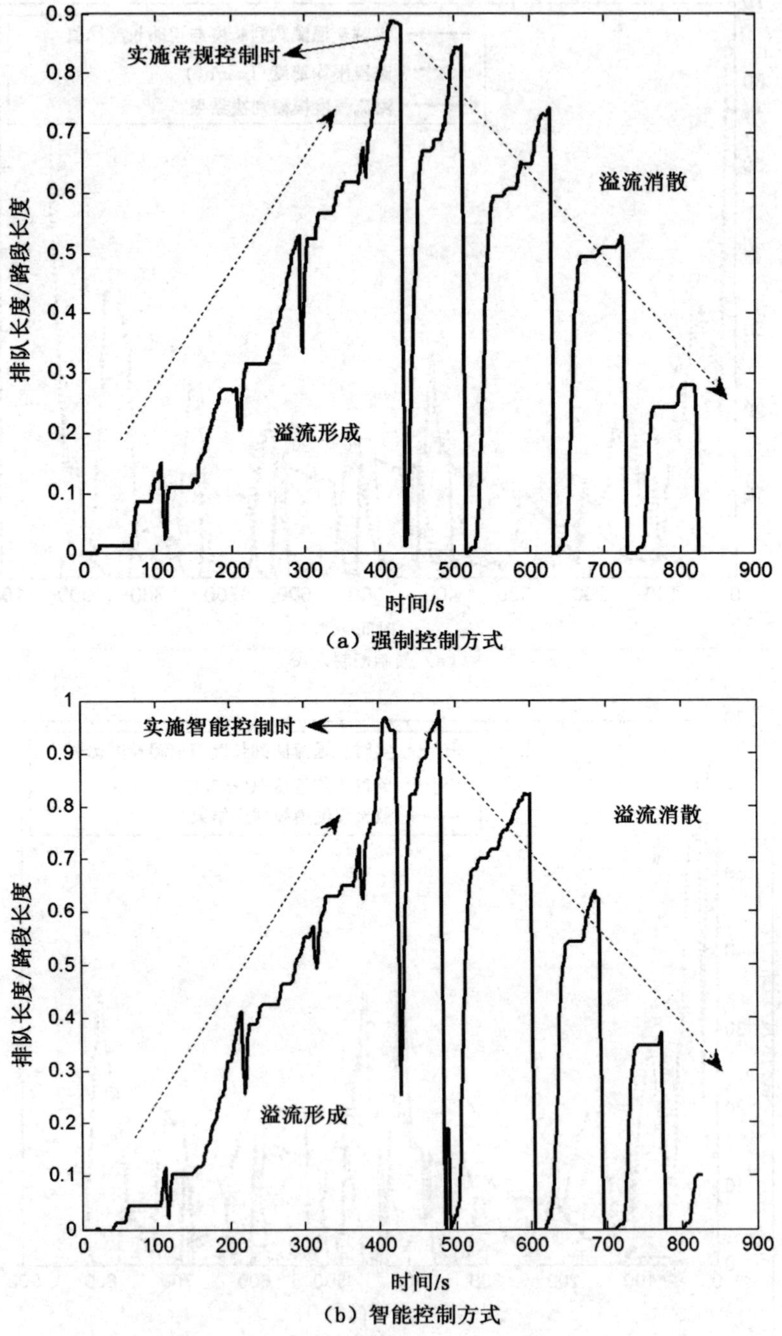

（a）强制控制方式

（b）智能控制方式

图 4.30 交通溢流消散过程

4.4.4 路口延误变化曲线

上游路口是指发生交通溢流路段的起始路口。下游路口是指发生交通溢流路段的终点路口。经反复仿真,得到强制控制和智能控制两种方式下的路口交通延误曲线、平均延误曲线、交通总延误相对误差、平均延误相对误差曲线四种曲线,分别如图 4.31 至图 4.34 所示。

4.4.5 路口延误指标计算

根据公式(4-24)至公式(4-27)计算得到各项指标如表 4-11 所示。由于 p_1 和 p_2 变化趋势一致;p_3 和 p_4 变化趋势一致,故下面仅考虑 p_2 和 p_4 两个指标。

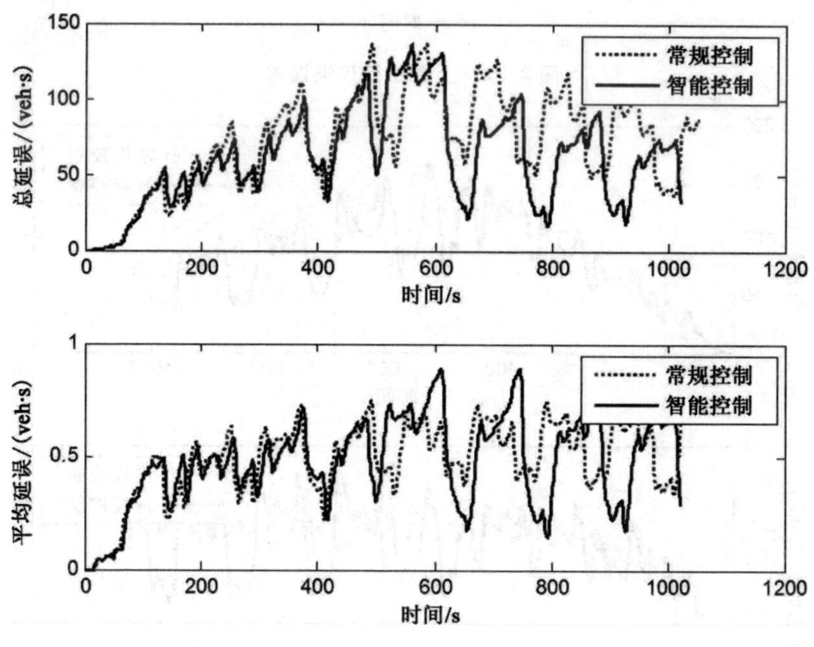

图 4.31　上游路口延误

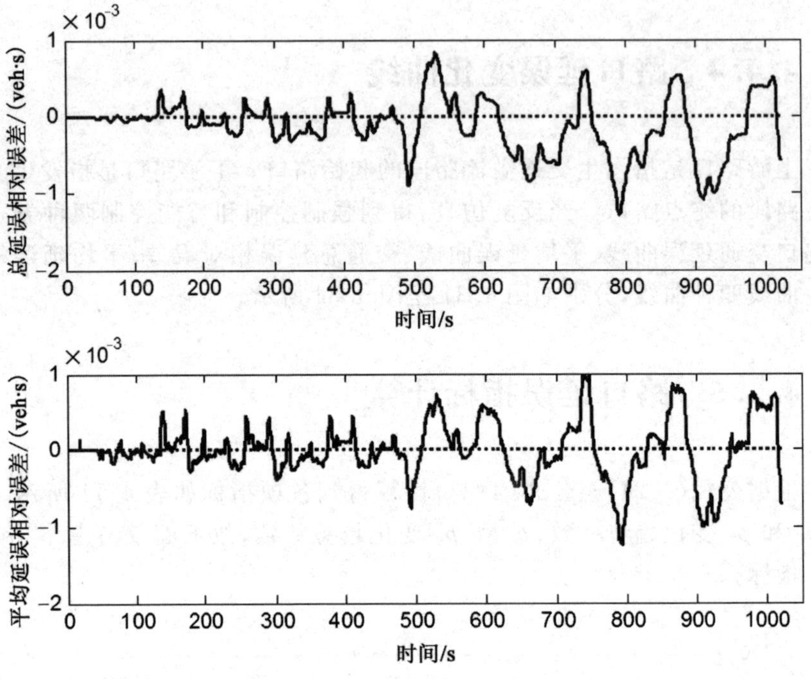

图 4.32　上游路口延误误差

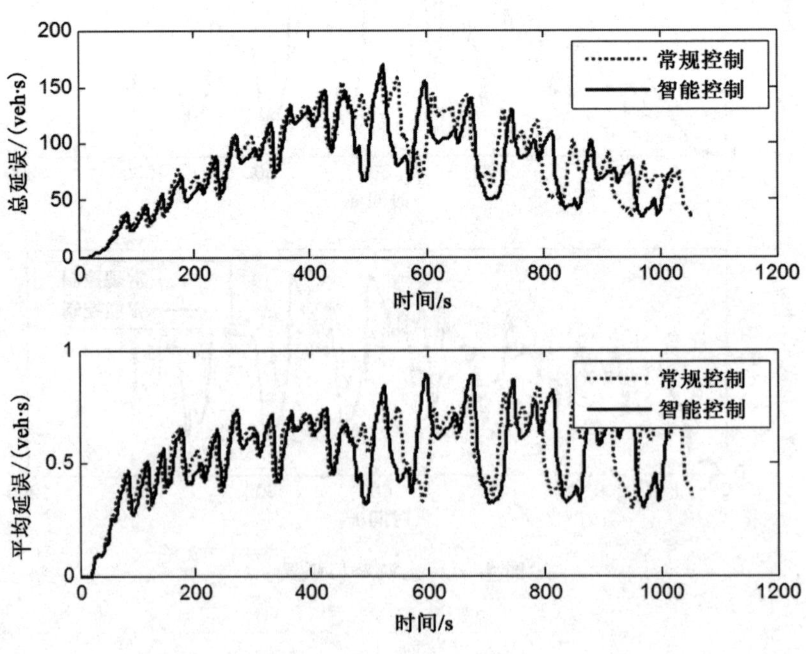

图 4.33　下游路口延误

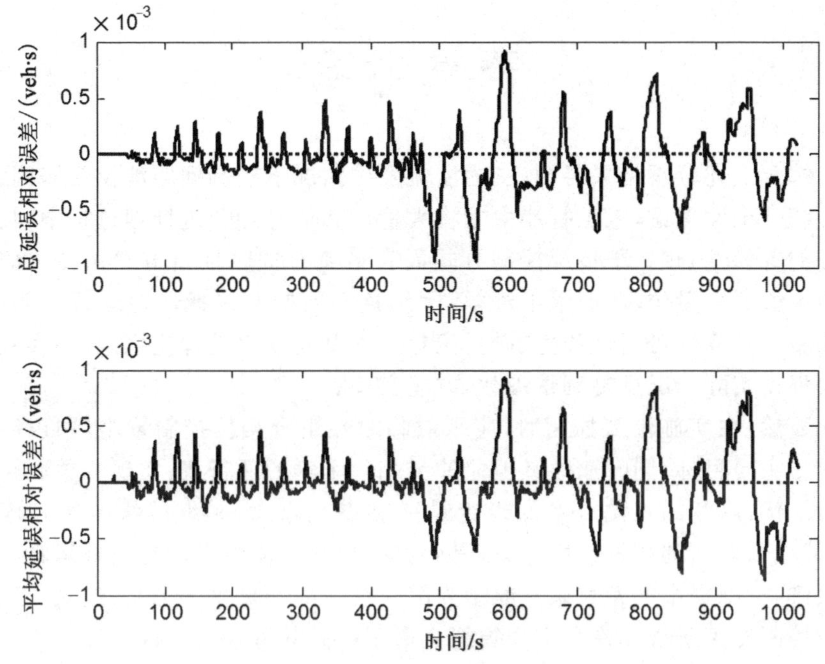

图 4.34　下游路口延误误差

表 4-11　路口交通延误比较表

路　口	性能指标	控制方式		相对误差
		强　制	智　能	
路口 1	p_2	72313	62778	−0.1319
	p_4	492.5731	489.2946	−0.0067
路口 2	p_2	86574	80819	−0.0665
	p_4	558.8392	547.6818	−0.0200

由表 4-11 分析可知，针对路口 1，智能控制方式相比于强制控制方式，总延误相对误差降低了 13.19%，总平均延误相对误差降低了 0.67%；针对路口 2 而言，总延误相对误差降低了 6.65%，总平均延误相对误差降低了 2%。由此可知，整体而言，智能控制方式优于强制控制方式。

本章小结

综合上述分析结果可知，交通溢流发生情况下控制问题涉及众多因素，需要综合全面考虑，人工智能由于将大量动态信息融合进推理过程中，具有更好的鲁棒性，相比于传统控制方式而言更具有优越性。虽然在算法仿真过程中做了大量仿真，但限于篇幅，围绕核心问题有选择性地进行了摘用，结果验证了算法可行性和优越性。当然，本章建立仅是理论框架，在实践中需要根据实际情况反复调整参数，方能实用。

显然，在实施溢流控制时，应采取临时性组合相位控制策略，即以溢流消散为主要目标，同时兼顾其他非冲突相位车辆的通行权，实现相关联路口相对最优，后续的相位方案的设定是一难点和重点，是继续维持原相序不变，抑或采取新的相位相序方案，是确保路口交通流能否恢复正常运转秩序的关键，文中提出的专家系统原型为解决这一问题提供了思路，建立交通管理与控制专家系统或许是实现智能交通系统高效管理的关键一环。

第5章　交通溢流仿真平台

本章仿真所用实验平台为微观交通流仿真系统(UTSS),该系统可实现各类常规及智能交通信号算法,产生仿真数据。绘图工具为Matlab,实现各类仿真曲线绘制和部分参数指标计算。本章重点阐述UTSS系统平台架构、平台中各类实体、实体之间的相互关系以及车辆和信号控制两类主要控制逻辑等内容。

5.1　概　　述

5.1.1　交通仿真三要素

概括而言,交通仿真三要素包括路网、车辆和信号灯,其中路网主要包括路口和路段,各元素间三角关系可用图5.1所示。

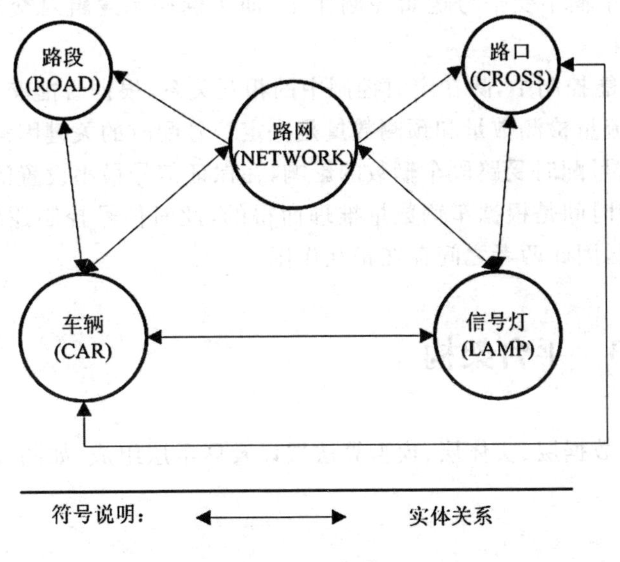

图5.1　三要素及关系

5.1.2 实体间详细关系

仿真系统主要实体包括地图图层、路段、路口、车辆、信号灯等五类,此五类实体各具功能,相互联系,每一种实体都有独有的属性特征,这些属性既用来表征实体独特性,又用于与其他实体建立联系。实体间可通过单一属性建立联系,也可通过多种属性交叉联系,实体间广泛而又有序的属性关系使仿真系统成为一个有机整体,各实体间的详细关系如图5.2所示。

从实体及其关系的分析也可以看出,车辆和信号灯是交通微观仿真系统中非常重要的两部分,随着时间的推进,车辆持续更新着位置,信号灯依次地更替着灯色状态,且交通信号灯灯色状态对车辆运动有着强制的控制作用。因此,有必要单独分析一下这两类控制逻辑特征及关联关系。

车辆控制逻辑和信号控制逻辑两者之间的关系描述如下:

(1) 定时控制中,车辆到达路段停车线时运动状态受交通信号灯状态的作用,在其为路段队列头车情况下,若信号灯为红灯,则车辆逐渐减速至零,停驶在停车线前;若信号灯为绿灯,车辆为路段头车情况下,以不超过路口最大速度运动,若不为头车,则遵守路口跟驰规则行驶。显然,车辆首先服从于信号控制逻辑,其次服从于车辆控制逻辑。在路段上其他位置时,车辆不受信号逻辑控制作用,即车辆控制逻辑对交通信号控制逻辑无作用。

(2) 智能控制中,除在定时控制中的相互关系,根据智能交通控制基本原理,交通流量检测数量和预测数量是决定信号配时的关键因素,因此可以得到交通信号配时受路段车辆数的影响,在保证信号最小设置的前提下,绿灯信号扩展时间是根据车辆数量推理而得的,此时信号控制逻辑受车辆控制逻辑作用,因此两者之间存在相互作用。

5.1.3 平台架构

平台由数据层、实体层、模型算法层以及展示层组成,如图5.3所示。

文字
(Text)
层名
(Layer_name)
端点坐标
(Cpoint)
车道数
(Way_num)
方向
(Direction)
颜色
(Color)
长度
(Way_length)
地图图层
(LAYER)
限转向
(Single_dir)
车辆编号
(ID)
位置坐标
(Cpoint)
限行
(Single_way)
路段
(ROAD)
交通规则
(Rule)
实体类型
(Layer_type)
限速
(Max_speed)
名称(Name)
车道编号
(ID)
路段编号
(ID)
路口编号
(ID)
端点号
(Port)
路段
(Road)
停车线
(Stop_line)
路口
(Cross)
下一路段
(Next_road)
出入口号
(Port)
路口编号
(ID)
位置特征
(Pass_road)
所在车道
(Pass_way)
斑马线设置
(Banmaxian)
实时坐标
(Cpoint)
坐标
(Cpoint)
车辆
(CAR)
最高速度
(Speed_max)
检测器设置
(Sensor)
下一路口
(Next_cross)
路口
(CROSS)
停车线设置
(Stop_line)
路口转向
(Direct)
车辆编号
(ID)
名称(Name)
行驶速度
(Speed_cur)
信号灯坐标及
状态设置
(Lamp_setting)
发车概率
(Car_prob)
车辆类型
(Type)
ID
公交车
(BuS)
标准车
(Car)
驾驶员类型
(D_type)
信号灯
(Lamp)
冒进型
(Maojin)
段数
(Seg_num)
相位
(Phase)
保守型
(Baoshou)
中性型
(Zhongxing)
段时间
(Seg_time)
相位时间
(Time_counter)
相序
(Sequence)
符号说明:
实体
属性
关系
属性
实体

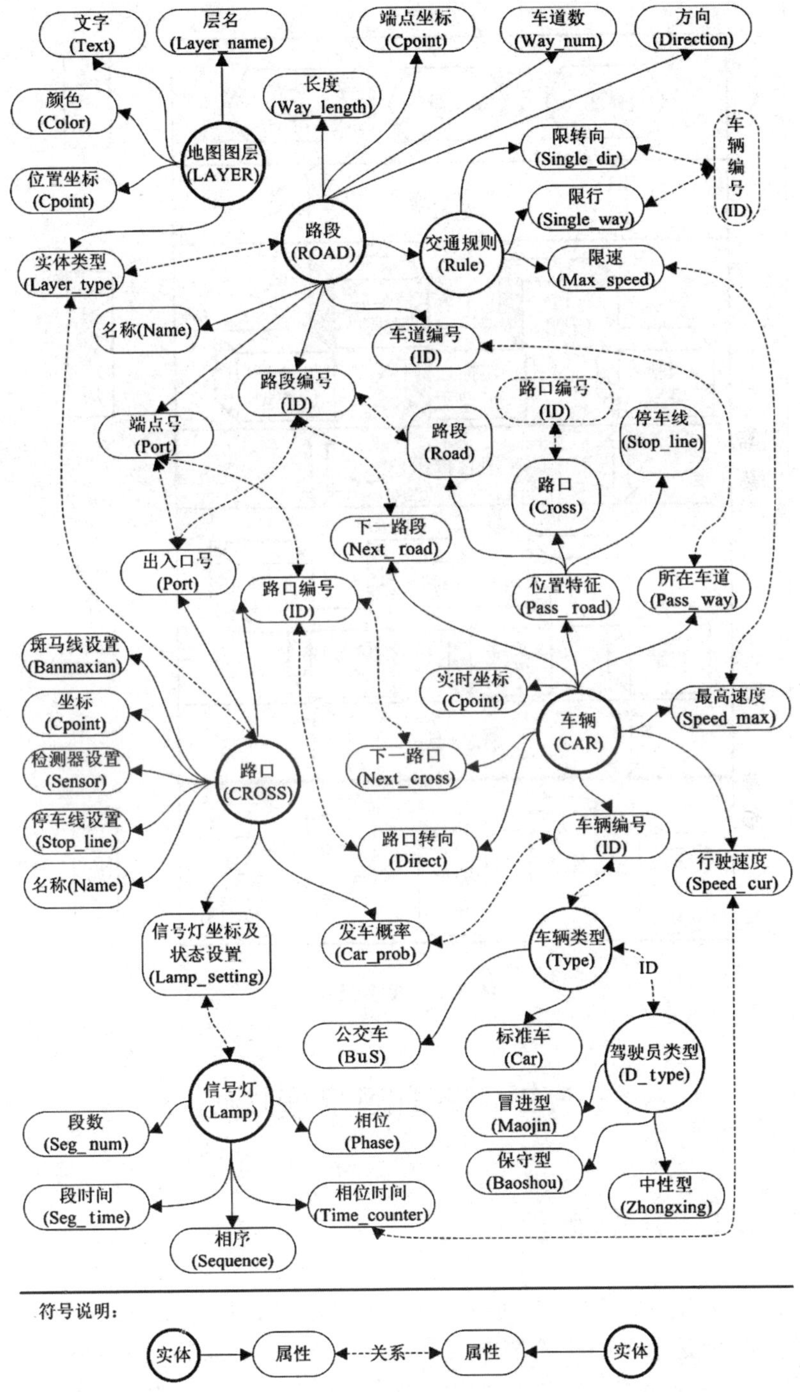

图 5.2　实体及关系

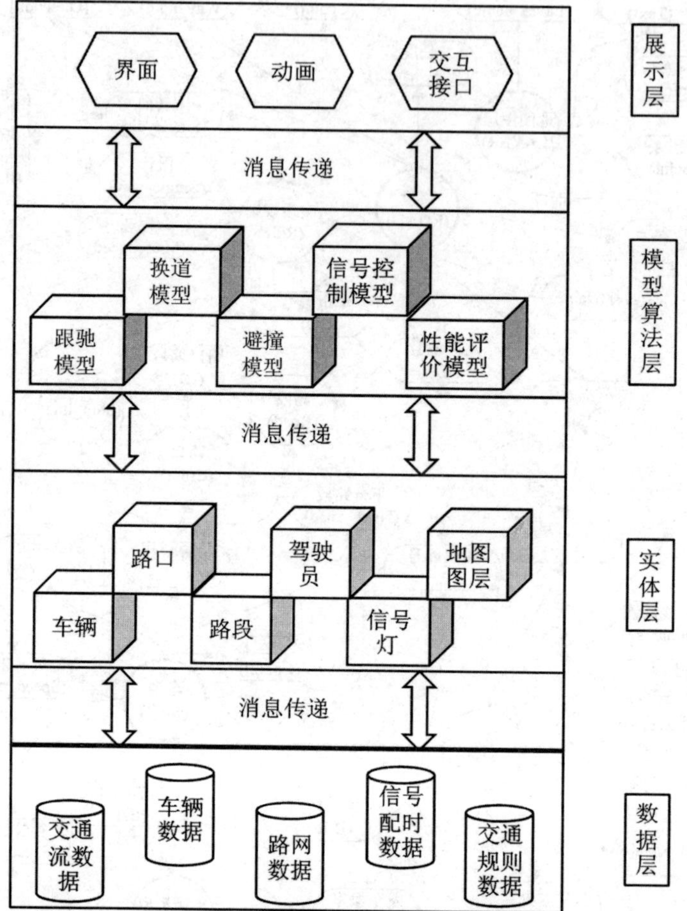

图 5.3 平台架构

5.2 交通网络模块

5.2.1 几个概念

1736 年，瑞士数学家 L. Euler(欧拉)讨论了哥尼斯堡(Konigsberg)七桥问题，由此诞生了一个全新数学分支——图论(Graph Theory)[164]。一个图中节点表示对象，两点之间连线表示两对象之间具有某种特定关系(先后关系、胜负关系、传递关系和连接关系等)。

所谓图 G,是一个三元组,记作 $G=<V(G),E(G),\varphi_c>$,该三元组中各个参数含义如下:$V(G)=\{v_1,v_2,\cdots,v_n\}$,$V(G)$ 称为图 G 的顶点集合(vertex set);$E(G)=\{e_1,e_2,\cdots,e_n\}$ 是 G 的边集合(edge set);$\varphi_c:E\rightarrow V$ 为关联函数(incidence function)。

下面阐述有限图、简单图、无向图、有向图等相关概念与定义。

定义 1:有限图。一个顶点集和边集都有限的图称作有限图。

定义 2:简单图。一个既没有环也没有两条边连接同一对顶点的图称为简单图(simple graph)。

定义 3:无向图。一个无向图(undirected graph)G 是一个非空有限集合 $V(G)$ 和 $V(G)$ 中某些元素的无序对集合 $E(G)$ 构成的二元组,记为 $G=<V(G),E(G)>$,其中,$V(G)=\{v_1,v_2,\cdots,v_n\}$ 称为 G 的顶点集(vertex set)或节点集(node set),$V(G)$ 中的每一个元素 $v_i(i=1,2,\cdots,n)$ 称为该图的一个顶点(vertex)或节点(node);$E(G)=\{e_1,e_2,\cdots,e_n\}$ 称为图 G 的边集(edge set),$E(G)$ 中每一个元素 e_k(即 $V(G)$ 中某两个元素 v_i,v_j 的无序对)记为 $e_k=(v_i,v_j)$ 或 $e_k=v_iv_j=v_jv_i(k=1,2,\cdots,m)$,被称为该图的一条从 v_i 到 v_j 的边(edge)。

当 $e_k=v_iv_j$ 时,称 v_i,v_j 为边 e_k 的端点,并称 v_j 与 v_i 相邻(adjacent)。边 e_k 称为与顶点 v_i,v_j 关联(incident)。如果某两条边至少有一个公共端点,则称这两条边在图 v_i,v_j 中相邻。

定义 4:有向图。一个有向图(directed graph 或 digraph)G 是由一个非空有限集合 V 和 V 中某些元素的有序对集合 A 构成二元组,记为 $G=(V,A)$,其中 $V=\{v_1,v_2,\cdots,v_n\}$ 称为图 G 的顶点集或节点集,V 中每一个元素 $v_i(i=1,2,\cdots,n)$ 称为该图一个顶点或节点;$A=\{a_1,a_2,,a_m\}$ 称为图 G 的弧集(arc set),A 中每一个元素 a_k(即 V 中某两个元素 v_i,v_j 的有序对)记为 $a_k=(v_i,v_j)$ 或 $a_k=v_iv_j(k=1,2,\cdots,n)$ 时,称为该图一条从 v_i 到 v_j 的弧(arc)。

当弧 $a_k=v_iv_j(k=1,2,\cdots,n)$ 时,称 v_i 为 a_k 的尾(tail),v_j 为 a_k 的头(head),并称弧 a_k 为 v_i 的出弧(outgoing arc)、为 v_j 的入弧(incoming arc)。

对应于每个有向图 D,可以在相同顶点集上作一个图 G,使得对于 D 的每条弧,G 有一条相同端点的边与之对应,这个图称为 G 的基础图。反之,给定任意图 G,对于它的每条边,给其端点指定一个顺序,从而确定一条弧,由此得到一个有向图,这样的有向图称为 G 的一个定向图。

定义 5:完全图、二分图。每一对不同顶点都有一条相连的简单图称为完全图(complete graph),n 个顶点完全图记为 K_n。

若 $V(G)=X\cup Y, X\cap Y=\Phi, |X\|Y|\neq 0$($|X|$表示集合 X 中的元素个数),X 中无相邻顶点对,Y 中亦然,则称 G 为二分图(bipartite graph)。特别地,若 $\forall x\in X, \forall y\in Y$,则 $xy\in E(G)$,则称 G 为完全二分图,记为 $K_{|X\|Y|}$。

定义 6:子图。图 H 叫作图 G 的子图(subgraph),记作 $H\subset G$,如果 $V(H)\subset V(G)$,$E(H)\subset E(G)$,若 H 是 G 的子图,则 G 称为 H 的母图。

G 的支撑子图(spanning subgraph,又称生成子图)是指满足 $V(H)=V(G)$ 的子图 H。

定义 7:顶点的度。设 $v\in V(G)$,G 中与 v 关联的边数(每个环算作两条边)称为 v 的度(degree),记作 $d(v)$。若 $d(v)$是奇数,称 v 是奇顶点(odd point);若 $d(v)$是偶数,称 v 是偶顶点(even point)。

图 G 的顶点度的计算公式:

$$\sum_{v\in V} d(v) = 2\xi \tag{5-1}$$

任意一个图的奇顶点个数是偶数。关于图的表示方法,计算机上用来描述图与网络的五种常用表示方法,即邻接矩阵表示法、关联矩阵表示法、弧表表示法、邻接表表示法和星形表示法。

5.2.2 图论模型

1. 交通网络的特点

图与网络的特点和已有理论可以很好地描述具有网络性质的各种问题,将理论引入道路网络中,在道路网络中,将每一个交叉口表示为图中的节点,每一个道路路段表示为图中的弧,交叉口和路段组成道路网络的所有单元。根据路口和路段的通行时间、长度、通行能力或流量等属性来设定点和弧的权重,将网络理论与道路网络结合起来,计算出相应道路网的各种系统属性值,为进一步分析道路网络的交通功能及系统优化提供理论基础[165]。

在网络分析中,拓扑结构和网络流是研究的重点,如果分析时仅考虑网络拓扑结构和连通性,称为纯网(pure network);如果在分析时考虑网络的拓扑结构和流量特性(如容量性约束和边的权重),则这种网络称为流网(flow network)。在流网中,网络流通性与网络上流量的不同分布有关,交通网就属于典型的流网。从数学模型角度而言,道路交通系统是一个典型的混合(既有单行线,又有双行线)、无压、限容网络。

交通网络这种流网有其自身的显著特点，具体体现在以下几个方面：

第一，纯网理论仅以研究网络节点是否连通为重点，忽视了实际道路网的交通需求变化和道路通行能力限制，而这些正是研究交通网络所必须考虑的重要因素。

第二，因为出行者的每次出行都有不同的出发点和目的地（OD），且网络流类型组成复杂、动态变化，交通网络是多物、多起讫点、单模式网络流。

第三，纯网理论不需要考虑出行者出行行为的问题，而在交通网络分析中应考虑路径选择行为及道路交通量与出行费用之间的关系。

总之，图论中的纯网理论是交通网络理论的基础，但不足以完全解决交通网络的相关问题，必须结合交通系统自身的特点提出相应的网络理论。

2. 交通网络抽象与表示

交通网络是典型有向多重图。在处理交通网络时，首先需把交通网络抽象化，即把交通网络抽象为点（交叉口）与边（路段）的集合体（根据一般右行交通规则），如图 5.4 所示。

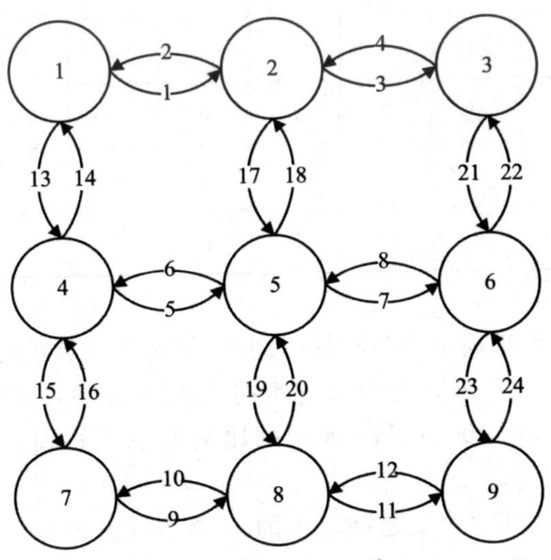

图 5.4　交通网络抽象拓扑图

注：数字表示路口（节点）或路段（边）的编号

(1) 邻接矩阵表示法。邻接矩阵表示网络图中顶点与顶点(道路网络中的路口与路口)之间的一般邻接关系,通常以元素 $l(i,j)$ 表示,其定义:

$$l(i,j)=\begin{cases}0,\text{两点之间无边连接或 } i=j \\ 1,\text{两点之间有边连接}\end{cases} \tag{5-2}$$

以图 5.1 所示交通网络为例,其对应邻接矩阵表表示为表 5-1。

表 5-1　交通网络的邻接矩阵

i	j								
	1	2	3	4	5	6	7	8	9
1	0	1	0	1	0	0	0	0	0
2	1	0	1	0	1	0	0	0	0
3	0	1	0	0	0	1	0	0	0
4	0	0	0	0	1	0	1	0	0
5	0	1	0	1	0	0	0	1	0
6	0	0	1	0	1	0	0	0	1
7	0	0	0	1	0	0	0	1	0
8	0	0	0	0	1	0	1	0	1
9	0	0	0	0	0	1	0	1	0

邻接矩阵表示法简单、直观,易于理解,但对于计算机而言,尚有如下缺点:在表 5-1 中,22 个 1,59 个 0,0 元素的比例为 72.8%;而一个 1000 个节点的邻接矩阵中,约 400 个 1,0 元素的比例为 96%;这种情况浪费计算机内存,计算效率低下。

(2) 边编目表法。将交通网络中的 E 条边任意编排,每条边都对应一个顺序号,计算机根据顺序号及每条边的起讫节号存储网络。图 5.4 所示交通网络中,依据边编目表法得到表 5-2。

表 5-2　交通网络的边编目表

边编号	1	2	3	4	5	6	7	8
边起讫点编号	(1,2)	(2,1)	(2,3)	(3,2)	(4,5)	(5,4)	(5,6)	(6,5)
边编号	9	10	11	12	13	14	15	16
边起讫点编号	(7,8)	(8,7)	(8,9)	(9,8)	(1,4)	(4,1)	(4,7)	(7,4)
边编号	17	18	19	20	21	22	23	24
边起讫点编号	(2,5)	(5,2)	(5,8)	(8,5)	(3,6)	(6,3)	(6,9)	(9,6)

(3) 权矩阵法。邻接矩阵和边编目表法只能表示节点之间是否存在连接关系，权矩阵可以表示相邻节点之间交通线路的阻抗(权重)(如连接长度、行驶时间、行驶费用等表征交通网络特征的重要参数)。

对带阻抗的交通网络，可定义阻抗矩阵为：

$$d_{ij}=\begin{cases}\omega_{ij},i\text{ 和 }j\text{ 有边连接}\\ \infty,i\text{ 和 }j\text{ 无边连接}\\ 0,i=j\end{cases}\tag{5-3}$$

式中，ω_{ij} 为相邻节点 i 和 j 之间的实际阻抗。

根据实际需要，权矩阵中的“权”可以是节点之间的连接长度、行驶时间或行驶费用等指标，如图 5.5 所示。

交通网络是有向两重图，除单行线以外，两个路口之间的交通流一般为双向(单行道除外)，而且其阻抗有可能不同。因此，若双向阻抗相同，则称其为对称阻抗网络图；若双向阻抗不同，则称其为非对称阻抗网络图。实际交通中，由上下班、节假日等特殊情况导致的交通流潮汐特性而使交通网络一般为非对称阻抗网络。

下面考虑一种复杂交通网络(含单行线、禁行线的非对称网络)的权值矩阵表示问题。

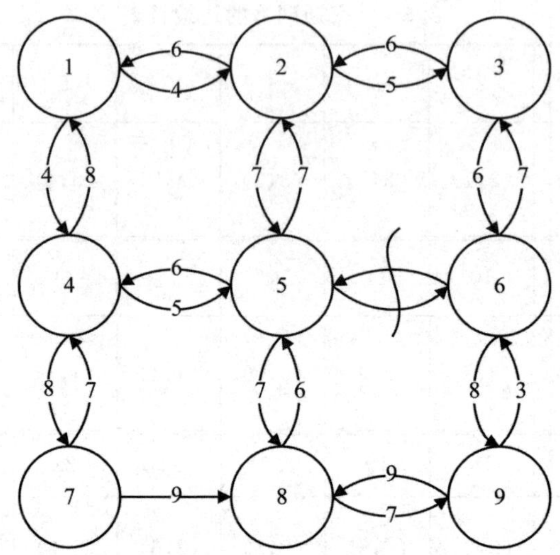

图 5.5 带权值的交通网络图

其对应的权矩阵表示为表 5-3。

表 5-3 交通网络的权值表

i	j								
	1	2	3	4	5	6	7	8	9
1	0	4	∞	4	∞	∞	∞	∞	∞
2	6	0	5	∞	7	∞	∞	∞	∞
3	∞	6	0	∞	∞	6	∞	∞	∞
4	8	∞	∞	0	5	∞	8	∞	∞
5	∞	7	∞	6	0	∞	∞	7	∞
6	∞	∞	7	∞	∞	0	∞	∞	8
7	∞	∞	∞	7	∞	∞	0	9	∞
8	∞	∞	∞	∞	6	∞	∞	0	7
9	∞	∞	∞	∞	∞	3	∞	9	0

(4) 邻接目录表法。邻接目录表采用两组数表示网络中各元素邻接关系，即 $R(i)$ 和 $V(i,j)$，$R(i)$ 表示与 i 节点相连接的边的条数；$V(i,j)$ 表示与 i 节点相连接的第 j 个节点的节点号。以图 5.5 所示交通网络为例，给出其邻接目录表 5-4。

表 5-4　交通网络的邻接目录表

节点 i	$R(i)$	$V(i,j)$
1	2	2,4
2	3	1,3,5
3	2	2,6
4	3	1,5,7
5	4	2,4,6,8
6	3	3,5,9
7	2	4,8
8	3	5,7,9
9	2	6,8

3. 交通网络图中的路阻函数

下面对交通阻抗函数进行进一步阐述。道路交通阻抗函数（路阻函数）是指路段行驶时间（交叉口延误）与路段（交叉口）交通负荷之间的函数关系，一般分作路段路阻函数和路口路阻函数。

(1) 路段路阻函数。路段路阻函数常用模型为美国联邦公路局提出的路阻函数模型，其表达式：

$$t=t_0[1+\alpha(V/C)^{\beta}] \tag{5-4}$$

式中，t 为两交叉口之间路段行驶时间(min)；t_0 为交通量为 0 时的时间(min)；V 为路段机动车交通量(辆/h)；C 为路段实用通行能力(辆/h)(单位时间内路段可通过的最大车辆数)；α，β 参数，建议取 $\alpha=0.15$，$\beta=4$，也可由实际数据用回归分析求得。

该模型只考虑了机动车交通负荷的影响，与中国国内城市交通状况相差较大，国内城市道路上，除了机动车交通负荷外，还有非机动车交通负荷，因此式(5.4)不完全适用于国内城市交通网络分析。针对我国城市内交通组成实际情况，相关学者建立以下回归关系模型作为城市道路路阻函数，称作回归路阻函数模型[166]：

$$t=t_0[1+k_1(V_1/C_1)^{k_3}+k_2(V_2/C_2)^{k_4}]$$

$$\text{or}t=t_0[1+k_1(V_1/C_1)+k_2(V_2/C_2)] \tag{5-5}$$

式中，V_1，V_2 表示机动车、非机动车路段交通量(辆/h)；C_1，C_2 表示机动车、非机动车路段实用通行能力(辆/h)；k_1，k_2，k_3，k_4 为回归参数，根据道路交通量、车速调查数据用最小二乘法确定。

(2) 路阻函数理论模型。当交通负荷(V/C)很小时，车流以道路允许的最大速度行驶，此时车速与交通负荷无关；交通负荷在超某个值后，车速基本上与交通负荷(V/C)呈线性相关关系，车速随着交通负荷的增加而线性下降；当交通负荷基本上接近饱和时，车速已经降至很低，车速与交通负荷(V/C)呈以横轴为渐进线的非线性关系，如图 5.6 所示。

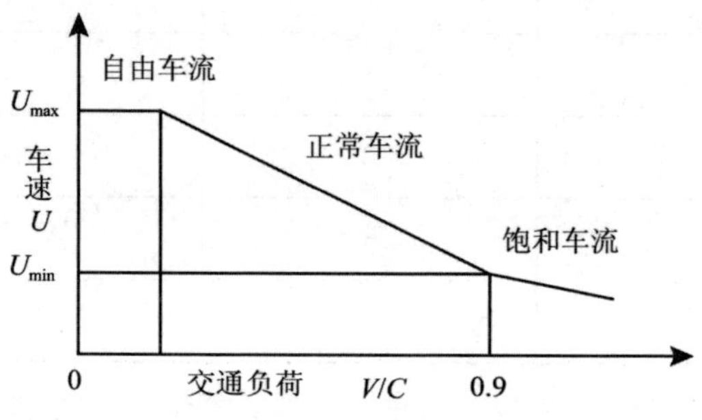

图 5.6 车速与交通负荷关系

关于图中参数标定问题，当有调查资料时，根据实测标定以上 3 种关系；当无调查资料时，根据模型(5-6)标定：

$$U=\begin{cases}U_0(1-0.94V/C)\text{，当 } V/C\leqslant 0.9\\ U_0/(7.4V/C)\text{，当 } V/C>0.9\end{cases} \tag{5-6}$$

式中，U_0 为交通量为 0 时的行驶车速(km/h)，称为零流车速，其一般由式(5-7)确定：

$$U_0=v_0\cdot r_1\cdot r_2\cdot r_3 \tag{5-7}$$

$$\text{s.t. } 0\leqslant U_0\leqslant U_{max}\text{，}U_{max}\text{为道路限制车速}$$

v_0 为路段设计速度，根据《城市道路交通规划设计规范》确定道路等级与路段设计车速之间的关系，如表 5-5 所示。

表 5-5　道路等级与路段设计车速之间的关系

道路等级	快速干道	主干道	次干道	支路
设计车速	60～80	40～60	40	30
单向机动车道数	2～4	2～4	1～3	1～2

r_1 为自行车影响修正系数，根据自行车对机动车有无影响分为如下几种情况。若有分隔带（墩）时，$r_1=1$，即自行车对机动车无影响；若无分隔带（墩）时，依据自行车道是否饱和，分如下两种情况：当不饱和时，取 $r_1=0.8$；当自行车道负荷超饱和时：

$$r_1=0.8-(Q_{bic}/[Q_{bic}]+0.5-W_2)/W_1 \tag{5-8}$$

式中，Q_{bic} 为自行车交通量（辆/h）；$[Q_{bic}]$ 为每米宽自行车道实用通行能力（辆/h）；W_2 为单向非机动车道宽度（m）；W_1 为单向机动车道宽度（m）。当有分隔带时，$[Q_{bic}]=2200$ 辆/h；当无分隔带时，$[Q_{bic}]=2200\times0.82=1804$ 辆/h；当无分隔带且考虑平面交叉口影响时，$[Q_{bic}]=1800\times0.5=900$ 辆/h。

r_2 为车道宽度，影响修正系数，设城市道路车道标准宽度 $W=3.5\text{m}$，实际车道宽度为 W_0。研究表明，当 $W_0>W$ 时，车速提高；当 $W_0<W$ 时，车速降低，并且降低程度比提高程度大。定量研究表明，当不足量为 1m 时，即 $W_0=2.5\text{m}$ 时，车速几乎下降至正常车速的一半；当富余量超过 2.5m 时，即 $W_0=6.0\text{m}$ 时，车速提高约 30%，但随着车道宽度进一步增大，由于车辆本身性能的限制，车速不再继续提高。因此，车道宽度与车速呈现上缓下陡的曲线关系，车道宽度影响系数 r_2 可由式（5-9）确定：

$$r_2=\begin{cases}50(W_0-1.5)\times10^{-2}, \text{当 } W_0\leqslant3.5\text{m}\\(-54+188W_0/3-16W_0^2/3)\times10^{-2}, \text{当 } W_0>3.5\text{m}\end{cases} \tag{5-9}$$

在标准车道宽度 $W=3.5\text{m}$，$r_2=1$ 时，W_0 与 r_2 之间的关系如表 5-6 所示。

表 5-6　W_0 与 r_2 之间的关系表

W_0(m)	2.5	3.0	3.5	4.0	4.5	5.0	5.5	6.0
r_2/%	50	75	100	111	120	126	129	130

r_3 为交叉口影响修正系数，其主要取决于交叉口的交通信号控制方式及交叉口之间的间距，计算式如下：

$$r_3=\begin{cases}S_0,\text{当 } l\leqslant 200\text{m}\\ S_0(0.0013l+0.73),\text{当 } l>200\text{m}\end{cases} \tag{5-10}$$

式中，S_0 为交叉口的有效通行时间比，在信号交叉口为绿信比，即在一个周期内显示的绿灯时间与周期长之比，以百分比表示。l 为交叉口之间的间距(m)。

C_1 为机动车道路段通行能力系数，一般通过对理论通行能力进行修正得到，包括自行车影响折减系数 r_1、车道宽度影响折减系数 r_2，以及交叉口影响折减系数 r_3 等，计算公式如下：

$$C_1=1500\cdot r_1\cdot r_2\cdot r_3 \tag{5-11}$$

C_2 为非机动车道路段通行能力，其计算公式：

$$C_2=(W_2-0.5)\times 900 \tag{5-12}$$

式中，W_2 为非机动车道宽度(m)。

(3) 节点处阻抗函数。交叉口阻抗的影响因素与交叉口形式、交叉口通行能力、交通信号配时等因素有关。

在城市交通网络实际出行时间中，除路段行程时间外，交叉口延误占有较大的比重，特别是在交通高峰期间，交叉口拥挤阻塞比较严重时，交叉口延误可能会超过路段行驶时间。

研究表明，信号交叉口延误受交通信号周期影响较大，因此，要计算交叉口延误值，需先得知或求得路口周期值，常规做法是对已有信号交叉口，按实际情况确定信号周期长度；规划的交叉口，采用最佳周期长度(最佳周期是指车辆延误最小时对应的信号周期长度)，其计算公式[161]如下：

$$T_0=\frac{1.5L+5}{1-Y} \tag{5-13}$$

式中，Y 表示同相位所有进口道饱和度中的较大者；$Y=\max(Q/S)$，Q 进口道交通量，S 为进口道通行能力；L 为周期内延误时间。

$$L=\sum d_0+\sum(I-A) \tag{5-14}$$

d_0 车辆启动延误，取 2s；I 为绿灯间隔时间，取 5s；A 为黄灯时间，取 3s，故 $L=2\times 2+2\times(5-3)=8\text{s}$。

一般情况下，$T_0<40\text{s}$，取 $T_0=40\text{s}$；$T_0>120\text{s}$，取 $T_0=120\text{s}$。

一个进口道的理论通行能力计算公式(辆/h)如下：

$$S_0=3600/\beta \tag{5-15}$$

式中，β 为饱和车流车头时距。

交叉口进口道的实用通行能力通常按式(5-16)计算：

$$S=S_0 \cdot n \cdot r_1 \cdot r_2 \tag{5-16}$$

式中，n 为进口车道数(条)；r_1 为自行车影响修正系数(同前)；r_2 为车道宽影响修正系数(同前)。

在前面确定最佳周期的基础上，下面进行进口车道延误计算。

当进口道饱和度较小时($x=0\sim0.67$)，按韦伯斯特(Webster)计算：

$$d(i,j)=0.9\left[\frac{T(1-\lambda)^2}{2(1-\lambda x)}+\frac{x^2}{2Q(1-x)}\right] \tag{5-17}$$

式中，$d(i,j)$为在 i 交叉口与 j 交叉口相邻进口道上车辆平均延误；λ 为进口道有效绿灯时间/周期长度；Q 为进口道交通量；x 为饱和度，$x=Q/(\lambda s)$。

当进口道饱和度较大时($x=0\sim1.2$)，按下式计算进口道延误：

$$d=d_1+d_2 \tag{5-18}$$

d_1 为均匀延误，计算公式如下：

$$d_1=0.38T\frac{(1-\lambda)^2}{1-\lambda x} \tag{5-19}$$

d_2 为过饱和延误，计算公式如下：

$$d_2=173x^2\left[(x-1)+\sqrt{(x-1)^2+16x/S}\right] \tag{5-20}$$

5.2.3　地图绘制

1. DXF 格式文件浅析

DXF 是 AutoCAD DXF(Drawing Interchange Format 或者 Drawing Exchange Format)的简称，它是 Autodesk 公司开发的用于 AutoCAD 与其他软件之间进行 CAD 数据交换的 CAD 数据文件格式[167]。一般来说，DXF 文件由标题段、表段、块段、实体段和文件结束段 5 部分组成，各部分内容如下：

标题段(HEADER)记录 AutoCAD 系统的所有标题变量的当前值或当前状态。标题变量记录了 AutoCAD 系统当前工作环境，如 SNAP 捕捉当前状态、栅格间距式样、当前图层层名及线型、颜色等。

类段(CLASSES)存储了应用程序定义类信息，这些类的实例将会出现在数据库的 BLOCKS、ENTITIES 和 OBJECTS 区域中。假定类定义在类的层次结构中是固定不变的，区域中所有字段都是必需的。

表段(TABLES)共包含 4 个表，每个表又包含可变数目表项。这些表在文件中出现的顺序一般为线型表(LTYPE)、图层表(LAYER)、字样表(STYLE)、视图表(VIEW)。

块段(BLOCK)记录了所用块的块名、当前图层层名、块的种类、块的插入基点及组成该块的所有成员。块的种类分为图形块、带有属性的块和无名块三种。无名块又包括用 HATCH 命令生成的剖面线和用 DIM 命令所完成的尺寸标准。

实体段(ENTITIES)记录了每个实体的名称、所在图层及其名字、线型、颜色等。

文件结束段(EOF OF FILE)为 DXF 文件结束标志。

一个 DXF 文件由若干个组构成,每个组占两行,第一行为组代码,第二行为组值。组代码相当于数据类型的代码,它由 CAD 图形系统所规定,而组值为具体的数值,二者结合起来表示一个数据的含义和值。例如,代码 10 代表一个点的 x 坐标,占一行,而其第二行 4.5425 则是点 x 坐标的具体数值,二者结合表示一点,其 x 坐标值为 4.5425。

组代码和组值的类型组代码为一个非负的不超过三位的整数,而组值由组代码的类型决定。例如,代码 0～9 组值类型为字符型;代码 10～59 组值类型为实型;代码 60～79 组值类型为整型;代码 999 表示解释行。

每个组代码均有规定含义,有些代码含义是固定的,而有些组代码则因应用场合不同而有多个含义,应具体分析。另外,一些代码是备用的,目前版本尚未用到,现将它们的含义举例介绍如下:0 表示一个事物的开始,如一个块、表、图层、实体等;1 为字符型数据的值,如 TEXT 的字符串、文件名、属性值等;2 为一个事物的名字,如段、表、块、线型、视图等的名字;3～5 为字符型数据的值,如文件名、线型说明等;6 为线型名(固定类型);8 为图层名(固定类型)。

关于实体坐标与相应组代码 10～18、20～28、30～38 的用法应根据实体所用到点的数量,按组代码个位的 0、1、2、…的顺序使用。例如,LINE 的起点组代码为 10、20、30,而 11、21、31 为其终点。

DXF 文件结构复杂,完整读取 DXF 文件也是一项异常烦琐的工程。在实际应用中,为了提取图形的实体信息,可以省略 DXF 文件中许多项,只要获取所需的层表、块段和实体段,就可以完成相应几何图形的描述。在层表中说明每一层的颜色、线型;在块段中说明块所在的层、属性及其在图形中的位置;在实体段中说明直线的起点、终点及圆的圆心、半径等几何信息和各实体所在的层。根据实体所在的层,在层表中搜索每一层的颜色、线型并将其添加到实体对象中。在利用 CAD 进行绘图时,需将变量参数 DIMASO 设为 ON,以保证块段中定义的尺寸块为一个整体,并可被正确无误地获取。根据尺寸类型名、尺寸定义的起点、终点坐标与实体类型名、实体空间坐标是否匹配,对实体对象进行尺寸附加。

从编程调用角度，一个完整的 DXF 文件读取（图 5.7）和实体提取（图 5.8）流程分别如下。

2. 交通路网图绘制

(1) 实体类型选择。AutoCAD 中 DXF 类型的文件有复杂的格式，交通仿真系统主要体现路口（节点）、路段和车道（边），以及附属设施（如信号灯、路名、路口名等），因此结合 AutoCAD 所能实现的实体类型将主要用到图层（LAYER）、直线（LINE）、圆（CIRCLE）、多义线（LWPOLYLINE）、字符（TEXT）等几种实体，线型以实线为主。

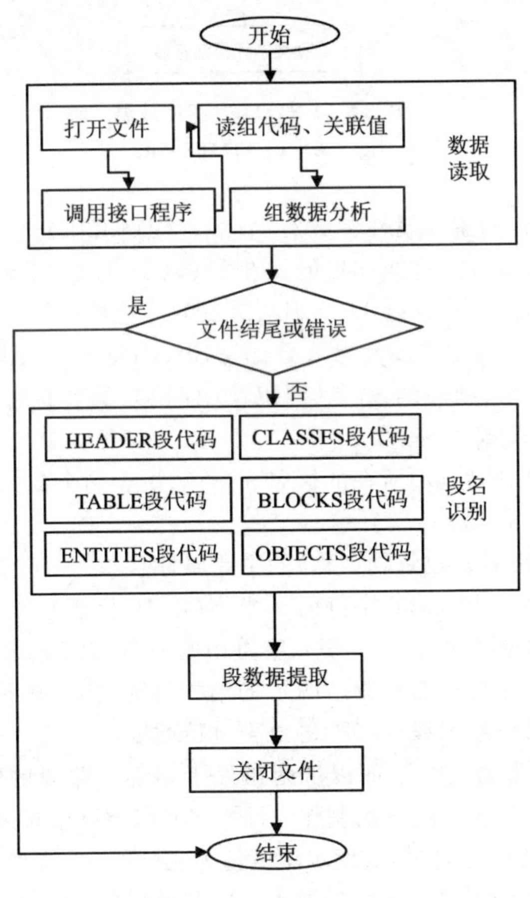

图 5.7　DXF 数据接口

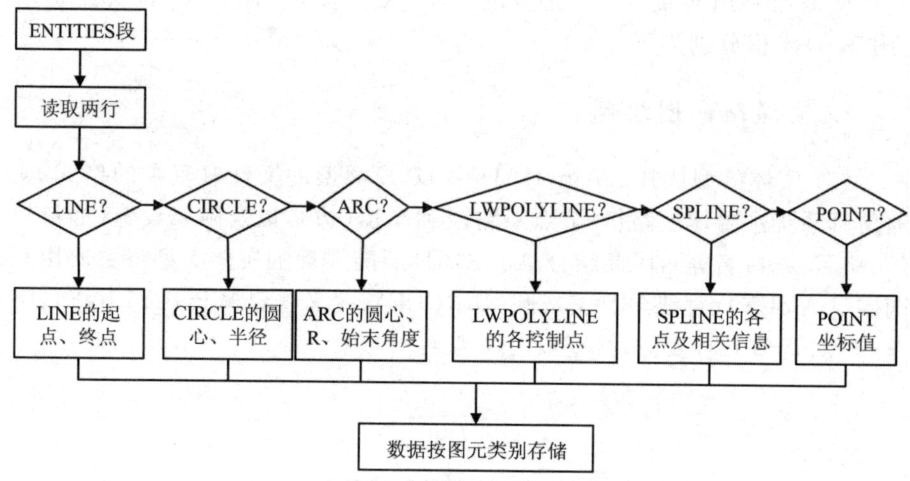

图 5.8　ENTITIES 实体数据

Fig. 5.8　ENTITIES data

直线(LINE)的主要属性参数有:直线标识(LINE)、所在图层名、直线类型标识(AcDbLine)、直线起点的 x 坐标(以 10 标识)、起点的 y 坐标(以 20 标识)、终点的 x 坐标(以 11 标识)、终点的 y 坐标(以 21 标识)等。

圆(CIRCLE)的主要属性参数有:圆标识(CIRCLE)、图层名、圆心坐标标识(AcDbCircle)、圆心的 x 坐标(以 10 标识)、圆心的 y 坐标(以 20 标识)、圆的半径(以 40 标识)等。

多义线(弯曲的路段)所在的层名和颜色、端点的个数、各个端点的横纵坐标。

字符串(道路名和建筑物名称)的主要属性参数有:字符标识(TEXT)、字符参数标识(AcDbText)、字符的 x 坐标(以 10 标识)、字符的 y 坐标(以 20 标识)、字符的高度(以 40 标识)、字符串的内容(以 1 标识)。

正是上述实体具有如此清晰明了的结构特征,因此该种格式的文件特别适合于用面向对象编程(OOP)的语言分析读取。

(2) 网络绘制过程。下面以济南市经十路部分路段的绘制为例,结合具体项目详细介绍实际地图的制作。注意 AutoCAD 中长度单位是实际的 0.1 倍,在绘制地图骨架时,长度单位应该为实际的 10 倍,如图 5.9 所示。

首先,建立两个图层,层名分别为 0 层和模拟层。0 层主要绘制交通环境及一些静态建筑标志及路段名称。模拟层主要绘制路段(边)和交叉口(节点)。分层的原因是为了简化程序调用,节省内存。根据需要,编者可自行添加相关有用图层,如图 5.10 所示。

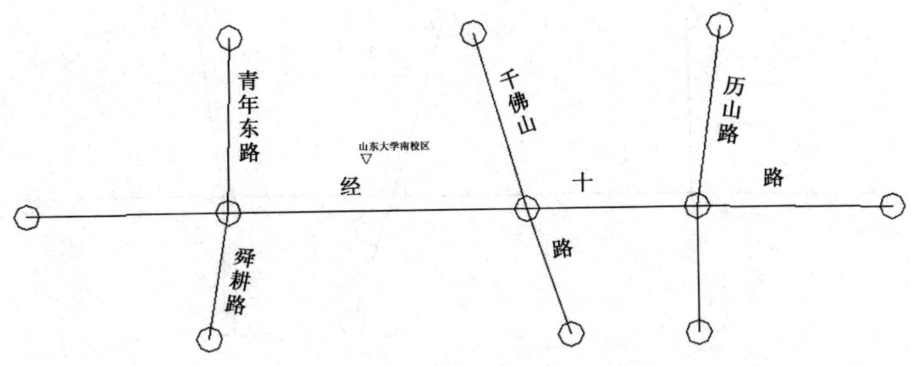

图 5.9　AutoCAD 绘制交通网络效果图

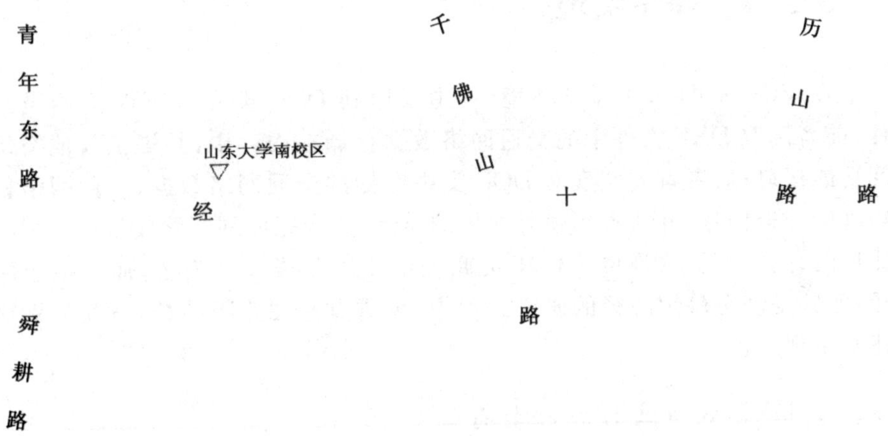

图 5.10　AutoCAD 绘制交通网络 0 层效果图

其次，具体绘制过程中主要采用三种实体，以圆(CIRCLE)表示交叉路口；以直线(LINE)表示路段；以字符(TEXT)表示标注符号和名称。为了图形的美观，绘图过程中要注意尽量采用相同的半径圆绘制路口，同时注意字符大小和整个路网的匹配，不要比例失调。同时要注意，路段端点和路口圆心一定要重合，即开启 AutoCAD 的“栅格捕捉”功能，让其能自动找到最近的捕捉点，如果对不齐，在程序调用的过程中会发生错误，如图 5.11 所示。

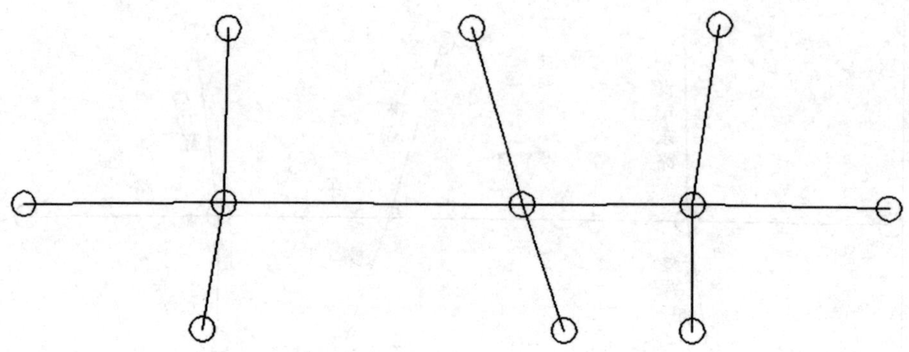

图 5.11 AutoCAD 绘制交通网络模拟层效果

5.2.4 程序实现

在 VC++的 6.0 开发环境中，主要用到 DOC 类和 VIEW 类两类文件，前者读取 DXF 文件中的交通网络数据存储在内存中，并提供其他类访问功能接口；后者首先实现对 DOC 类中存储的交通网络数据、交通网络权矩阵的虚拟构建，并实现车道等实体的绘制，其次完成网络缩放过程中相应比例的计算[168]。交通网络的阻抗此处主要以路段长度为主，而在最短路径，尤其是动态最短路径的研究过程中，可重点考虑路阻函数，下面分别描述其实现过程。

1. DXF 数据文件归档与存储

在文档类(DOC)中创建函数 Read_Dxf(Carchive &ar)，实现调用地图功能。该函数能根据 DXF 文件格式顺序读取文件中各元素内容，包括读取图层信息(图层名称和颜色)和读出各种实体的主要特征元素内容，并确定其元素类型。DXF 文件中交通网络图层(Layer)数据读取流程如图 5.12 和图 5.13 所示。

直线(路段)数据包括所在层名和颜色、起点横纵坐标(0 端)、终点横纵坐标(1 端)。

类似得到圆弧、多义线以及字符串数据的读取流程(略)，详细的代码实现请参见附录 1。

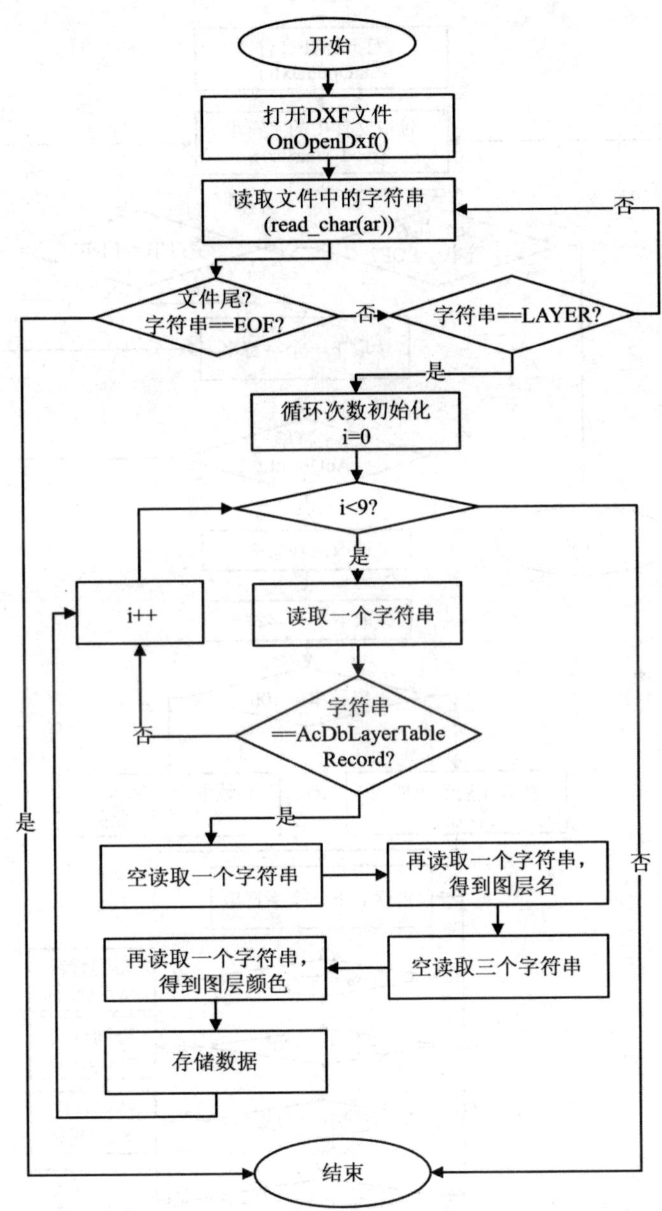

图 5.12　图层数据读取流程

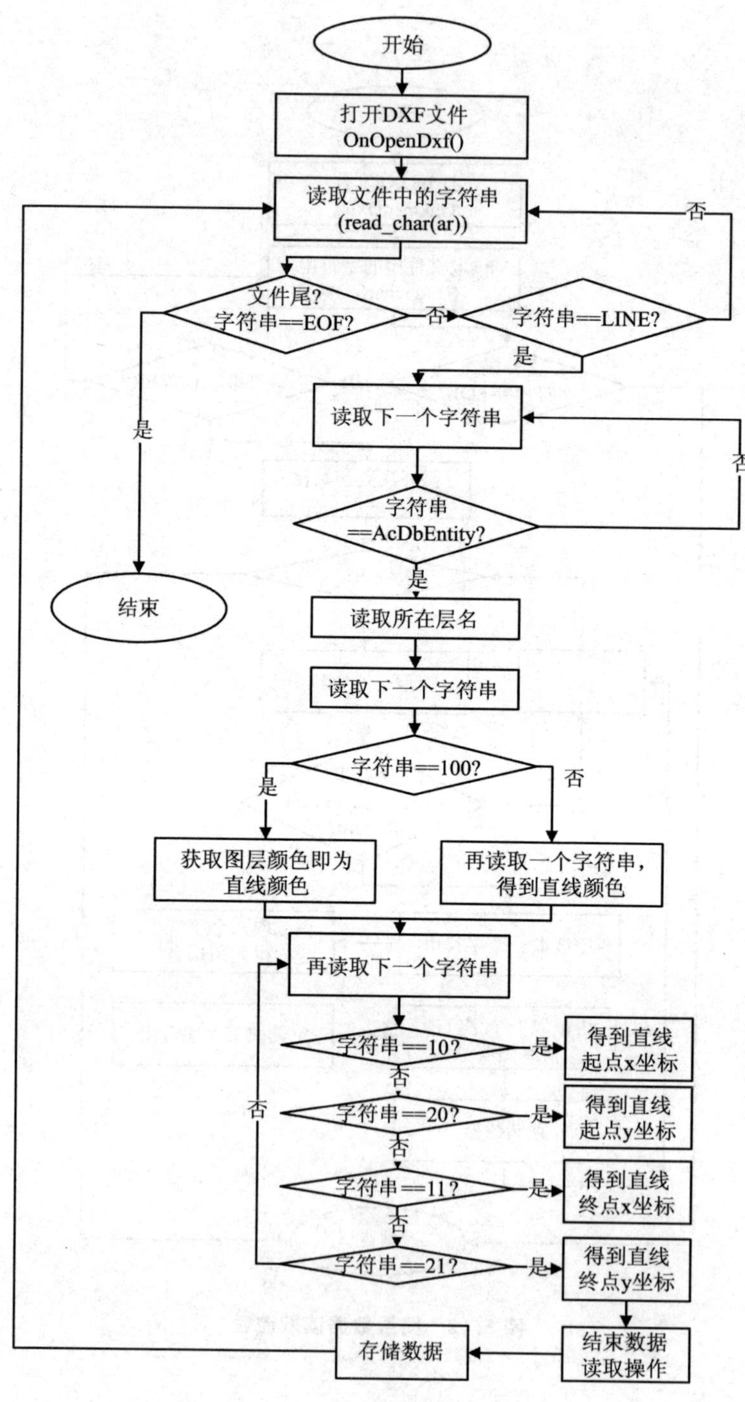

图 5.13 直线数据读取流程

2. 交通网络显示与设置

在视图类(view 类)中创建函数 Draw_Dxf(CDC * pDC),实现绘制地图功能,该函数根据 DOC 类中函数 Read_Dxf(Carchive &ar)函数中得到实体特征值,经坐标比例变换后,将实体显示在屏幕上,并根据路段设置对话框中设定路段车道数,画出各个路段的车道线,每车道根据其距离车道中心线距离依次编号。

该函数实现流程复杂,不再列写流程图,详细代码请见附录 2。经由视图类相关函数后期处理,交通网络图形界面如图 5.14 所示。

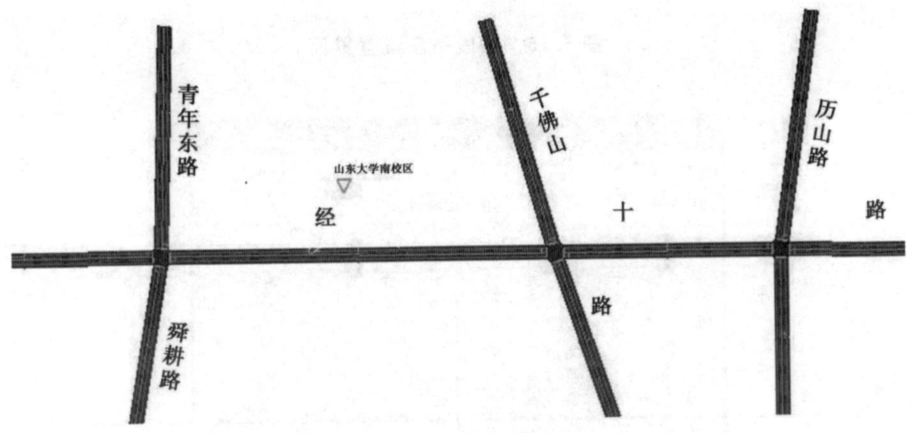

图 5.14　交通网络效果图

为了方便用户对交通网络中路口和路段的相关参数进行设置,提供有路段信息设置界面(图 5.15)和路口信息设置界面(图 5.16)。

基于路口信息设置界面(图 5.16),可以对设定路口车道数、行人道、单行道、公交车道等重要信息进行设置,同时可以对选定路口的交通流转向(流向)概率进行设置(根据实际调查值)。

图论是交通网络理论基础。无论显式还是隐式,交通仿真系统中都无法回避交通网络在计算机中的存储形式,图论为其合理存储提供了坚实的理论基础。AutoCAD 技术在各类工程行业中获得了广泛应用,其 DXF 格式的文件因格式清晰、便于读取而选为本书中交通网络的主要存储形式。由 DXF 格式文件转化为交通网络存储矩阵,中间涉及大量的变换,本章的主要任务在于将上述内容有机地结合起来,阐述交通仿真系统中的交通网络的理论原理和实现过程。

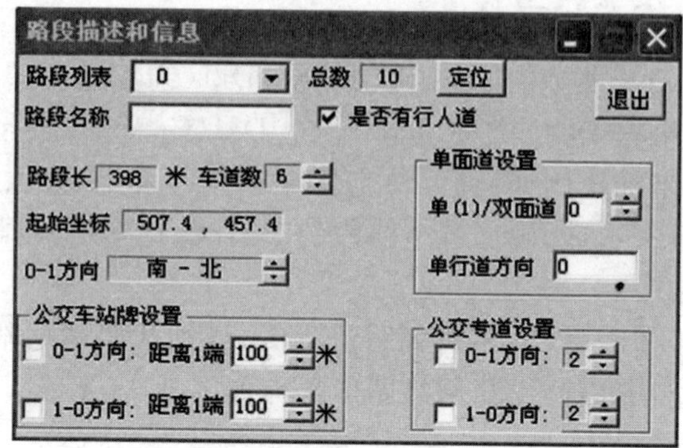

图 5.15　路段信息设置界面

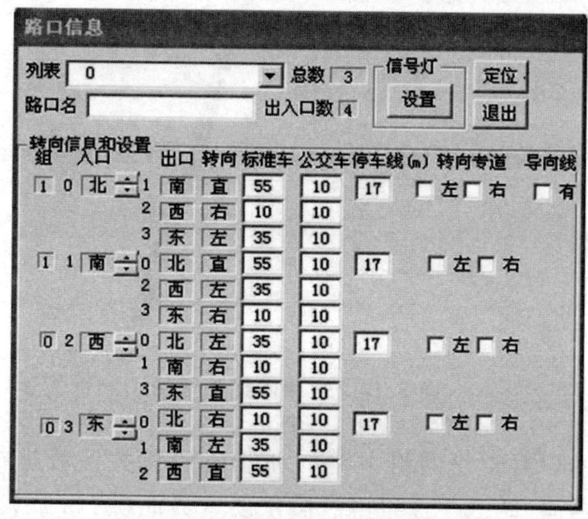

图 5.16　路口信息设置界面

5.3　车辆实体模块

5.3.1　元胞自动机理论

元胞自动机(CA)是时间和空间都离散的动力系统,散布在规则格网(Lattice Grid)中的每一元胞(Cell)取有限的离散状态,遵循同样的作用规则,依据确定的局部规则作同步更新。大量元胞通过简单的相互作用而构成动态的系统演化。不同于一般动力学模型，元胞自动机不是由严格定义的物理方程或函数确定，而是用一系列模型构造规则构成，凡是满足这些规则模型，都可以算作是元胞自动机模型。因此，元胞自动机是一类模型总称，或者说是一个方法框架，其特点是时间、空间、状态都离散，每个变量只取有限多个状态，且其状态改变的规则在时间和空间上都是局部的[31]。

1. 数学定义

(1) 基于集合论定义。设 d 代表空间维数，k 代表元胞状态，并在一个有限集合 S 中取值，r 代表元胞邻居半径。Z 是整数集，表示一维空间，t 代表时间。

为了叙述和理解的简单起见，在一维空间上考虑元胞自动机，即假定 $d=1$，那么整个元胞空间就是在一维空间将整数集 Z 上状态集 S 分布，记为 S^Z。元胞自动机动态演化即为在时间上状态组合的变化，可以记为：

$$F: S_t^Z \rightarrow S_{t+1}^Z \tag{5-21}$$

此动态演化又由各个元胞局部演化规则 f 决定，这个局部函数 f 通常又被称为局部规则。对于一维空间，元胞及其邻居可以记为 S^{2r+1}，局部函数则可以记为：

$$F: S_t^{2r+1} \rightarrow S_{t+1} \tag{5-22}$$

对于局部规则 f 来讲，函数输入、输出集均为有限集合，实际上，它是一个有限参照表。例如，$r=1$，f 形式则形似如下：[0,0,0]→0，[0,0,1]→0，[0,1,0]→0，[1,0,0]→1，[0,1,1]→1，[1,0,1]→1，[1,1,0]→1，[1,1,1]→1。对元胞空间内的元胞，独立施加上述局部函数，则可得到其全局演化规则：

$$F(c_{t+1}^i) = f(c_t^{i-r}, \cdots, c_t^i, \cdots, c_t^{i+r}) \tag{5-23}$$

式中，c_t^i 表示在位置 i 处的元胞。

至此，上述模型即为一个元胞自动机模型。

(2) 基于拓扑学定义。假定维数 $d=1$，设 S 为 K 个符号约有限集。Z 为整数全体的集台，称 Z 到 S 的映射的全体 S^Z 为构形空间。显然 S^Z 就是用 S 中的符号组成的双侧无限的符号序列的全体，即一维元胞自动机的所有构形的集合，称 $a=(\cdots a_{-1}a_0a_1\cdots)$ 为构形空间中的点。

在 S^Z 中引进任意两点 x 和 y，x 和 y 之间距离计算式为：

$$d(x,y) = \sum \delta(x_i, y_i) 2^{-|i|} \tag{5-24}$$

其中，当 $x_i=y_i$ 时，$\delta(x_i, y_i)=0$；当 $x_i \neq y_i$ 时，$\delta(x_i, y_i)=1$，则在 S^Z 中可以

建立起开、闭、紧等拓扑概念。

在 S^Z 中定义移位算子 δ 为 $\delta(x_i)=x_{i-1}, i\in Z$。若连续映射 $F:S^Z\rightarrow S^Z$ 与 δ 可交换，即 $F\delta=\delta F$，或对任意 $x\in S^Z$ 有 $F(\delta(x))=\delta(F(x))$，则称 F 为元胞自动机。

将以上定义扩展到一个任意维空间，所要做的工作只是将 S^Z 记为 $S^{Z\cdot d}$，S^{2r+1} 记为 $S^{(2r+1)\cdot d}$ 等，同时对一些描述作相应的改变即可。

2. 元胞自动机构成

元胞自动机最基本的组成包括元胞、元胞空间、邻居及规则四部分，简单地讲，元胞自动机可以视为由一个元胞空间和定义于该空间的变换函数所组成[169]。

元胞又可称为单元或基元，是元胞自动机最基本的组成部分，元胞分布在离散的一维、二维或多维欧几里德空间晶格点上，状态可以是{0,1}的二进制形式，或是$\{s_0, s_1, \cdots, s_i, \cdots, s_k\}$整数形式的离散集，严格意义上讲，元胞自动机的元胞只能有一个状态变量，但在实际应用中，往往需将其进行扩展，每个元胞可以拥有多个状态变量。

元胞空间(Lattice)为元胞所分布的空间网点集合。从理论角度分析，元胞空间的几何划分可以是任意维数的欧几里得空间规则划分。目前研究多集中在一维和二维元胞自动机上。对于一维元胞自动机，元胞空间划分只有一种，而对于高维元胞自动机，元胞空间的划分则可能有多种形式，通常可按三角形、四边形或六边形三种网格排列(图 5.17)。

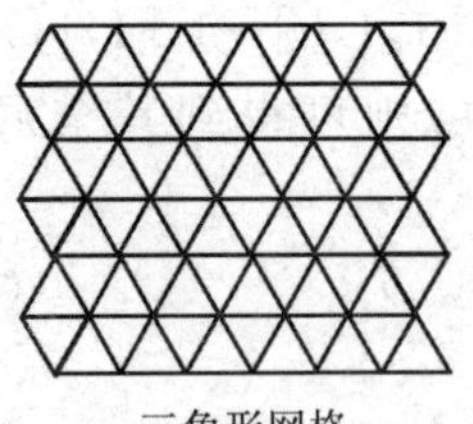
三角形网格

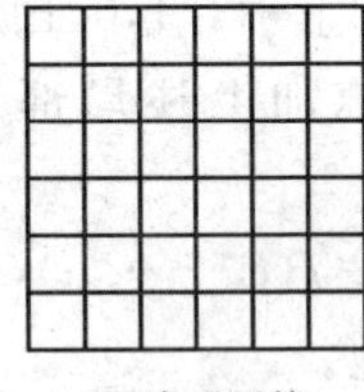
四边形网格

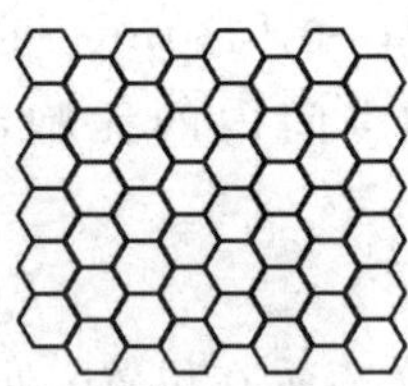
六边形网格

图 5.17 二维元胞的三种网格排列

在理论上，元胞空间通常是在各维向上是无限延展的，这有利于在理论上的推理和研究。但是在实际应用过程中，无法在计算机上实现这一理想条件，因此，需要定义不同的边界条件。归纳起来，边界条件主要有三种类型：周期型、反射型和定值型。周期型(Pehodic Boundary)是指相对边界连接起来的元胞空间。对于一维空间，元胞空间表现为一个首尾相接的“圈”。对于二维空间，上下相接，左右相接，形成一个拓扑圆环面(Torus)，形似车胎或甜点圈。周期型空间与无限空间最为接近,因而在探讨理论时,常以此类空间型作为试验。反射型(Reflective Boundary)是指在边界外邻居的元胞状态是以边界为轴的镜面反射。定值型(Constant Boundary)是指所有边界外元胞均取某一固定常量,如 0、1 等。

另外,这三种边界类型在实际应用中,尤其是二维或更高维数构模时,可以相互结合。如在二维空间中,上下边界采用反射型,左右边界可采用周期型(相对边界中,不能一方单方面采用周期型)。

在元胞、状态、元胞空间的概念基础上,另外一个非常重要的概念是构形(Configuration),构形是在某个时刻,在元胞空间中所有元胞状态的空间分布组合,在数学上,它可以表示为一个多维的整数矩阵。

以上元胞及元胞空间只表示了系统的静态成分,为将"动态"引入系统,必须加入演化规则。在元胞自动机中,这些规则是定义在空间局部范围内的,即一个元胞下一时刻的状态决定于本身状态和它的邻居元胞的状态。因而,在指定规则之前,必须定义一定的邻居规则,明确哪些元胞属于该元胞的邻居。在一维元胞自动机中,通常以半径来确定邻居,距离一个半径内的所有元胞均被认为是该元胞的邻居。二维元胞自动机的邻居定义较为复杂,但通常有以下几种形式(我们以最常用的规则四方网格划分为例)。在图 5.18 中,黑色元胞为中心元胞,灰色元胞为其邻居,它们的状态可用来计算中心元胞在下一时刻的状态。

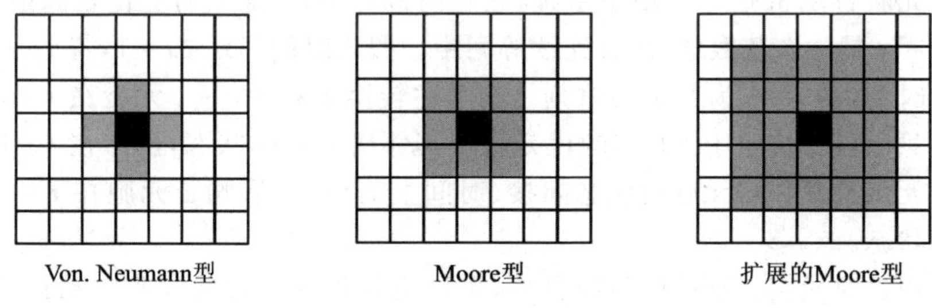

图 5.18　二维元胞的邻居模型

Fig. 5.18　2-D cellular neighborhood model

冯·诺依曼(Von. Neumann)型即一个元胞的上、下、左、右相邻四个元胞为该元胞的邻居,邻居半径 r 为 1,相当于图像处理中的四邻域、四方向,其邻居定义如下:

$$N_{\text{Neumann}}=\{v_i=(v_{ix},v_{iy}),\ \text{s.t.}\ |v_{ix}-v_{0x}|+|v_{iy}-v_{0y}|\leqslant 1,(v_{ix},v_{iy})\in Z^2\} \tag{5-25}$$

v_{ix},v_{iy} 表示邻居元胞的行列坐标值,v_{0x} 表示中心元胞的行列坐标值。对于四方网格,在维数为 d 时,一个元胞的邻居个数为 $2d$。

摩尔(Moore)型是指一个元胞的上、下、左、右、左上、右上、右下、左下相邻八个元胞为该元胞的邻居。邻居半径 $r=1$,相当于图像处理中的八邻域、八方向,其邻居定义如下:

$$N_{\text{Moore}}=\{v_i=(v_{ix},v_{iy}),\\ \text{s. t.}\ |v_{ix}-v_{0x}|\leqslant 1,|v_{iy}-v_{0y}|\leqslant 1,(v_{ix},v_{iy})\in Z^2\} \tag{5-26}$$

v_{ix},v_{iy},v_{0x} 意义同前。此时,对于四方网格,在维数为 d 时,一个元胞的邻居个数为 3^3-1。

扩展摩尔(Moore)型是将以上邻居半径 r 扩展为 2 或者更大,即得到所谓的扩展摩尔型邻居,数学表达式为:

$$N_{\text{Moore}}=\{v_i=(v_{ix},v_{iy}),\\ \text{s. t.}\ |v_{ix}-v_{0x}|+|v_{iy}-v_{0y}|\leqslant r,(v_{ix},v_{iy})\in Z^2\} \tag{5-27}$$

此时,对于四方网格,在维数为 d 时,一个元胞的邻居个数为 $(2r+1)^d-1$。

规则(Rule)是指根据元胞当前状态及其邻居状况确定下一时刻该元胞状态的动力学函数,即状态转移函数。将一个元胞的所有可能状态连同负责该元胞的状态变换的规则一起称为一个变换函数,此函数构造了一种简单、离散空间/时间的局部物理成分,要修改的范围里采用这个局部物理成分对其结构的"元胞"重复修改,这样,尽管物理结构的本身每次都不发展。但是状态在变化,可以记为 $f:s_i^{t+1}=f(s_i^t,s_N^t)$,$s_N^t$ 为 t 时刻的邻居状态组合,称 f 为元胞自动机的局部映射或局部规则。

元胞自动机是一个动态系统,它在时间(*Time*)维上的变化是离散的,即时间 t 是一个整数值,而且连续等间距。假设时间间距 $\Delta t=1$,若 $t=0$ 为初始时刻,则 $t=1$ 为其下一时刻。在上述转换函数中,一个元胞在 $t+1$ 的时刻只(直接)决定于 t 时刻的该元胞及其邻居元胞的状态,虽然在 $t-1$ 时刻的元胞及其邻居元胞的状态间接(时间上的滞后)影响了元胞在 $t+1$ 时刻的状态。

通过对元胞自动机的组成分析,可以更加深入地理解元胞自动机的概念。用数学符号来表示,标准的元胞自动机是一个四元组:

$$A=(L_d,S,N,f) \tag{5-28}$$

式中,A 代表一个元胞自动机系统;L 表示元胞空间、d 是一正整数,表示元胞自动机内元胞空间的维数;S 是元胞的有限的、离散的状态集合;N 表示一个所有邻域内元胞的组合(包括中心元胞),即包含 n 个不同元胞状态的一个空间矢量,记为:

$$N=(s_1,s_2,\cdots,s_n) \tag{5-29}$$

n 是元胞的邻居个数;$s_i\in Z$(整数集合),$i\in\{1,2,\cdots,n\}$;f 表示将 S^n 映射到 S 上的一个局部转换函数。

5.3.2 车辆实体模型及坐标变换

1. PCU 换算方法

现实交通流组成千差万别，按不同车型计算通行能力是不一样的。交通组成不同，单位时间内疏导的车辆数不同。为了使不同交通组成的交通流能够在同样的尺度下进行分析，使其具有可比性，在分析计算通行能力和服务水平时，需要将实际或预测的交通组成中各类车辆交通量换算成标准车当量(PCU)，需要用到车辆换算系数。

标准车当量(Passenger Car Unit，PCU)又称当量交通量，就是将总交通量中各类车辆交通量换算成标准车型交通量之和。

车辆换算系数(Passenger Car Equivalents，PCE)，是指某类型一辆车辆换算成标准车辆数。

根据不同标准，有不同的分类方法。中国当前国情下，比较通用的标准有针对公路交通的各种车辆对标准车的折算系数法(表 5-7)和针对城市道路交通的各种车辆对标准车的折算系数法(表 5-8)[162]。

表 5-7 车辆折算系数表

<table>
<tr><th colspan="3">车 型</th><th>折算系数</th><th>荷载及功率</th><th>备 注</th></tr>
<tr><td rowspan="10">机动车</td><td rowspan="8">汽车</td><td>小客车</td><td>1.0</td><td>额定座位≤19 座</td><td></td></tr>
<tr><td>大客车</td><td>1.5</td><td>额定座位>19 座</td><td></td></tr>
<tr><td>小型货车</td><td>1.0</td><td>载质量≤2 吨</td><td></td></tr>
<tr><td>中型货车</td><td>1.5</td><td>2 吨<载质量≤7 吨</td><td>包括吊车</td></tr>
<tr><td>大型货车</td><td>2.0</td><td>7 吨<载质量≤14 吨</td><td></td></tr>
<tr><td>特大型货车</td><td>3.0</td><td>载质量>14 吨</td><td></td></tr>
<tr><td>拖挂车</td><td>3.0</td><td></td><td>包括半挂车、平板拖车</td></tr>
<tr><td>集装箱车</td><td>3.0</td><td></td><td></td></tr>
<tr><td colspan="2">摩托车</td><td>1.0</td><td></td><td>包括轻骑、载货摩托车及载货(客)机动三轮车等</td></tr>
<tr><td colspan="2">拖拉机</td><td>4.0</td><td></td><td></td></tr>
</table>

续表

<table>
<tr><th colspan="3">车 型</th><th>折算系数</th><th>荷载及功率</th><th>备 注</th></tr>
<tr><td rowspan="3">非机动车</td><td rowspan="2">人畜力车</td><td>畜力车</td><td>4.0</td><td></td><td></td></tr>
<tr><td>人力车</td><td>1.0</td><td></td><td>包括人力三轮车、手推车</td></tr>
<tr><td colspan="2">自行车</td><td>0.2</td><td></td><td>包括助动车</td></tr>
</table>

表 5-8 城市道路交通各种车辆对标准车的换算系数

车型	路段	环形平交	设信号平交
小型车	1.0	1.0	1.0
中型车	1.5	1.4	1.6
大型货车、公共汽车	1.5	1.5	1.6
拖挂车、铰接车、大货车	2.0	2.0	2.5
摩托车	0.5	0.5	0.5
自行车	0.2	0.2	0.2

2. 当量交通量

根据上述换算标准，给出当量交通量换算计算公式：

$$V_e = V \times \sum_{i=1}^{k} P_i E_i = V\left[1 + \sum_{i=1}^{k} P_i (E_i - 1)\right] \tag{5-30}$$

式中，V_e 为当量交通量（PCU）；V 为总的自然交通量（辆）；P_i 为第 i 类车交通量占总交通量的百分比（%）；E_i 为第 i 类车的车辆换算系数。

3. 几何坐标变换

根据前面对 CA 模型及车辆换算系数的讨论，仿真系统中一般以一类或几类固定尺寸的几何图形来表示车辆元胞模型，一辆仿真标准车在仿真系统中以四个顶点的四边形表示：

$$\text{Car}=(p_1, p_2, p_3, p_4) \tag{5-31}$$

式中，$p_1=(x_1, y_1)$，$p_2=(x_2, y_2)$，$p_3=(x_3, y_3)$，$p_4=(x_4, y_4)$

在笛卡尔坐标系中，其表示为图 5.19。

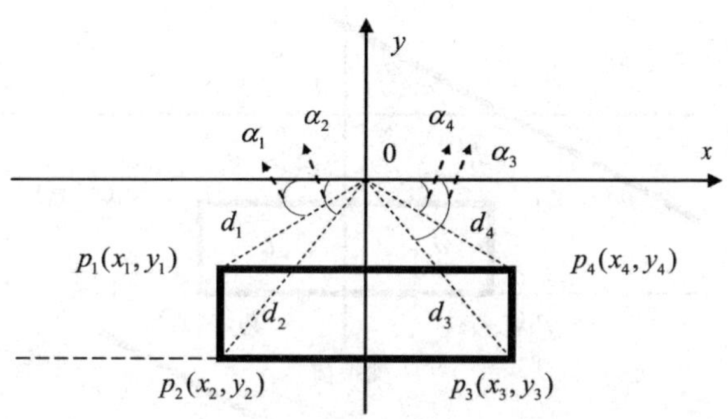

图 5.19　CA 车辆模型的几何坐标

根据勾股定理，可知 CA 车辆模型的各个顶点距离原点的距离分别计算如下：

$$d_1=\sqrt{(x_1)^2+(y_1)^2} \tag{5-32}$$

$$d_2=\sqrt{(x_2)^2+(y_2)^2} \tag{5-33}$$

$$d_3=\sqrt{(x_3)^2+(y_3)^2} \tag{5-34}$$

$$d_4=\sqrt{(x_4)^2+(y_4)^2} \tag{5-35}$$

CA 车模型各顶点与 x 坐标轴的角度分别计算如下：

$$\alpha_1=\arctan2(y_1/x_1) \tag{5-36}$$

$$\alpha_2=\arctan2(y_2/x_2) \tag{5-37}$$

$$\alpha_3=\arctan2(y_3/x_3) \tag{5-38}$$

$$\alpha_4=\arctan2(y_4/x_4) \tag{5-39}$$

上面讨论了 CA 车辆模型中笛卡尔坐标系中的坐标关系，实际上车辆一般在道路上行驶，尤其与车道线的方向、角度等参数有着紧密的联系，下面进一步探讨一下在车道线上车辆坐标的变换问题(图 5.20)。

在车道线非平行于坐标轴时，设与 x 轴夹角为 β，则车辆投影到该车道线上相当于旋转了 β 角度(顺时针和逆时针旋转根据情况而定)，分别如图 5.20 所示。根据几何坐标变换关系重新计算 CA 车辆模型各个顶点在新坐标系中的新坐标值，顶点 p_1 新坐标 $p_1'(x_1', y_1')$：

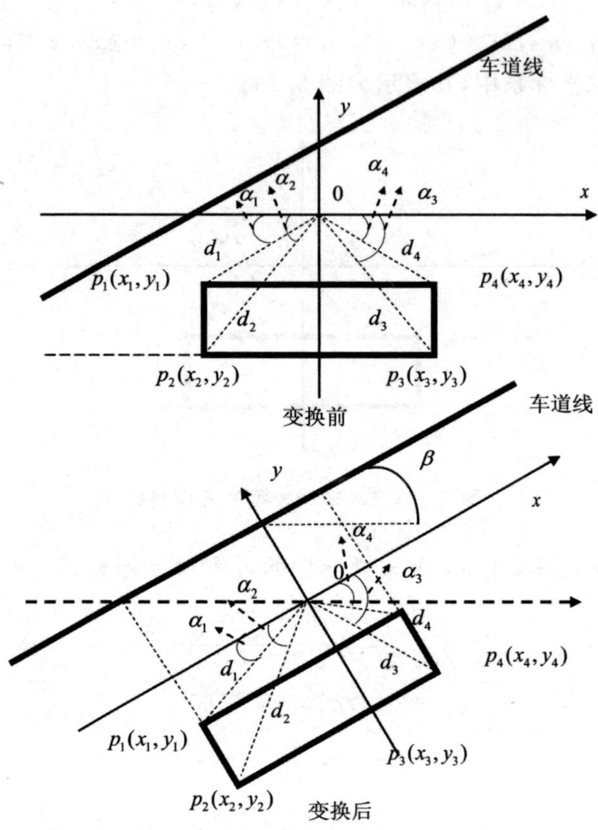

图 5.20 车道线上 CA 车辆模型坐标变换

$$x_1' = d_1 \times \cos(\alpha_1 + \beta)$$
$$= \sqrt{(x_1)^2 + (y_1)^2} \times \cos(\arctan2(y_1/x_1) + \beta) \tag{5-40}$$
$$y_1' = d_1 \times \sin(\alpha_1 + \beta)$$
$$= \sqrt{(x_1)^2 + (y_1)^2} \times \sin(\arctan2(y_1/x_1) + \beta) \tag{5-41}$$

同理得到其他各顶点变换后的坐标值。

顶点 p_2 新坐标 $p_2'(x_2', y_2')$：

$$x_2' = d_2 \times \cos(\alpha_2 + \beta)$$
$$= \sqrt{(x_2)^2 + (y_2)^2} \times \cos(\arctan2(y_2/x_2) + \beta) \tag{5-42}$$
$$y_2' = d_2 \times \sin(\alpha_2 + \beta)$$
$$= \sqrt{(x_2)^2 + (y_2)^2} \times \sin(\arctan2(y_2/x_2) + \beta) \tag{5-43}$$

顶点 p_3 新坐标 $p_3'(x_3', y_3')$：

$$x_3' = d_3 \times \cos(\alpha_3 + \beta) \\ = \sqrt{(x_3)^2 + (y_3)^2} \times \cos(\arctan2(y_3/x_3) + \beta) \quad (5\text{-}44)$$

$$y_3' = d_3 \times \sin(\alpha_3 + \beta) \\ = \sqrt{(x_3)^2 + (y_3)^2} \times \sin(\arctan2(y_3/x_3) + \beta) \quad (5\text{-}45)$$

顶点 p_4 新坐标 $p_4'(x_4', y_4')$：

$$x_4' = d_4 \times \cos(\alpha_4 + \beta) \\ = \sqrt{(x_4)^2 + (y_4)^2} \times \cos(\arctan2(y_4/x_4) + \beta) \quad (5\text{-}46)$$

$$y_4' = d_4 \times \sin(\alpha_4 + \beta) \\ = \sqrt{(x_4)^2 + (y_4)^2} \times \sin(\arctan2(y_4/x_4) + \beta) \quad (5\text{-}47)$$

至此，完成了CA车辆模型旋转坐标计算，为实际绘图确定了算法模型。

4. 车辆与驾驶员的集合对应关系

交通流队列由 N 辆车组成，每辆车对应一个驾驶员，共有 M 种类型驾驶员（非常冒进型、冒进型、中性型、保守型、比较保守型、非常保守型等），则车辆和驾驶员类型之间的关系模型描述如图5.21所示。

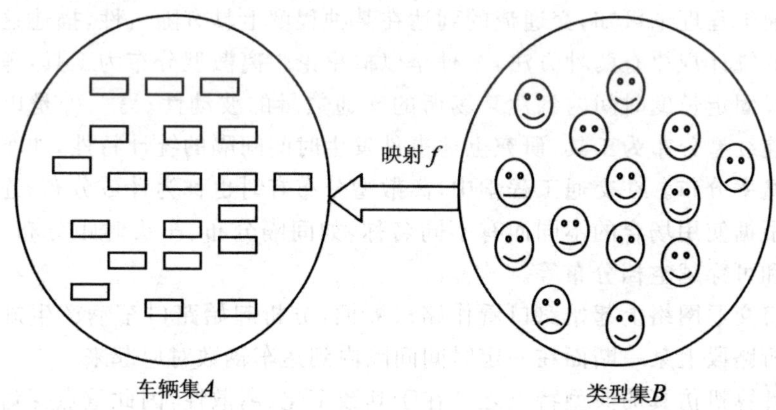

图5.21　映射关系

设车辆集合表示为 $A=(a_1, a_2, \cdots, a_N)$，驾驶员类型集合表示为 $B=(b_1, b_2, \cdots, b_M)$，给出如下映射函数关系：

$$f(A) \to B \quad (5\text{-}48)$$

映射函数 f 表示方法有多种，考虑到驾驶员类型的描述具有较强的主观性，适合用模糊隶属度函数概念表述（图5.22）。

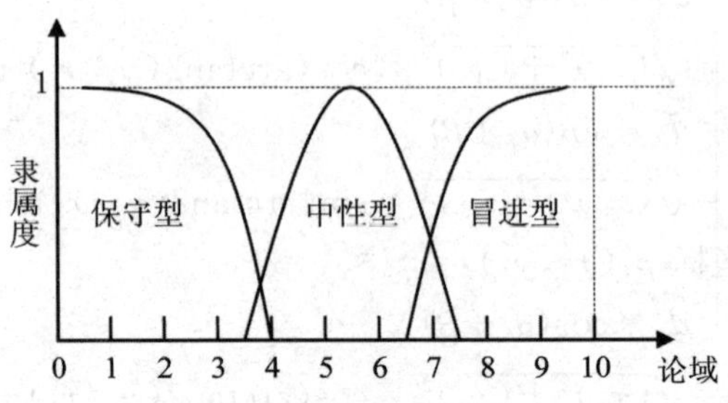

图 5.22 驾驶员类型隶属度函数

给出随机数函数 Rand(0,10)，在每次产生一辆车的时候，触发该随机函数，产生一个 0～10 的随机数，根据随机数数值和各种类型驾驶员隶属度函数确定对应车辆的驾驶员类型。

5.3.3 车辆断面生成法

在仿真网络中，CA 车辆模型的产生规律决定着进入交通网络车辆数，由交通工程理论可知，交通流的到达在某种程度上具有随机性，描述这种随机性的统计规律有两种方法：一种是以概率论中离散型分布为工具，考察组在一段固定长度时间内到达某场所的交通数量的波动性；另一种是以概率论中连续型分布为工具，研究上述事件发生时间间隔的统计特性，如车头时距的概率分布。在交通工程学中，离散型分布有时也称为计数分布；连续型分布根据使用场合的不同而有不同名称，如间隔分布、车头时距分布、速度分布和可穿越空档分布等。

将交通网络上起始路口看作路段断面，分析起始路口车辆产生规律便与分析路段上某一断面在一定时间间隔内到达车辆数对应起来。

计算机仿真的典型特点之一在于其数字化、离散性，因此重点探讨三类离散模型。

1. 平均分布模型

设定车辆产生周期为 t_{fix}，当前时针计数时间为 T，则模型为：

$$p_t=\begin{cases}0,\ t\%t_{\mathrm{fix}}\neq 0\\1,\ t\%t_{\mathrm{fix}}=0\end{cases}\tag{5-49}$$

若 $p_t=0$，表示没有车辆产生；若 $p_t=1$，表示产生一辆车。

2. 泊松分布模型

设时间间隔为 t,平均到车率为 λ,自然对数底为 e,则在计数间隔 t 内到达 k 辆车概率 p_k 模型如下:

$$p_k=\frac{(\lambda t)^k}{k!}e^{-\lambda t} \tag{5-50}$$

令 $m=\lambda t$,即在计数间隔 t 内平均到达车辆数,则 m 为泊松分布的参数。

3. 随机分布模型

设计时时刻为 t,随机数函数为 Rand(0,n),则车辆产生模型表示为:

$$p_t=\text{Rand}(0,n) \tag{5-51}$$

表示在时刻 t、产生车辆数为 0～n 之间的随机数,根据实际情况,在路网起始断面路口上,n 一般小于最大车道数。

5.3.4 程序实现

1. 车辆绘制模块

基于 CA 模型的车辆特征参数,根据仿真需要,采用简化车辆模型,即长方形式的标准小客车(PCU)。规定 IC PCU 长为 4m,宽为 1.8m,颜色为粉红色;大型车长为 8m,宽为 2m,颜色为黄色(图 5.23)。

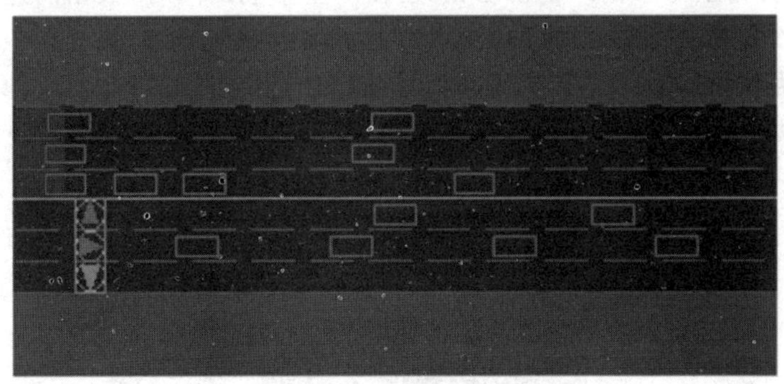

图 5.23 IC PCU 示意图

在车辆模型绘制时,采用异或画笔,即如下方式设置画笔模式 dc. SetROP2(R2_XORPEN),从而在定时器事件中定时使用画笔实现模型的擦除和新位置重绘。车辆在车道上的位置是根据车辆各个顶点与基点的距离和倾斜角度以及路段倾斜角度计算所得(见前述坐标计算),如图 5.24 所示。

```
CPoint Point[4];
for(short i=0;i<4;i++)
{
    //取汽车图形坐标各顶点相对于基点的角度和距离
    if (IsBus==TRUE)
    {
        x=(short)(m_slop_bus[i]*cos(angle+m_ang_bus[i])+0.5)
        y=(short)(m_slop_bus[i]*sin(angle+m_ang_bus[i])+0.5)
    }
    else
    {
        x=(short)(m_slop[i]*cos(angle+m_ang[i])+0.5);
        y=(short)(m_slop[i]*sin(angle+m_ang[i])+0.5);
    }
    //变换后存入临时数组
    Point[i].x=(int)((double)(x+Car_Point.x)*
        m_New_Draw_Rate+0.5)-m_N_Point.x;
    Point[i].y=(int)((double)(y+Car_Point.y)*
        m_New_Draw_Rate+0.5)-m_N_Point.y;
}
//----画------
dc.MoveTo(Point[0]);
for(i=1;i<4;i++)
    dc.LineTo(Point[i]);
dc.LineTo(Point[0]);
```

图 5.24　绘制 IC 程序截图

2. 断面车辆产生模块

首先判断出给定地图中所有断面路口,然后按照设定要求产生 CA 车辆,驾驶员类型与车辆产生密切相关,在产生车辆的同时,根据前述模型,随机产生一名指定类型(冒进型、保守型等)驾驶员赋予该车辆。

车辆产生方式分三种,即定时产生、随机产生和泊松分布产生,具体产生方式可以根据研究需要从汽车出发点信息与设置对话框中(图 5.25)设定。

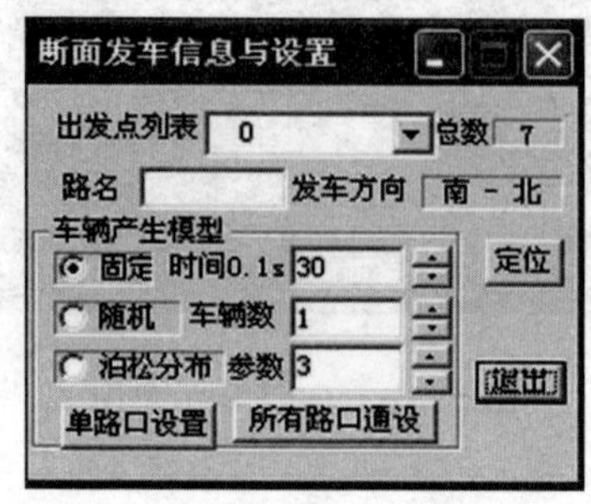

图 5.25　车辆生成参数设置界面

需要注意的是:VC 编译环境中的时间是以 0.1s 为单位(这与设定的 Timer 时长有关),故图 5.25 中 30s 实际时间是 3s,即表示以 3s 为单位定时产生车辆。

车辆及对应驾驶员类型程序实现流程如图 5.26 所示。

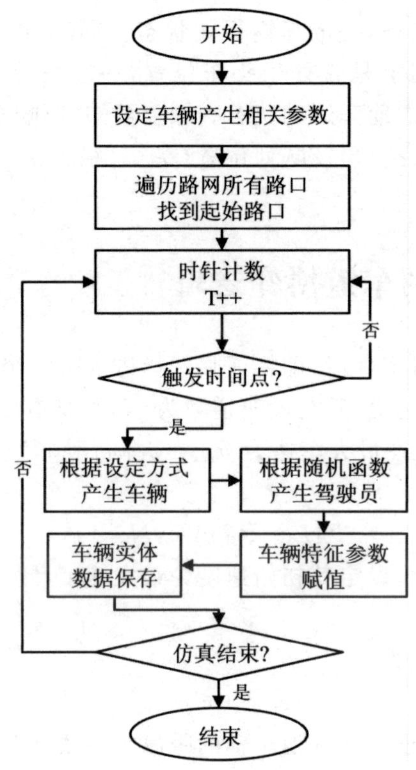

图 5.26　车辆生成逻辑流程

上述模块核心代码可见附录 3 和附录 4。

5.4　车辆运动与信号灯模块

微观交通仿真模型基本构成包括车辆行驶行为模型、交通控制状态模型、交通管理状态模型和道路几何状态模型。其中,车辆行驶行为模型通过对车辆在各种约束条件下行驶行为来反映交通网的交通状态,是模型体系的核心。

确定车辆运动状态应根据车辆上一时刻位置、所在道路位置(路段、路口)、所在车道判断该车道左右相邻车道上同时行驶车辆的类型、位置和本车道前、后行驶车辆的类型、位置等因素。若车辆位置是在路段上,一般通过上一时间步该车位置和前面车辆类型、位置,确定该车辆运动状态。若车辆位置到达交叉路口,除上述因素外,还应判断车辆转向而选择转向车道,以及路口信号灯的状态,决定车辆行驶状态。同时,以路段为基本单元,还应考虑车辆在该队列上是否处于头车位置,一般情况下,头车行驶较为自由;而跟驰车则要考虑前车运动状态。综上可知,影响车辆运动状态的因素包括车辆位置(路段、路口)及队列位置(头车、跟驰车),下面根据该分类分别进行讨论分析。

5.4.1 入网车道博弈逻辑

车辆在断面路口产生后,即将面临选择进入哪一个车道作为入口情况,为此,给出如下概率选道函数:设车道数为 N,则车道编号分别为 $n=\{0,1,2,\cdots,N-1\}$,道路允许最大车速为 $v_{\max}$,选择行驶车道为 L_i,$0\leqslant i\leqslant N-1$,则其计算模型为:

$$F: L_i=\text{Rand}(0,N-1) \tag{5-52}$$

车辆进入车道时,设定其初始速度为最大速度计算式:

$$v_t \to v_{\max} \tag{5-53}$$

位置更新方程式为:

$$x_{t+1} \to x_t + v_{\max} \tag{5-54}$$

进入车道后,将根据与其他车辆的距离关系改变车速,如图 5.27 所示。

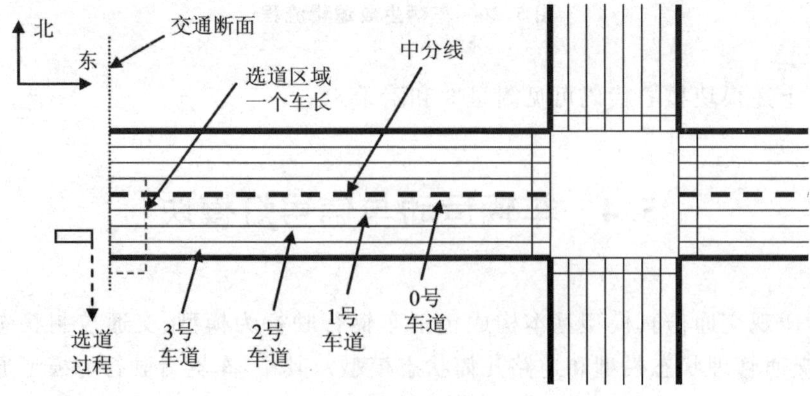

图 5.27 车辆在交通断面的选道过程

5.4.2　车辆运动逻辑

设一辆车自道路断面产生，进入车道开始，面临接踵而至的决策选择，保持与前车距离，既不能太近也不能太远；在合适的情况下，根据临道车流情况进行变道超车；前导车(leading car)刹车情况下，进行有目的地减速行驶；接近路口时，根据转向，选择合适的行驶/停车道；在距离路口一定范围内，适时观察路口交通信号灯状态，红灯停车，绿灯继续或加速行驶等，则上述整个流程可以用图 5.28 进行表达。

以车辆运动所在道路阶段划分，主要有 5 个子模块：IC 在交通断面(起始点)运动子模块、IC 在路段运动子模块、IC 到达停车线子模块、IC 正通过路口子模块、IC 过完路口子模块。

以运动状态划分，主要有 4 个子模块：在路口选择出口行驶子模块、变速行驶子模块、变车道行驶子模块、避撞行驶子模块。

(1) IC 在交通断面运动子模块。

```
if IC 在起点路口
    then 取得路口及相连路段的信息
    and 根据路口相连路段的端点类型(0 or 1)确定出与该路段相连的下一位置单
    元的信息(including 单元编号、端点、类型)及 IC 的行车方向
    and next 决定 IC 行驶的车道及该车道始末端点坐标值
    last 确定出 IC 的车速，绘制 IC 的车体，并保存该 IC 的信息进 IC 结构变量
```

(2) IC 在路段运动子模块。

```
if IC 在路段
    then first 取出路段信息，车道坐标及角度
    next 确定下一行驶单元的类型及相关信息，确定 IC 的行驶状态
    last 判断 IC 是否到达路口停车线，并确定 IC 的行驶状态，绘制 IC 实体，同时
    将其保存至 IC 结构体中
```

(3) IC 到达停车线子模块。

```
if IC 到达停车线
    then first 记录 IC 当前运动的位置参数，并判断是否到达路段终点
    if 到达路段终点
    then 计算 IC 性能参数
    (平均车速、平均停车次数和平均延误时间)
    else 继续
```

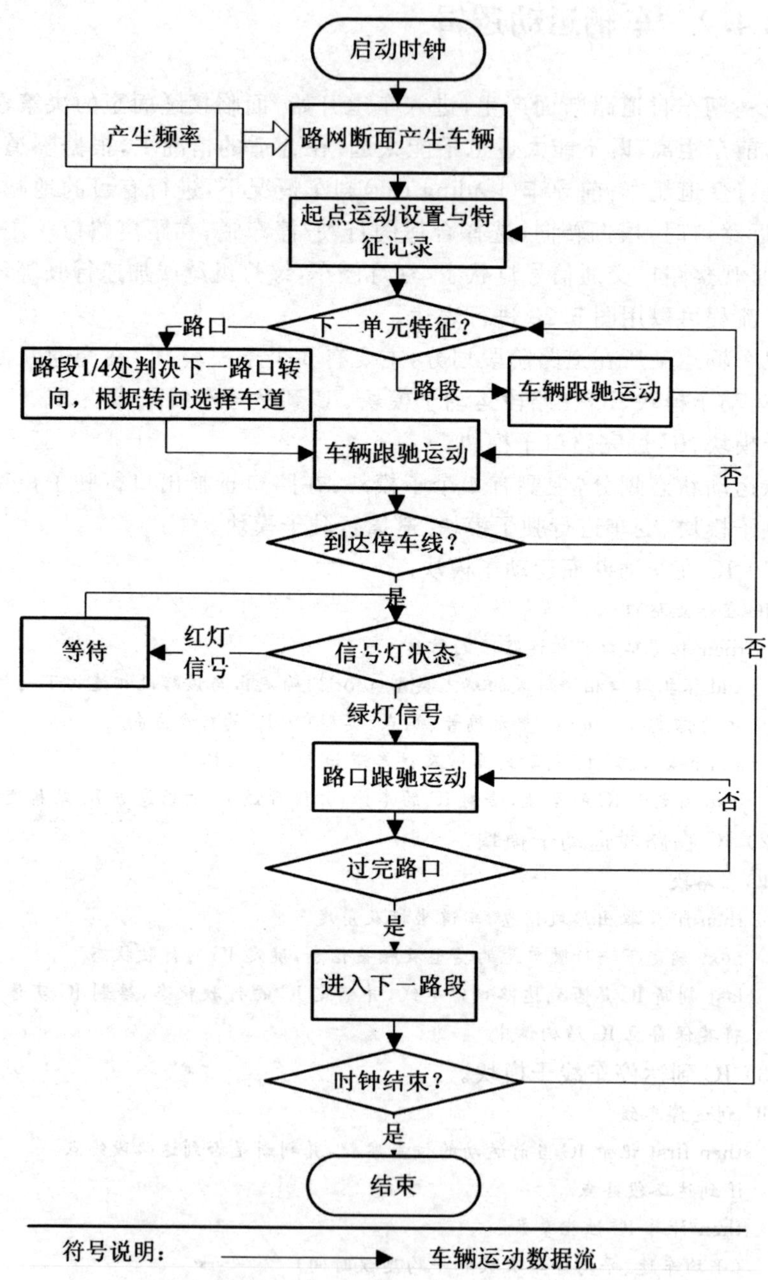

启动时钟
产生频率
路网断面产生车辆
起点运动设置与特征记录
下一单元特征？
路口
路段1/4处判决下一路口转向，根据转向选择车道
路段
车辆跟驰运动
车辆跟驰运动
否
到达停车线？
是
等待
红灯信号
信号灯状态
绿灯信号
否
路口跟驰运动
否
过完路口
是
进入下一路段
时钟结束？
是
结束
符号说明：
车辆运动数据流

图 5.28　车辆运行逻辑

next 根据信号灯颜色状态和 IC 的转车方向确定 IC 的下一步运动状态（转向、位置类型、车速）

last 绘制 IC 实体，并保存

（4）IC 正通过路口子模块。

if IC 正通过路口

then first 计算路口起始线路

next 计算行驶车速，实时更新 IC 的行驶坐标点，并同时计算其是否过完路口

last 根据位置参数绘制 IC 实体并保存

（5）IC 过完路口子模块。

if IC 过完路口

then 计算 IC 当前坐标及下一路段数据，确定出 IC 新的行驶道路始末点坐标，并实时计算 IC 的车速，更新其位置坐标

last 根据 IC 的实时参数，绘制 IC 实体并保存

（6）在路口选择出口行驶子模块。

一般而言，一个路口有四个方向（十字形路口），如果有三个道路交叉，则称丁字形路口。

If IC 在入口要选择出口

then 取出路口数据，并计算出入口的个数，利用随机函数 Rand(1,80,&v,p,1)产生随机种子 v

last 利用函数 Rand(1,prob_num,v,prob,1)产生随机分布的随机数 prob，根据此随机数确定出口编号

（7）变速行驶子模块。

first 确定当前路段上所有 IC 与指定 IC 距离最近的车为参考 IC，求出其速度值作为参考

next 判断行驶单元的类型

if 是路段

then 在拐弯处减速

else if 是路口（交叉路口）

then 判断信号灯的颜色状态

if 不是绿灯

then 根据距停车线的距离减速

else 一般路段情况下

根据指定 IC 的参考 IC 之间的距离及参考 IC 的车速确定指定 IC 的车速 last 求出指定 IC 的行驶车速

（8）变车道行驶子模块。

if 指定 IC 在车道上行驶，选择新的车道号

if 只有一个车道

```
    then 不能变道
    else
      first 判断邻近车道是否有车,确定能否便道
      next 根据到下一位置单元转向的选择确定新的车道号
    else if 指定 IC 转弯处换道行驶
        first 计算车辆数少的车道
        next  判断能否变道
          if 能变道 then 换到车辆数少的车道
    last 结束
```

(9) 避撞行驶子模块。

如果指定 IC 和参考 IC 之间的距离小于 1m,则认为是撞车事件。

对撞车事件的处理,我们采取主撞车自动销毁的方法来体现避撞状态,即:

```
if 两指定 IC 和参考 IC 之间距离小于 1m
    then 将指定 IC 从 IC 数组中销毁,同时改变相应的 IC 记录信息
```

5.4.3 信号灯控制逻辑

现实中交通信号是规范交通系统稳定有序运转的主要手段之一,仿真系统中信号灯作用同样重要,而且要兼顾美观和实用两个方面,涉及信号灯绘制和信号控制配时设计、相位时间实时更新等内容(图 5.29)。

以下交通信号灯用 TSL 简称。

模块主要包括 4 个子模块:TSL 颜色数组子模块、TSL 坐标计算子模块、TSL 时间状态设置子模块、TSL 状态控制子模块。

1. TSL 颜色数组子模块

设置整型二维数组,数组前下标代表信号灯状态值,数组后下标代表 IC 行驶方向,0 为标识左转,1 为标识直行,2 为标识右行。数组数值标识信号灯颜色状态代表值,1 为标识红色,2 为标识黄色,3 为标识绿色,如图 5.30 所示。

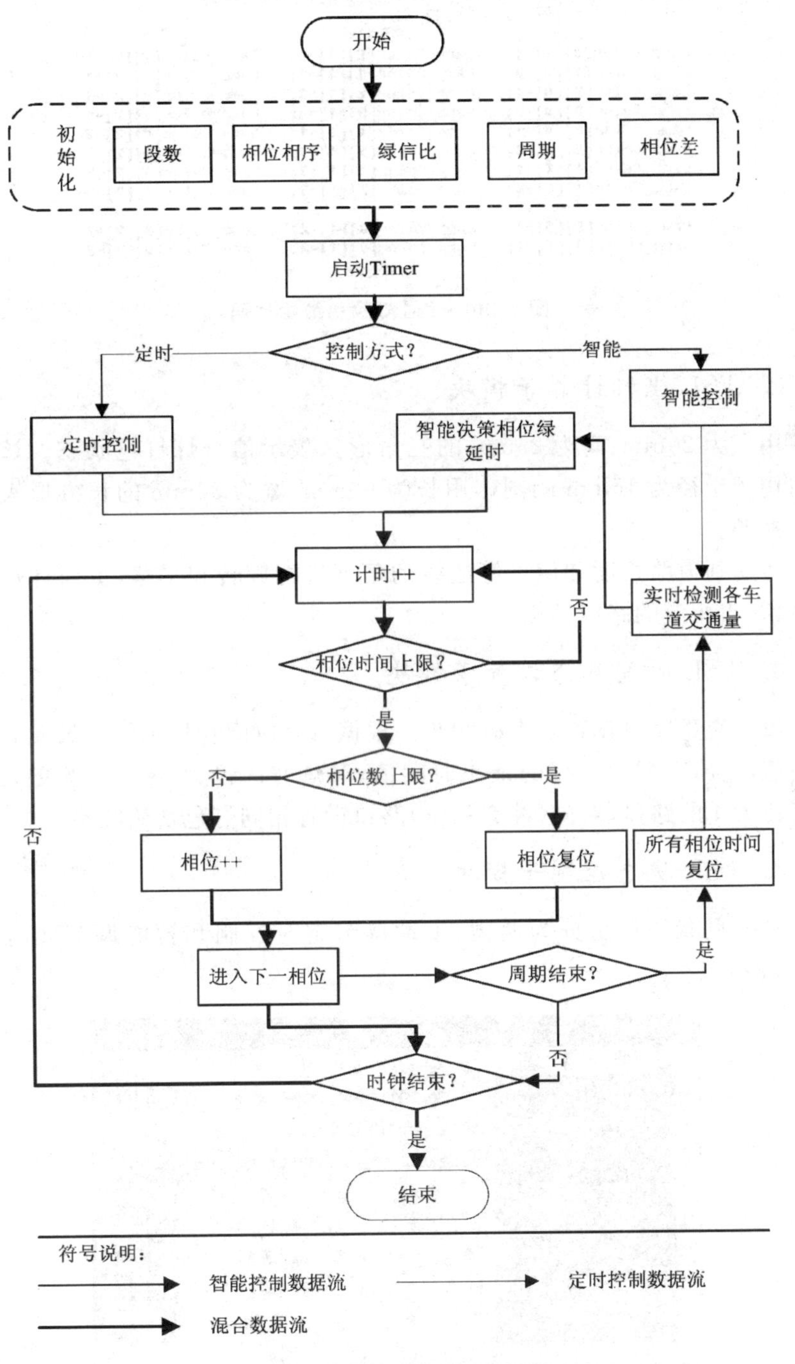

图 5.29　交通信号控制逻辑

```
//信号灯状态对应的颜色表：(等式右边 红1  黄2  绿3)
//前下标为状态值，后下标为方向：
//         左行0                  直行1                   右行2
Lamp_Color[0][0]=1;    Lamp_Color[0][1]=1;    Lamp_Color[0][2]=1
Lamp_Color[1][0]=3;    Lamp_Color[1][1]=1;    Lamp_Color[1][2]=1
Lamp_Color[2][0]=1;    Lamp_Color[2][1]=3;    Lamp_Color[2][2]=1
Lamp_Color[3][0]=3;    Lamp_Color[3][1]=3;    Lamp_Color[3][2]=1
Lamp_Color[4][0]=1;    Lamp_Color[4][1]=1;    Lamp_Color[4][2]=3
Lamp_Color[5][0]=3;    Lamp_Color[5][1]=1;    Lamp_Color[5][2]=3
Lamp_Color[6][0]=1;    Lamp_Color[6][1]=3;    Lamp_Color[6][2]=3
Lamp_Color[7][0]=3;    Lamp_Color[7][1]=3;    Lamp_Color[7][2]=3

Lamp_Color[8][0]=2;    Lamp_Color[8][1]=2;    Lamp_Color[8][2]=2
Lamp_Color[9][0]=2;    Lamp_Color[9][1]=2;    Lamp_Color[9][2]=3
```

图 5.30 信号灯颜色数组代码

2. TSL 坐标计算子模块

用底为 20mm、高为 25mm 的三角形来表示信号灯灯色状态。该三角形内切于半径为 15mm 的圆。用长为 90mm、宽为 30mm 的长方形表示信号灯框架。

考虑到道路角度和信号灯边线的角度进行旋转和平移，更新计算其坐标值，存入相应的路口结构中。

3. TSL 时间状态设置子模块

每一交叉路口设置 8 个时间步。根据每一时间步灯色状态设置其时间初始值，定出直行和左行的最小时间值，黄灯时间设为 3s。对于交叉路口支路数为 4 的路口，对向(冲突相位)路口设置相同灯色初始状态。

4. TSL 状态控制子模块

TSL 的状态控制分为两类：手动调节定时控制和智能调节实时控制(图 5.31)。

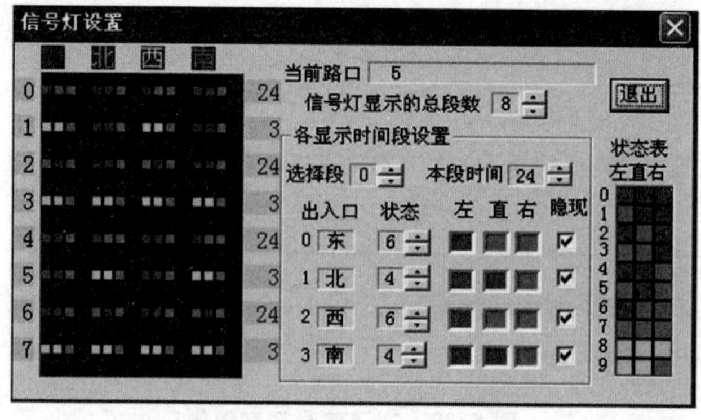

图 5.31 信号灯设置界面

该信号灯手动设置对话框单独设为一类，其主要功能是将手动设置的各个路口信号灯各参数（步长、相位时长、相位组合方案）保存并反送回视图类和文档类路口信号灯结构，以便实时更新信号灯灯色状态（图 5.32）。

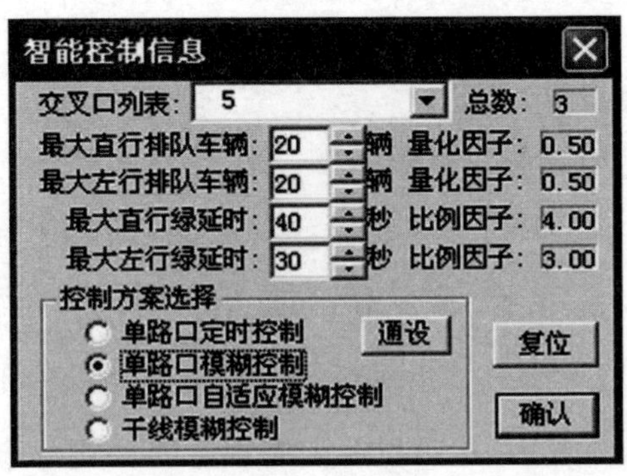

图 5.32　信号灯控制模式设置界面

控制模式中给每一种控制方式设定标识：0 为单路口模糊控制；1 为变相位控制；2 为干线协调模糊控制；3 为路口定时控制。在选择了控制方式的基础上，调用相应控制器实现信号灯实时控制。

5.4.4　定时器

Timer 是仿真系统动态化引擎，正是 Timer 事件定时触发，保证了整个系统数据参数实时更新，画面实时刷新，信号灯颜色定时改变，IC 运动位置更新等。也正是 Timer 将各个模块在时间与空间两个维度上有机关联起来，呈现出整体化效果。

1. 定时器的设置

定时器是以固定时间间隔产生 WM_TIMER 事件的 Windows Message（WM）。仿真系统中设置定时器函数是 UINT SetTimer（UINT nIDEvent，UINTnElapse，void（CALLBACKEXPORT * lp-fnTImer）（HWND，UINT，UINT，AWORD））；函数中第一个参数指定了定时器的 ID，第二个参数指定了 Timer 的时间间隔，单位是毫秒；第三个参数指出了处理该消息的回调函数地址，如果设为 NULL，则 WM_TIMER 消息放在应用消息队列中，并被 CWnd 对象处理。杀死定时器是用函数 BOOL KillTimer(int nIDEvent)实现，函数中形式参数表示是要被杀死定时器的 ID。

2. 系统中定时器的主要应用—视图类定时器的功能

视图类中主要设置四个定时器，编号为0～3，其功能分别为：

- Timer 0 主要完成产生模拟IC。
- Timer 1 主要完成信号灯实时显示。
- Timer 2 模拟IC运动。
- Timer 3 调用数据库数据。

5.5 仿真应用

在分析交通溢流成因、机理以及控制理论的基础上，通过仿真手段验证理论的正确性，需要针对UTSS系统进行升级改造，包括交通溢流条件设置，交通溢流控制方案实现，针对交通溢流控制过程中各类交通流数据（如交通流量、溢流队列长度、路段延误、平均速度等参数）设计合理采集方案，以方便后期分析处理，设计出不同的控制方案，控制方式情况下对比流程，以评价提出的算法优劣等。在介绍溢流仿真基本流程的基础上，以实际应用实例让仿真系统更直观地呈现在读者面前。

5.5.1 微观模型验证仿真应用

主要是指本章提出的CA-CF交通流模型仿真验证应用。在随机产生交通车流的情况下，设定仿真车方式，选定合适路段（本文所选为主干路段），反复仿真，实时记录测试车即时车速、实时车头间距、所在位置等特征参数，在多次仿真数据中随机选取一定数量的数据样本，进行统计分析，验证模型正确性。

微观模型验证仿真应用基本流程如图5.33所示。

5.5.2 溢流特性分析仿真应用

交通溢流特性分析是指在设置交通溢流产生条件的情况下，通过设置相应的交通流数据采集方案，在一定的空间内按照适宜时间单位采集交通流参数，如交通流量、平均速度等，借助统计分析方法和工具（如Matlab）实现数据处理分析，发现规律，在交通溢流感性认识的基础上，深入挖掘，给出定量描述，给人以直观印象与认识。

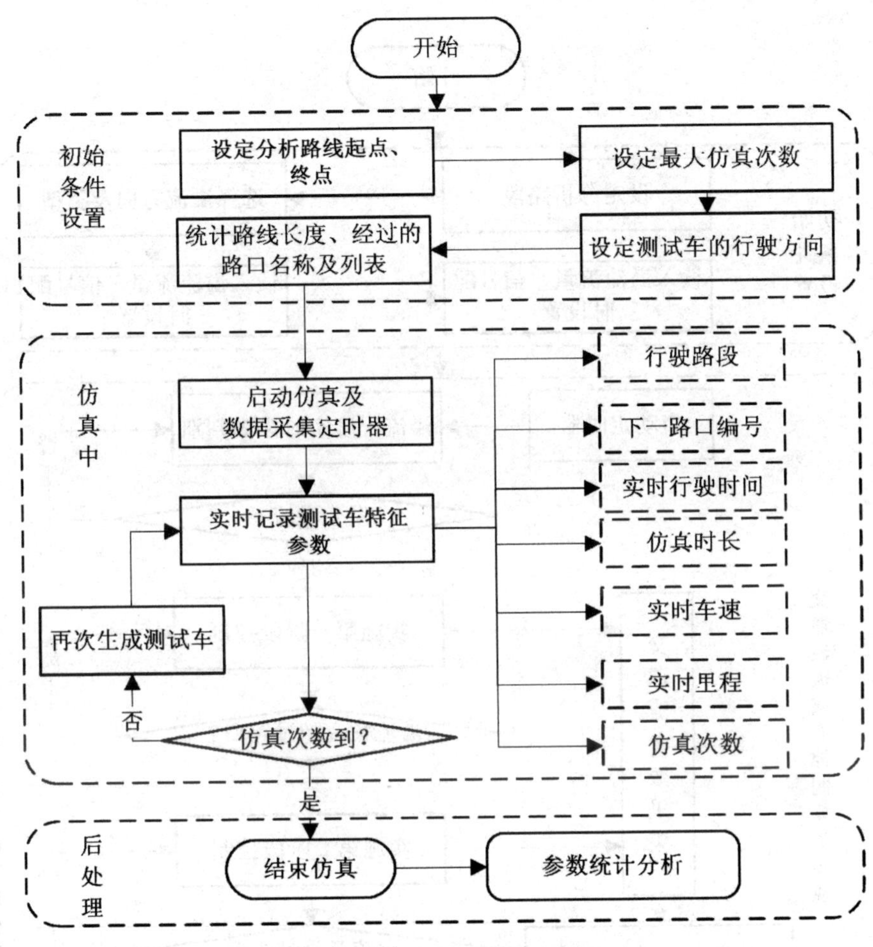

图 5.33　交通流建模仿真逻辑

本章所用方法:在溢流路段设置 10 个检测线圈,采集区间为 9(10－1)个,设定采集时间周期,实时记录各个采集区间内及整条道路交通流量(或交通密度)、平均车速等参数,每个线圈区间记录为一个 DAT 文件,整条道路记录为一个 DAT 文件,仿真结束后,针对采集到的交通流数据进行统计分析。

该流程类似微观模型验证仿真流程,流程图略去。

仿真流程包括两大部分:初始条件设置和交通溢流核心控制算法,具体见图 5.34。

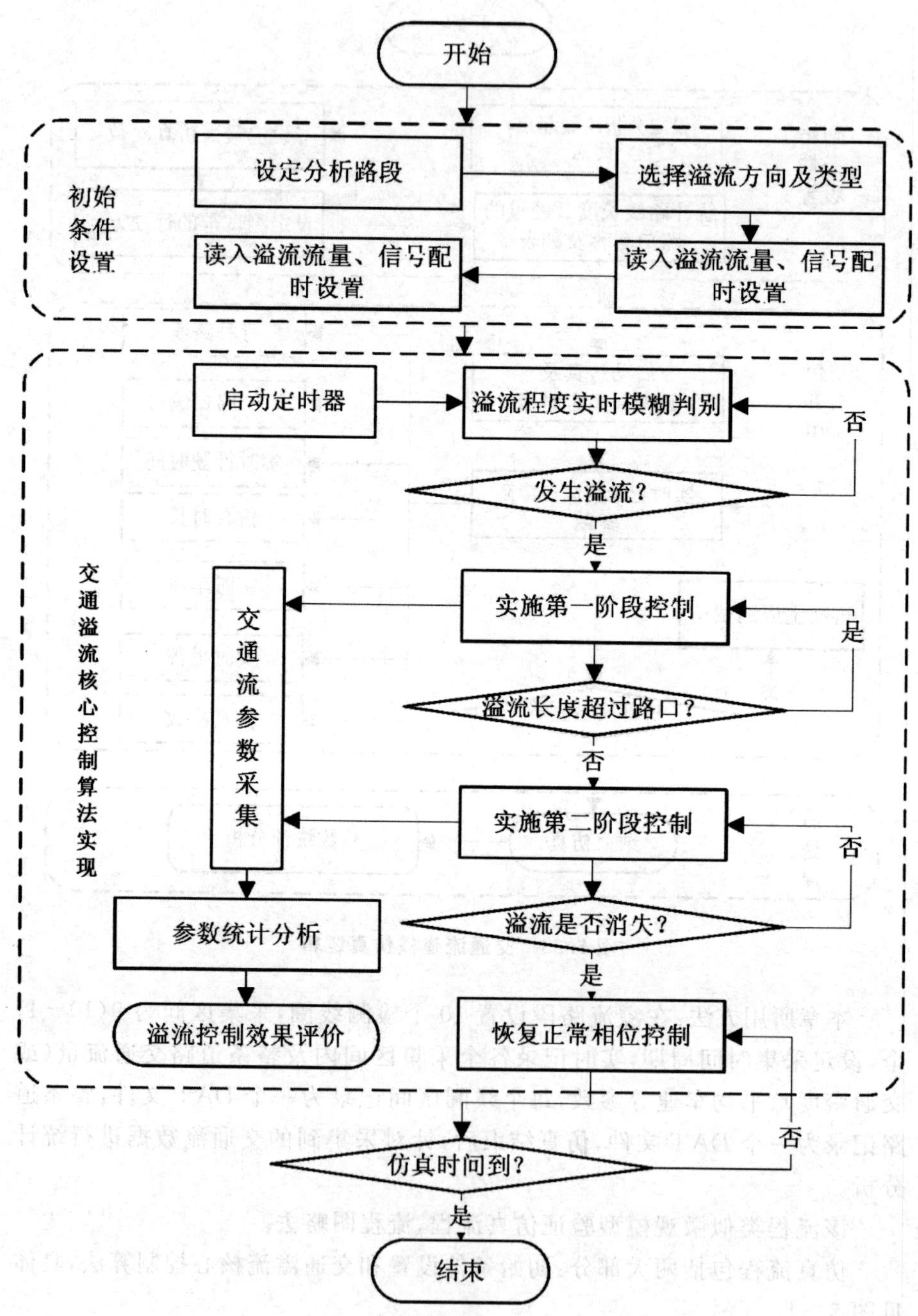

图 5.34　交通溢流控制仿真实现流程

本章小结

交通流微观仿真系统(UTSS)平台是实现本章核心算法、验证理论正确与否的关键系统，借助该平台，实现了现实中不可能实现的很多想法，如同一交通场景反复模拟等，进而优化算法，仿真结果也与经验和实际数据相符合，进一步证明了该平台的可信性和重要性。

第6章 总结与展望

一、本书创新点

本书主要创新点在于如下三个方面：

（1）在交通溢流属于主观性认知的基础上，对交通溢流的严重程度等级进行模糊划分，提出以模糊推理识别交通溢流现象，建立了交通溢流识别逻辑思路和理论框架。

（2）在交通流建模方面，基于控制理论分析了交通流系统动态特性；提出一种新的交通流跟驰模型，即道路弯道条件下的交通流跟驰模型，引入圆周运动的思想及算法，扩展了现有跟驰模型的研究范围；另外，引入信号灯作用函数，结合元胞模型和跟驰模型特点，提出跟驰元胞交通流模型。

（3）在交通溢流智能控制方面，将模糊理论、神经网络、专家系统等工智能的思想有机结合，引入交通溢流控制过程中，提出了一套较为完整解决问题的思路和算法框架，为智能化解决交通溢流控制问题奠定了基础。

二、研究展望

本书的研究工作还存在以下不足，有待进一步改进：

（1）交通溢流具有“传染性”，会从单个路段逐渐扩散到其他关联路段，这种扩散有何种规律及特性，交通溢流波波动特性过程的波速定量分析等是下一步研究的重点。

（2）单路段交通溢流特性及控制是实现交通溢流控制的基础，但从空间和时间范围上分析，在城市路网中多个路段同时发生交通溢流的情况下，如何进行有效地协调控制，此类溢流路段可能距离较近，也可能较远，空间距离的差异必将导致控制策略的不同，针对不同的区域交通溢流情况应该采取何种具体控制策略，也是较有意义的研究方向。

（3）仿真平台中的各类算法模型的参数标定与校验等问题是将模型及平台推向实用的关键措施，限于时间及精力原因，本书更多的是从仿真的角度进行分析，下一步将对模型向实用性升级进行深入研究。

参考文献

[1] http://zh. wikipedia. org/wiki.

[2] Russell C. E. ,Yuhui Shi. Computational Intelligence:Concepts to Implementation[M]. Posts&Telecom Press,2007:2-3.

[3] Orvig. Artificial Intelligence:A Modern Approach[M]. 2rd edition, Tsinghua Univ. Press. Peking,2006:2-4.

[4] 王殿海. 交通流理论[M]. 北京:人民交通出版社,2002:2-4,19-27.

[5] Kinzer J. P. . Application of the theory of probability to problem of highway traffic[D]. Politeeh,Inst. Brooklyn,1933.

[6] Adams W. F. . Road traffic considered as a random series[J]. Journal Institution of Civil Engineers,1936,4:121-130.

[7] Greenshilds B. D. . A study of traffic capacity[J]. Highway Research Board Proceedings,1934,14(1):448-477.

[8] 谢东繁. 基于微观模型的城市道路交通流若干典型问题的研究[D]. 北京:北京交通大学,2010:10-25.

[9] Lighthill M. J. ,Whitham G. B. . On kinematic waves:a theory of traffic flow on long crowed roads[J]. Proc. of the Royal Society,Ser. A, 1955,229(1178):317-345.

[10] Richards P. I. . Shock waves on the highway[J]. Operations Research, 1956,4(1):42-51.

[11] Payne H. J. . Models of freeway traffic and control[J]. Mathematical Models of Public Systems,Simulation,1971,28(1):51-61.

[12] Helbing D. . Improved fluid-dynamic model for vehicular traffic [J]. Phys. Rev. E,1995,51(4):3164-3169.

[13] Helbing D. . Derivation and empirical validation of a refined traffic flow model[J]. Phys. Rev. E,1996,233:253-282.

[14] Kurtze D. A. ,Hong D. C. . Traffic jams,granular flow and soliton selection[J]. Phys. Rev. E,1995,52:218-221.

[15] Bando M. ,Hasebe K. ,Nakayama A. . Dynamical model of traffic

congestion and numerical simulation[J]. Phys. Rev. E,1995,51:1035-1042.

[16] Nagatani T.. TDGL and MKdV equations for jamming transition in the lattice models of traffic[J]. Physica A,1999,264(3):581-592.

[17] Nagatani T.. Modified KdV equation for jamming transition in the continuum models of traffic[J]. Physica A,1998,261(3-4):599-607.

[18] 薛郁. 优化车流的交通流格子模型[J]. 物理学报,2004,53(1):25-30.

[19] 张鹏,戴世强,刘儒勋. 多等级交通流 LWR 模型中的非线性波描述与 WENO 数值逼近[J]. 应用数学和力学,2005,26(6):637-644.

[20] Ge H. X., Dai S. Q., Xue Y., et al. Stabilization analysis and modified Korteweg-de Vries equation in a cooperative driving system[J]. Physical Review E,2005(71):066119.

[21] 熊烈强,王要武,李杰. 交通流动力学的理论、模型及应用[J]. 哈尔滨工业大学学报,2006,38(5):732-734.

[22] 唐铁桥,黄海军,薛郁. 一种改进的两车道交通流格子模型[J]. 物理学报,2006,55(8):4027-4031.

[23] Zhu W. X.. A New Lattice Model for Traffic Flow and Its Analysis [A]. Proc. of the IEEE International Conference on Automation and Logistics [C]. Jinan,2007:1684-1688.

[24] Zhu W. X.. A backward looking optimal current lattice model [J]. Communications in Theoretical Physics,2008,50(3):753-756.

[25] Zhu W. X., Chi E. X.. Analysis of generalized optimal current lattice model for traffic flow[J]. International Journal of Modern Physics C,2008,19(5):727-739.

[26] Ge H. X., Cheng R. J., Lei L.. The theoretical analysis of the lattice hydrodynamic models for traffic flow theory[J]. Physica A,2010,389:2825-2834.

[27] 孙棣华,田川. 考虑驾驶员预估效应的交通流格子模型与数值仿真[J]. 物理学报,2011,6(6):068901.

[28] Prigogine I., Herman R. C.. Kinetic theory of vehicular traffic [M]. New York:American Elsiver,1971.

[29] 赵建玉,孙喜明,贾磊. 气体分子动力学交通流模型弛豫时间的改进[J]. 物理学报,2006,55(5):2306-2312.

[30] Wolfram S.. Statistical mechanics of cellular automata[J]. Reviews of Modern Physics,1983,55(3):601-644.

［31］ Nagel K. , Schreckenberg M.. A cellular automaton model for freeway traffic[J]. Journal of Physics I(France), 1992, 2(12): 2221-2229.

［32］ Nishinari K. , Takshashi D.. Analytical properties of ultradiscrete Burgers equation and rule-184 cellular automaton[J]. Journal of Physics A, 1998, 31(24): 5439-5450.

［33］ 彭麟，谭惠丽，孔令江，等. 开放性边界条件下双车道元胞自动机交通流模型耦合效应研究[J]. 物理学报，2003, 52(12): 3007-3013.

［34］ 彭莉娟，康瑞. 考虑驾驶员特性的一维元胞自动机交通流模型[J]. 物理学报，2009, 58(2): 830-835.

［35］ 钱勇生，曾俊伟，杜加伟，等. 考虑意外事件对交通流影响的元胞自动机交通流模型[J]. 物理学报，2011, 60(6): 060505.

［36］ 赵磊. 基于元胞自动机和模糊控制的微观交通仿真研究[D]. 成都：西南交通大学，2010.

［37］ 贾宁. 交通流元胞自动机模型的解析与应用研究[D]. 天津：天津大学，2010: 10-11.

［38］ Reusch B.. Vehicle movements in a platoon[J]. Oesterreichisches Ingenieur-archir, 1950, 4: 193-215.

［39］ Pipes L. A.. An operational analysis of traffic dynamics[J]. Journal of Applied Physics, 1953, 24(3): 274-281.

［40］ Newell G. F.. Nonlinear effects in the dynamics of car following [J]. Operations Research, 1961, 9(2): 209-229.

［41］ Bando M. , Hasebe K.. Dynamical model of traffic congestion and numerical simulation[J]. Phys. Rev. E. , 1995, 51: 1035-1042.

［42］ Bando M. , Hasebe K.. Analysis of optimal velocity model with explicit delay[J]. Phys. Rev. E, 1998, 58: 5429-5435.

［43］ Nagatani T.. Stabilization and enhancement of traffic flow by the next-nearest-neighbor interaction[J]. Phys. Rev. E. , 1999, 60: 6395-6401.

［44］ Helbing D. , Tilch B.. Generalized force model of traffic dynamics [J]. Phys. Rev. E. 1998, 58: 133-138.

［45］ Jiang R. , Wu Q. S. , Zhu Z. J.. Full velocity difference model for a car-following theory[J]. Phys. Rev. E. 2001, 64: 017101.

［46］ Zhao X. M. , Gao Z. Y.. The stability analysis of the full velocity and acceleration velocity model[J]. Physica A: Statistical Mechanics and Its Applications, 2007, 375(2): 679-686.

［47］ Zhu W. X. , Jia L.. Nonlinear analysis of a synthesized optimal velocity model for traffic flow[J]. Communications in Theoretical Physics, 2008,50(2):505-510.

[48] Zhu W. X. ,Liu Y. C. . Total generalized optimal velocity model and its numerical tests[J]. Journal of Shanghai Jiaotong University(English Ed.),2008,13(2):166-170.

[49] Zhu W. X. ,Jia L. . Stability and kink-antikink soliton solutions for total generalized optimal velocity model [J]. International Journal of Modern Physics C,2008,19(9):1321-1335.

[50] Yu L. ,Li T. ,Shi Z. K. . Density waves in a traffic flow model with reaction-time delay[J]. Physica A: Statistical Mechanics and Its Applications, 2010,389(13):2607-2616.

[51] 雷丽,董力耘,宋涛,等. 基于元胞自动机模型的高架路交织区交通流的研究[J]. 物理学报,2006,55(4):1711-1717.

[52] 葛红霞,程荣军,李志鹏. 考虑双速度差效应的耦合映射跟驰模型[J]. 物理学报,2011,60(8):080508.

[53] X. H. Zhou,Y. Z. Lü. A novel macroscopic traffic model based on generalized optimal velocity model[J]. Chinese physics B,2011,20(1):014501.

[54] 梁玉娟,薛郁. 道路弯道对交通流影响的研究[J]. 物理学报, 2010,59(8):5325-5331.

[55] 张萌萌,贾磊. 城市协调控制主干路交通流模型[J]. 控制理论与应用,2011,28(1):1679-1684.

[56] 张剑,董力耘. 考虑预期效应和交通灯影响的城市道路交通元胞自动机模型[J]. 上海大学学报(自然科学版),2011,17(5):642-647.

[57] 祝会兵,何红弟,徐永实. 信号灯控制下的交通流数值模拟[J]. 宁波大学学报(理工版),2011,24(4):87-91.

[58] 唐铁桥,黄海军,徐刚,等. 考虑信号灯影响的交通流模型与数值模拟[J]. 物理学报,2008,57(1):56-60.

[59] 董长虹. Matlab 神经网络与应用[M]. 北京:国防工业出版社, 2005:6-8.

[60] Dougherty M. . A review of neural networks applied to transport [J]. Transpor-tation Research Part C:Emerging Technologies,1995,3(4): 247-260.

[61] Ledoux C. . An urban traffic flow model integrating neural networks[J] Transp. Res. C,1997,5(5):287-300.

[62] Zhu X. W. ,Li F. R. . Traffic flow prediction based on artificial

life and RBF neural Network[J]. Energy Procedia,2011,11:12501254.

[63] Huang S. ,Sadek A. W.. A novel forecasting approach inspired by human memory: The example of short-term traffic volume forecasting [J]. Transportation Research Part C: Emerging Technologies, 2009, 17 (5):510-525.

[64] Zang X. D.. The short-term traffic volume forecasting for urban interchange based on RBF artificial neural networks [A]. International Conference on Mechatronics and Automation[C]. IEEE,2009:2607-2611.

[65] 高雅.短时交通流预测模型及预测方法的研究[D].上海:华东师范大学,2011:4-10.

[66] 刘力军,李松,解永乐.短时交通流混沌预测模型的比较研究[J].数学的实践与认识,2011,41(17):106-114.

[67] 刘宁,陈昱颋,虞慧群,等.基于Elman神经网络的交通流量预测方法[J].华东理工大学学报(自然科学版).2011,37(2):204-209.

[68] Lee W. H. ,Tseng S. S. ,Tsai S. H.. A knowledge based real-time travel time prediction system for urban network[J]. Expert Systems with Applications,2010,37(6):4358-4367.

[69] Tafti M. F.. The application of artificial neural networks to anticipate the average journey time of traffic in the vicinity of merges[J]. Knowledge-based Sysems,2001,(14):203-211.

[70] 陆化普,周钱,徐薇.交通出行预测的神经网络模型[J].交通运输工程与信息学报,2008,6(2):6-11.

[71] 来建波.基于神经网络的路段行程时间预测研究[D].云南:云南大学,2011.

[72] 刘金,邓卫.基于模糊神经网络的交通事故微观预测方法研究[J].交通运输工程与信息学报,2011,9(4):69-75.

[73] Khosravi A. ,Mazloumi E. ,Nahavandi S. ,et al. A genetic algorithm-based method for improving quality of travel time prediction intervals[J]. Transportation Research Part C:Emerging Technologies,2011,19 (6):1364-1376.

[74] Quek C. ,Pasquier M. ,Lim B.. A novel self-organizing fuzzy rule-based system for modelling traffic flow behaviour[J]. Expert Systems with Applications,2009,36(10):12167-12178.

[75] Mucsi K. ,Khan A. M. ,Ahmadi M.. An Adaptive Neuro-Fuzzy Inference System for estimating the number of vehicles for queue management

at signalized intersections[J]. Transportation Research Part C: Emerging Technologies,2011,19(6):1033-1047.

[76] Hinsbergen C. P. I. J. , Lint J. W. C. , Zuylen H. J. . Bayesian committee of neural networks to predict travel times with confidence intervals [J]. Transportation Research Part C: Emerging Technologies, 2009, 17(5): 498-509.

[77] Zhang X. L. , He G. G. . Forecasting Approach for Short-term Traffic Flow Based on Principal Component Analysis and Combined Neural Network[J]. Systems Engineering Theory & Practice,2007,27(8):167-171.

[78] 张玉梅,曲仕茹,温凯歌.基于混沌和 RBF 神经网络的短时交通流量预测[J].系统工程,2007,25(11):26-30.

[79] 张明,韩松臣,黄林源.基于双重重力模型和人工神经网络的空中交通流量组合预测[J].西南交通大学学报,2009,44(5):764-770.

[80] Wei C. H. . Analysis of artificial neural network models for freeway ramp metering control[J]. Artificial Intelligence in Engineering, 2001, 15(3):241-252.

[81] Chong Y. ,Quek C. ,Loh P. . A novel neurocognitive approach to modeling traffic control and flow based on fuzzy neural techniques[J]. Expert Systems with Applications,2009,36(3):4788-4803.

[82] 刘红红,杨兆升.基于神经网络的实时交通信号控制与仿真研究[J].交通运输系统工程与信息,2008,8(2):43-47.

[83] Kocer H. E. ,Cevik K. K. . Artificial neural networks based vehicle license plate recognition[J]. Procedia Computer Science,2011,3:1033-1037.

[84] 刘志军.基于神经网络的车牌识别技术研究[D].南京:南京邮电大学,2011.

[85] 徐继曾.基于神经网络的交通标志识别的算法研究[D].天津:天津大学,2010.

[86] 岳昊,邵春福,赵熠.基于 BP 神经网络的行人和自行车交通识别方法[J].北京交通大学学报,2008,32(3):46-49.

[87] Zadeh L. A. . Fuzzy Sets Information and Control[J]. Information and Control,1965,8(3):338-353.

[88] Precup R. E. , Hellendoorn H. . A survey on industrial applications of fuzzy control[J]. Computers in Industry,2011,62(3):213-226.

[89] Teodorovic D. . A. Fuzzy logic systems for transportation engineering: the state of the art[J]. Transportation Research Part A,1999,33:

337-364.

[90] Rahman S. M. ,Ratrout N. T.. Review of the fuzzy logic based approach in traffic signal control:Prospects in Saudi Arabia[J]. J. Transpn Sys. Eng&IT,2009,9(5):58-70.

[91] Pappis C. ,Mamdani E.. A fuzzy logic controller for a traffic junction[J]. IEEE Trans. Systems, Man. and Cybernetics, 1977, 7(10): 707-717.

[92] Nakatsuyama M. , Nagahashi H. , Nishizuka N.. Fuzzy logic phase controller for traffic junctions in the one-way arterial road[A]. In: Proc. of IFAC 9th Triennial World Cong[C]. Hungary, Budapest, 1984: 2865-2870.

[93] Sasaki T. , Akiyama T.. Development of fuzzy traffic control system on urban expressway[A]. 5th IFAC/IFIP/IFORS Int. Conf. Transp. Systems[C]. Vienna,1986:333-338.

[94] Sasaki T. ,Akiyama T.. Fuzzy on-ramp control model on urban expressway and its extension[J]. Transportation and Traffic Theory, 1987:377-395.

[95] Sasaki T. ,Akiyama T.. Traffic control process of expressway by fuzzy logic[J]. Fuzzy Sets and Systems,1988,26(2):165-178.

[96] Janecek J. J. ,Zargham M. R.. A fuzzy logic controller for a traffic signal[J]. The Proc. of international Conference on Applications of Control and Robotics[C]. 1995. 2622:687-691.

[97] Kim J.. A fuzzy logic control simulator for adaptive traffic management[A]. In:Proc. of IEEE International Conference on Fuzzy Systems [C]. IEEE,1997:1519-1524.

[98] Lin Q. ,Kwan B. W. ,Tung L. J.. Traffic signal control using fuzzy logic[A]. In:Proc. of IEEE International Conference on Fuzzy Systems[C]. IEEE,1997:1644-1649.

[99] Chiu S.. Adaptive traffic signal control using fuzzy logic[A]. In:Proceedings of the IEEE Intelligent Vehicles Symposium[C]. IEEE,1992:98-107.

[100] Niittymaki J.. Isolated traffic signals-vehicle dynamics and fuzzy control[M]. Otaniemi:Helsinki University of Technology,1998.

[101] Trabia M. B. ,Kaseko M. S.. Ande M. A two-stage fuzzy logic controller for traffic signals[J]. Transp. Res. ,Part C,1999,7(6):353-367.

[102] Niittymaki J. ,Pursula M.. Signal control using fuzzy logic[J].

Fuzzy Sets and Systems,2000,116(1):11-22.

[103] Niittymaki J.. General fuzzy rule base for isolated traffic signal control Rule formulation[J]. Transp. Planning and Technol. ,2001,24(3):227-247.

[104] Niittymaki J.. Installation and experiences of field testing a fuzzy signal controller[J]. Eur. J. Operational Res. ,2001,131(2):273-281.

[105] Niittymaki J. , Maenpaa M.. The role of fuzzy logic public transport priority in traffic signal control[J]. Traffic Eng. Control,2001,42(1):22-26.

[106] Niittymaki J. ,Nevala R. ,Turunen E.. Fuzzy traffic signal control and a new interface method Maximal fuzzy similarity[A]. The Proc. of the 13th Mini-EURO Conf. and the 9th Mtg. EURO Working Group on Transportation[C]. Italy,Bari,2002:716-728.

[107] Niittymaki J. ,Turunen E.. Traffic signal control on similarity logic reasoning [J]. Fuzzy Sets and Systems,2003,133(1):109-131.

[108] Hu Y. ,Thomas P. ,Stonier R. J.. Traffic signal control using fuzzy logic and evolutionary algorithms[A]. In:Proc. ,IEEE Cong. Evolutionary Computation[C]. Singapore,2007:1785-1792.

[109] Khashei M. , Hejazi S. R. , Bijari M.. A new hybrid artificial neural networks and fuzzy regression model for time series forecasting[J]. Fuzzy Sets and Systems,2008,159(7):769-786.

[110] Dimitriou L. , Tsekeris T. , Stathopoulos A.. Adaptive hybrid fuzzy rule-based system approach for modeling and predicting urban traffic flow[J]. Transportation Research Part C:Emerging Technologies,2008,16(5):554-573.

[111] Quek C. , Pasquier M. , Lim B.. A novel self-organizing fuzzy rule-based system for modelling traffic flow behaviour[J]. Expert Systems with Applications,2009,36(10):12167-12178.

[112] Chong Y. ,Quek C. ,Loh P.. A novel neuro-cognitive approach to modeling traffic control and flow based on fuzzy neural techniques[J]. Expert Systems with Applications,2009,36(3):4788-4803.

[113] Chang B. R. ,Tsai H. F.. Improving network traffic analysis by foreseeing data-packet-flow with hybrid fuzzy-based model prediction[J]. Expert Systems with Applications,2009,36(3):6960-6965.

[114] Ghatee M. , Hashemi S. M.. Traffic assignment model with

fuzzy level of travel demand: An efficient algorithm based on quasi-Logit formulas[J]. European Journal of Operational Research, 2009, 194(2): 432-451.

[115] Liu K., Fei X.. A fuzzy-logic-based system for freeway bottleneck severity diagnosis in a sensor network[J]. Transportation Research Part C: Emerging Technologies, 2010, 18(4): 554-567.

[116] Shiru Q. U.. Intelligent vehicle's path tracking based on fuzzy control[J]. Journal of Transportation Systems Engineering and Information Technology, 2010, 10(2): 70-75.

[117] Karakuzu C., Demirci O.. Fuzzy logic based smart traffic light simulator design and hardware implementation[J]. Applied Soft Computing, 2010, 10(1): 66-73.

[118] Balaji P. G., Srinivasan D.. Type-2 fuzzy logic based urban traffic management[J]. Engineering Applications of Artificial Intelligence, 2011, 24(1): 12-22.

[119] Ramazani H., Shafahi Y., Seyedabrishami S. E.. A fuzzy traffic assignment algorithm based on driver perceived travel time of network links[J]. Scientia Iranica, 2011, 18(2): 190-197.

[120] Mucsi K., Khan A. M., Ahmadi M.. An Adaptive Neuro-Fuzzy Inference System for estimating the number of vehicles for queue management at signalized intersections[J]. Transportation Research Part C: Emerging Technologies, 2011, 19(6): 1033-1047.

[121] Quattrone A., Vitetta A.. Random and fuzzy utility models for road route choice[J]. Transportation Research Part E: Logistics and Transportation Review, 2011, 47(6): 1126-1139.

[122] Castro J. L., Delgado M., Medina J., et. al. An expert fuzzy system for predicting object collisions: Its application for avoiding pedestrian accidents[J]. Expert Systems with Applications, 2011, 38(1): 486-494.

[123] 陈洪,陈森发. 单路口交通实时模糊控制的一种方法[J]. 信息与控制, 1997, 26(3): 227-233.

[124] 刘智勇,吴金培,李秀平,等. 城市交通干线递阶模糊控制[J]. 公路交通科技, 1997, 14(3): 17-23.

[125] 刘智勇,吴金培,李秀平,等. 城市交通大系统递阶模糊神经网络控制[J]. 信息与控制, 1997, 26(6): 441-448.

[126] 沈国江,孙优贤.基于相序优化的多相位模糊交通控制器[J].控制与决策,2002,17:654-658,663.

[127] 李灵犀,高海军,陈龙,等.两相邻路口信号的分层递阶模糊控制[J].中国公路学报,2002,15(4):66-68.

[128] 陈淑燕,陈森发,吴明赞.单路口交通的多相位实时模糊控制[J].系统工程理论与实践,2003(1):110-115.

[129] 沈国江,孙优贤.城市交通干线递阶模糊控制及其神经网络实现[J].系统工程理论与实践,2004(4):99-105.

[130] 朱文兴,贾磊,杜晓通.单路口信号灯模糊—遗传算法优化配时研究[J].系统仿真学报,2004,16(6):1193-1197.

[131] 张立东,贾磊,赵建玉,等.混沌模糊交通控制器的设计[J].南京理工大学学报,2005,29:203-205.

[132] 朱文兴,贾磊,杨立才."大路口"交通信号的优化控制[J].控制理论与应用,2006,23(3):491-494.

[133] 高俊侠,李建更,陈阳舟,等.交通信号 2 级模糊控制系统的优化设计与仿真[J].北京工业大学学报,2009,35(1):19-24.

[134] 李瑞敏,陆化普,史其信.基于遗传算法的交通信号多层模糊控制模型研究[J].武汉理工大学学报(交通科学与工程版),2009,33(3):407-410.

[135] 彭杏波.基于 FPGA 的交通信号模糊控制器的设计[D].兰州:兰州理工大学,2011.

[136] Giarratano J..专家系统原理与编程[M].刘星成,汤庸,等译.北京:机械工业出版社,2000:10-22.

[137] Debbache N.,Abida L.. Expert system and dynamic allocation applied to air traffic control[J]. Robotics and Computer-Integrated Manufacturing,1994,11(3):187-194.

[138] Larroche Y.,Moulin R.,Gauyacq D.. A real-time expert system that automates train route management[J]. Control Engineering Practice,1996,4(1):27-34.

[139] Kirschfink H.. Knowledge-based system for the completion of traffic data[J]. European Journal of Operational Research,1993,71(2):247-256.

[140] Wen W.. A dynamic and automatic traffic light control expert system for solving the road congestion problem[J]. Expert Systems with Applications,2008,34(4):2370-2381.

[141] Quek C.,Pasquier M.,Lim B.. A novel self-organizing fuzzy

rule-based system for modelling traffic flow behaviour[J]. Expert Systems with Applications,2009,36(10):12167-12178.

[142] Castro J. L., Delgado M., Medina J., et. al. An expert fuzzy system for predicting object collisions. Its application for avoiding pedestrian accidents [J]. Expert Systems with Applications, 2011, 38 (1): 486-494.

[143] 杨振山,郑红,张晓海. 城市道路交通噪声防治专家系统[J]. 计算结构力学及其应用,1998,6(2):47-50.

[144] 单文义. 建立交通工程专家系统的设想[J]. 公路交通科技,1991,8(2):28-35.

[145] 任传祥,李松林,刘法胜,等. 城市公共交通智能调度专家系统的研究[J]. 山东科技大学学报(自然科学版),2007,26(3):83-87.

[146] Gazis D. C.. Optimum control of a system of oversaturated intersection[J]. Operation research,1964,12(6):815-831.

[147] Michalopoulos P. G., Stephanopoulos G.. Optimal control of oversaturated intersections: Theoretical and practical considerations[J]. Traffic Eng. Control,1978,19(5):216-222.

[148] Rathi A. K.. A control scheme for high traffic density sectors[J]. Transp. Res. B,1988,22B(2):81-101.

[149] Chang T. H., Lin J. T.. Optimal signal timing for an oversaturated intersection [J]. Transportation Research Part B: Methodological, 2000,34(6):471-491.

[150] Daganzo C. F.. The nature of freeway gridlock and how to prevent it[A]. Proceeding of 13th International Symposium Transportation and Traffic Theory[C]. IEEE,1996:629-646.

[151] Daganzo C. F.. Queue spillovers in transportation networks with a route choice [J]. Transportation Science,1998,32(1):3-11.

[152] Daganzo C. F.. Improving city mobility through gridlock control: an approach and some ideas[R]. UC Berkeley Center for Future Urban Transport Working Paper UCB-ITS-VWP-2005-1, Institute of Transportation Studies, University of California, Berkeley, July 5,2005.

[153] Daganzo C. F.. Urban gridlock: Macroscopic modeling and mitigation approaches[J]. Transportation Research Part B,2007,41:49-62.

[154] Lago A., Daganzo C. F.. Spillovers, merging traffic and the morning commute[J]. Transportation Research Part B,2007,41:670-683.

[155] Wu X. K. ,Liu H. X. ,Gettman D. . Identification of oversaturated intersections using high resolution traffic signal data[J]. Transportation Research Part C:Emerging Technologies,2010,18(4):626-638.

[156] Liu K. ,Fei X. . A fuzzy logic based system for freeway bottleneck severity diagnosis in a sensor network[J]. Transportation Research Part C:Emerging Technologies,2010,18(4):554-567.

[157] Wu X. K. ,Liu H. X. . A shockwave profile model for traffic flow on congested urban arterials[J]. Transportation Research Part B: Methodological,2011,45(10):1768-1786.

[158] 刘小明,郑淑晖,钟剑,等.交通瓶颈下相序设置对路口交通状况影响分析[J].公路交通科技,2008,25(7):122-128.

[159] 周荷芳,周贤伟.考虑溢流费用的路径选择模型的条件研究[J].西南交通大学学报,2000,35(3):332-334.

[160] 张立东,贾磊,等.城市交通仿真系统(UTSS)的实现[J].系统仿真学报,2006,18(7):1870-1874.

[161] 张飞舟,范耀祖.交通控制工程[M].北京:中国铁道出版社,2005:119-121.

[162] 徐吉谦.交通工程总论[M].第2版.北京:人民交通出版社,2003:60-61.

[163] Mucsi K. ,Khan A. M. ,Ahmadi M. . An Adaptive Neuro-Fuzzy Inference System for estimating the number of vehicles for queue management at signalized intersections [J]. Transportation Research Part C: Emerging Technologies,2011,19(6):1033-1047.

[164] 徐俊明.图论及其应用[M].第2版.合肥:中国科学技术出版社,2004:3-4.

[165] 陈艳艳,刘小明,梁颖.可靠度在交通系统规划与管理中的应用[M].北京:人民交通出版社,2005:18-19.

[166] 王炜,张桂红.城市道路路阻函数研究[J].重庆交通大学学报(自然科学版),1992,11(3):84-92.

[167] 郭晓军,马玉仲.AutoCAD 2013 中文版基础教程[M].北京:清华大学出版社,2014.

[168] 郭牧,张立东.AutoCAD 技术在交通仿真中的应用[J].山东科学,2008,21(1):77-79.

[169] 贾斌,高自友.基于元胞自动机的交通系统建模与模拟[M].北京:科学出版社,2007.

附录 1　Read_Dxf( )函数代码

```
/* 图层(Layer)数据读取程序* /
for(;;)  //循环读 DXF 文件
{
  string= read_char(ar);//读出一个字符串
  if(string= = "LAYER")
  {
    for(int i= 0;i< 9;i++)
    {
    string= read_char(ar);//读出一个字符串
    if(string= = "AcDbLayerTableRecord")
    {
      read_char(ar);
      m_Layer.Layer_Name= read_char(ar);//取图层名
      read_char(ar);read_char(ar);read_char(ar);
      m_Layer.color= atoi(read_char(ar));//颜色
      Add_Layer(m_Layer);
    }
    }
    }
}
/* 直线(路段):所在层名和颜色,起点的横纵坐标(0 端),终点的横纵坐标(1
 端)* /
for(;;)
  {
    string= read_char(ar);//读出一个字符串
    if(string= = "EOF")
      break;  //读到文件尾,退出
    //-------直线---------
    if(string= = "LINE")
    {
      for(int k= 0;k< 4;k++)
      {
        string= read_char(ar);
      }
      if(string!= "1F")//非法实体去除
```

```
    continue;
  m_Object.type= 0;  //类型为直线
  for(int i= 0;;i++)
  {
    string= read_char(ar);//读出"AcDbEntity"
    if(string= = "AcDbEntity")
    {
      string= read_char(ar);
      m_Object.Layer_Name= Name= read_char(ar);
      m_Object.Layer_Name= Name;//层名
      string= read_char(ar);
      break;
    }
  }
  if(string= = "100") //颜色随图层
  {
    int length= GetNum_Layers();//图层的个数
    for(int i= 0;i< length;i++)
    {
      Layer_Name= Get_Layer(i)- > m_Layer.Layer_Name;
      if(Name= = Layer_Name)
      m_Object.color= Get_Layer(i)- > m_Layer.color;
    }
  }
  else
  {
    m_Object.color= atoi(read_char(ar));//颜色字符串转换为整形
    read_char(ar);
  }
  for(;;)
  {
    string= read_char(ar);
    if(string= = "10")
    {
      string= read_char(ar);
      m_Object.Point1.x= atoi(string);
    }
    if(string= = "20")
    {
      string= read_char(ar);
      m_Object.Point1.y= atoi(string);
    }
    if(string= = "11")
    {
```

```
          string= read_char(ar);
          m_Object.Point2.x= atoi(string);
        }
        if(string= = "21")
        {
          string= read_char(ar);
          m_Object.Point2.y= atoi(string);
          break;  //读完
        }
      }
      Add_Dxf(m_Object);//参数结构写入数组模板
    }
/* 圆(路口):所在的层名和颜色,圆心的横纵坐标和半径。* /
  if(string= = "CIRCLE")
    {
      for(int k= 0;k< 4;k++)
      {
        string= read_char(ar);
      }
      if(string! = "1F")//非法实体去除
        continue;
      m_Object.type= 1;  //类型为圆
      for(int i= 0;i< 8;i++) string= read_char(ar);
      //读出九个字符串
      for(int i= 0;;i++)
      {
        string= read_char(ar);//读出"AcDbEntity"
        if(string= = "AcDbEntity")
        {
          string= read_char(ar);
          m_Object.Layer_Name= Name= read_char(ar);
          m_Object.Layer_Name= Name;//层名
          string= read_char(ar);//读三次
          break;
        }
      }
      if(string= = "100") //颜色随图层
      {
        int length= GetNum_Layers();//图层的个数
        for(int i= 0;i< length;i++)
        {
          Layer_Name= Get_Layer(i)- > m_Layer.Layer_Name;

          if(Name= = Layer_Name)
```

```
        m_Object.color= Get_Layer(i)- > m_Layer.color;
      }
    }
    else  //否则
    {
      string= read_char(ar);
      m_Object.color= atoi(read_char(ar));//颜色字符串转换为整形
      read_char(ar);//再读
    }
    for(;;)
    {
      string= read_char(ar);
      if(string= = "10")    //圆心 x
      {
        string= read_char(ar);
        m_Object.Point1.x= atoi(string);
      }
      if(string= = "20")    //圆心 y
      {
        string= read_char(ar);
        m_Object.Point1.y= atoi(string);
      }
      if(string= = "40")    //半径
      {
        string= read_char(ar);
        m_Object.R= atoi(string);
        break;  //读完
      }
    }
    Add_Dxf(m_Object);//参数结构写入数组模板
  }
    if(string= = "100") //颜色随图层
    {
      int length= GetNum_Layers();//图层的个数
      for(int i= 0;i< length;i++)
      {
        Layer_Name= Get_Layer(i)- > m_Layer.Layer_Name;
        if(Name= = Layer_Name)
        m_Object.color= Get_Layer(i)- > m_Layer.color;
      }
    }
    else  //否则
    {
      m_Object.color= atoi(read_char(ar));//颜色字符串转换为整形
```

```
  read_char(ar);//再读
}
for(;;)
{
  string= read_char(ar);//读出"AcDbPolyline"
  if(string= = "AcDbPolyline")
  {
    read_char(ar);
    polyline_num= atoi(read_char(ar));  //多义线端点个数
    read_char(ar);
    close= atoi(read_char(ar));//闭合标志
    break;
  }
}
int count= 0;//计数
for(;;)
{
  string= read_char(ar);
  if(string= = "10")
  {
    if(count= = 0)//第一点
    {
      m_Object.Point1.x= atoi(read_char(ar));//顶点 1x
      read_char(ar);  //再读("20"紧跟"10")
      m_Object.Point1.y= atoi(read_char(ar));//顶点 1y
      save_x= m_Object.Point1.x;
      save_y= m_Object.Point1.y;
      count++;
    }
    else    //后续的端点
    {
      m_Object.Point2.x= atoi(read_char(ar));//顶点 2x
      read_char(ar);  //再读("20"紧跟"10")
      m_Object.Point2.y= atoi(read_char(ar));//顶点 2y
      Add_Dxf(m_Object);//参数结构写入数组模板
      m_Object.Point1.x= m_Object.Point2.x;
      m_Object.Point1.y= m_Object.Point2.y;
      count++;//计数
    }
  }
  if(count> = (polyline_num)) break;
}
//如果是闭合线
if(close= = 1)
```

```
        {
          m_Object.Point1.x= save_x;
          m_Object.Point1.y= save_y;
          Add_Dxf(m_Object);
        }
      }
/* 字符串(道路名和建筑物名称):所在层名和颜色,横纵坐标,文本高度,文
 本角度* /
  //--------字符串--------
      if((string= = "TEXT")||(string= = "MTEXT"))
      {
        for(int k= 0;k< 4;k++)
        {
          string= read_char(ar);
        }
        if(string!= "1F")//非法实体去除
          continue;
        m_Object.type= 2;  //类型为字符串
        for(int i= 0;;i++)
        {
          string= read_char(ar);//读出"AcDbEntity"
          if(string= = "AcDbEntity")
          {
            string= read_char(ar);
            m_Object.Layer_Name= Name= read_char(ar);
            m_Object.Layer_Name= Name;//层名
            string= read_char(ar);//读三次
            break;
          }
        }
        if(string= = "100") //颜色随图层
        {
          int length= GetNum_Layers();//图层的个数
          for(int i= 0;i< length;i++)
          {
            Layer_Name= Get_Layer(i)- > m_Layer.Layer_Name;
            if(Name= = Layer_Name)
            m_Object.color= Get_Layer(i)- > m_Layer.color;
          }
        }
        else  //否则
        {
          string= read_char(ar);
          m_Object.color= atoi(read_char(ar));//颜色字符串转换为整形
```

```
  read_char(ar);//再读
}
for(;;)
{
  string= read_char(ar);
  if(string= = "AcDbText")
  {
          for(;;)
  {
    string= read_char(ar);
    if(string= = "10")
    {
      string= read_char(ar);
      m_Object.Point1.x= atoi(string);
    }
    if(string= = "20")
    {
      string= read_char(ar);
      m_Object.Point1.y= atoi(string);
    }
    if(string= = "40")  //文本高度
    {
      m_Object.Text_hight= atoi(read_char(ar));
      m_Object.Point1.y+ = m_Object.Text_hight;//修改 y
      read_char(ar);
      string= read_char(ar);
      m_Object.Text= string;
      string= read_char(ar);//再读
      if(string= = "50")//文本角度
      {
        double angle= atoi(read_char(ar));
        m_Object.angle= (int)(angle* 10.0);
      }
      else
        m_Object.angle= 0;
      break;
    }
  }
  }
  else
  {
    if(string= = "AcDbMText")
    {
     for(;;)
```

```
        {
         string= read_char(ar);
         if(string= = "10")    //字符串 x
         {
           string= read_char(ar);
           m_Object.Point1.x= atoi(string);
         }
         if(string= = "20")    //字符串 y
         {
           string= read_char(ar);
           m_Object.Point1.y= atoi(string);
         }
         if(string= = "40")  //文本高度
         {
           m_Object.Text_hight= atoi(read_char(ar));
           m_Object.Point1.y+ = m_Object.Text_hight;
           for(int j= 0;j< 7;j++)
           string= read_char(ar);
           string= read_char(ar);
           string= string.Right(7);
           int ll= string.GetLength();
           m_Object.Text= string.Left(ll- 1);;
           m_Object.angle= 0;
           break;
         }
        }
       }
    }
    break;
  }
  Add_Dxf(m_Object);//参数结构写入数组模板
}
```

附录 2 Draw_Dxf( )函数代码

```
void CMAPView::Draw_Dxf(CDC * pDC)
{
.......................
  for(int i= 0;i< Length;i++)
  {
    m_Object= All_pDoc- > Get_Dxf(i)- > m_Object;//读模板数组
    x1= (int)((double)m_Object.Point1.x* Draw_Rate+0.5);
    //作图比例
    x2= (int)((double)m_Object.Point2.x* Draw_Rate+0.5);
    y1= (int)((double)m_Object.Point1.y* Draw_Rate+0.5);
    y2= (int)((double)m_Object.Point2.y* Draw_Rate+0.5);
    //取颜色选择画笔
    BYTE color= m_Object.color;
    pDC- > SelectObject(&m_Pen[color]);
    //- - - - 字符串- - - - -
    if(m_Object.type= = 2)
    {
      int x= x1,y= y1;
      int h= m_Object.Text_hight;//字符高度
      h= (int)( (double)h* Draw_Rate+ 0.5);
      int angle= m_Object.angle;//文本角度
      CFont Font;
      if (h> 60)
        h= 60;
      Font.CreateFont(h,h/2,
        angle,0,FW_DONTCARE,
        FALSE,FALSE,FALSE,
        DEFAULT_CHARSET,
        OUT_CHARACTER_PRECIS,
        CLIP_CHARACTER_PRECIS,
        DEFAULT_QUALITY,
        DEFAULT_PITCH|FF_DONTCARE,
        "宋体");
      pDC- > SelectObject(&Font);
      CString text= m_Object.Text;
```

```
        pDC- > SetBkMode(TRANSPARENT);    //字符背景方式
        pDC- > SetTextColor(m_Color[color]);//字符颜色
        pDC- > TextOut(x,y,text);
        Font.DeleteObject();
      }
      if(m_Display= = 0)
      {
        if(m_Object.Layer_Name= = "模拟") continue;
      }
      else if(m_Display= = 1)
      {
        if(m_Object.Layer_Name!= "模拟") continue;
      }
      //- - - - 直线- - - - -
      if(m_Object.type= = 0)
      {
        pDC- > MoveTo(x1,y1);
        pDC- > LineTo(x2,y2);
      }
      //- - - - 圆- - - - -
      if(m_Object.type= = 1)
      {
        int r= (int)((double)m_Object.R* Draw_Rate+ 0.5);
        pDC- > MoveTo(x1+ r,y1);
        pDC- > AngleArc(x1,y1,r,0,360);
      }
      if(m_Object.type= = 3)//圆弧
      {
      }
    }
    if(m_Display= = 1)
      return;
    int h;//字符高度
    h= (int)(20.0* Draw_Rate+ 0.5);
    if (h= = 0) h= 1;
    CFont Font;
    Font.CreateFont(h,h/2,
      0,0,FW_DONTCARE,
      FALSE,FALSE,FALSE,
      DEFAULT_CHARSET,
      OUT_CHARACTER_PRECIS,
      CLIP_CHARACTER_PRECIS,
      DEFAULT_QUALITY,
      DEFAULT_PITCH|FF_DONTCARE,
```

```
    "宋体");
  pDC- > SelectObject(&Font);
  pDC- > SetBkMode(TRANSPARENT);    //字符背景方式
  int Cross_Num= All_pDoc- > GetNum_Crosses();//路口的个数
  CBrush Brush;
  Brush.CreateSolidBrush(RGB(60,60,60));//路口背景颜色为黑色
  pDC- > SelectObject(Brush);
  CRgn Cross_Bk;
  for(int num= 0;num< Cross_Num;num++)//路口循环完成画黑色背景
  {
    CROSS Pre_Cross= All_pDoc- > Get_Cross(num)- > m_Cross;
    int num2= Pre_Cross.Road_Num;//路段数
    if (num2= = 1)
      continue;
    int Road_SN[4],Road_DN[4];
    //存放路口相连接的路段的编号和端点号
    Road_SN[0]= - 1,Road_SN[1]= - 1,Road_SN[2]= - 1,Road_SN[3]
    = - 1;//路段号
    Road_DN[0]= 10,Road_DN[1]= 10,Road_DN[2]= 10,Road_DN[3]=
    10;//与路口相连的路段的端点号
    CPoint Cro_Point[4][2];
    for(int a= 0;a< 4;a++)
      for(int b= 0;b< 2;b++)
      {
        Cro_Point[a][b].x= - 1;
        Cro_Point[a][b].y= - 1;
      }
    for(int j= 0;j< num2;j++)
    {
      Road_SN[j]= Pre_Cross.Link[0][j];//路段
      Road_DN[j]= Pre_Cross.Link[1][j];//端点号
    }
    for(int k= 0;k< num2;k++)
    {
      ROAD Pre_Road= All_pDoc- > Get_Road(Road_SN[k])- > m_
      Road;
      int max_way= Pre_Road.Way_Num/2;//包含自行车道
      int dt= Pre_Cross.direct[k];//路口出口的方向编号
      if (Road_DN[k]= = 0)
      {
Cro_Point[dt][0].x= (int)((double)Pre_Road.Way_Point0_1[max_
way][0].x*Draw_Rate+0.5);
Cro_Point[dt][0].y= (int)((double)Pre_Road.Way_Point0_1[max_
way][0].y*Draw_Rate+0.5);
```

```
Cro_Point[dt][1].x= (int)((double)Pre_Road.Way_Point1_0[max_
way][0].x*Draw_Rate+0.5);
Cro_Point[dt][1].y= (int)((double)Pre_Road.Way_Point1_0[max_
way][0].y*Draw_Rate+0.5);
        if(Pre_Road.R_Way[0]= = TRUE)
        {
  Cro_Point[dt][1].x= (int)((double)Pre_Road.R_Way_Line[0]
  [0].x*Draw_Rate+0.5);
  Cro_Point[dt][1].y= (int)((double)Pre_Road.R_Way_Line[0]
  [0].y*Draw_Rate+0.5);
        }
      }
  if(Road_DN[k]= = 1)
  {
Cro_Point[dt][0].x= (int)((double)Pre_Road.Way_Point0_1[max_
way][1].x*Draw_Rate+0.5);
Cro_Point[dt][0].y= (int)((double)Pre_Road.Way_Point0_1[max_
way][1].y*Draw_Rate+0.5);
Cro_Point[dt][1].x= (int)((double)Pre_Road.Way_Point1_0[max_
way][1].x*Draw_Rate+0.5);
Cro_Point[dt][1].y= (int)((double)Pre_Road.Way_Point1_0[max_
way][1].y*Draw_Rate+0.5);
        if(Pre_Road.R_Way[1]= = TRUE)
        {
  Cro_Point[dt][0].x= (int)((double)Pre_Road.R_Way_Line[1]
  [1].x*Draw_Rate+0.5);
  Cro_Point[dt][0].y= (int)((double)Pre_Road.R_Way_Line[1]
  [1].y*Draw_Rate+0.5);
        }
      }
    }
      CPoint cp[8];
  }
  Brush.DeleteObject();
  //= = = = = = 画路段的中心线= = = = = =
  ROAD m_Road;
  Length= All_pDoc- > GetNum_Roads();//取路段数量
  int xA,yA,xB,yB;
  CPen Pen1,Pen2,Pen3,Pen4,Pen5;
  Pen1.CreatePen(PS_SOLID, 1,RGB(180,180,0));
  Pen2.CreatePen(PS_DASH ,1,RGB(100,100,100));
  Pen3.CreatePen(PS_SOLID,2,RGB(150,150,0,));
  Pen4.CreatePen(PS_SOLID,1,RGB(255,0,0));
  Pen5.CreatePen(PS_SOLID,1,RGB(70,70,70));
```

```
for(i= 0;i< Length;i++)
{
m_Road= All_pDoc- > Get_Road(i)- > m_Road;
    CBrush Brush;
  Brush.CreateSolidBrush(RGB(60,60,60));//路段背景颜色为黑色
  pDC- > SelectObject(Brush);
  CRgn Bk_Rgn,Bk_Rgn2,Bk_Rgn3,Bk_Rgn4;
//路段背景,交叉口背景,1 端右转车道,0 端右转车道
  int way_num= m_Road.Way_Num/2- 1;//车道数
  int xx1= 0,xx2= 100,yy1= 0,yy2= 100;
  CPoint rc[4],pc[3],R1[4],R0[4];
 rc[0].x= (int)((double)m_Road.Way_Point0_1[way_num][1].x*
Draw_Rate+0.5);
 rc[0].y= (int)((double)m_Road.Way_Point0_1[way_num][1].y*
Draw_Rate+0.5);
   rc[1].x= (int)((double)m_Road.Way_Point0_1[way_num][0].x
   *Draw_Rate+0.5);
   rc[1].y= (int)((double)m_Road.Way_Point0_1[way_num][0].y
   *Draw_Rate+0.5);
   rc[2].x= (int)((double)m_Road.Way_Point1_0[way_num][0].x
   *Draw_Rate+0.5);
   rc[2].y= (int)((double)m_Road.Way_Point1_0[way_num][0].y
   *Draw_Rate+0.5);
   rc[3].x= (int)((double)m_Road.Way_Point1_0[way_num][1].x
   *Draw_Rate+0.5);
   rc[3].y= (int)((double)m_Road.Way_Point1_0[way_num][1].y
   *Draw_Rate+0.5);
   pc[0].x= (int)((double)m_Road.Way_Point1_0[way_num][0].x
   *Draw_Rate+0.5);
   pc[0].y= (int)((double)m_Road.Way_Point1_0[way_num][0].y
   *Draw_Rate+0.5);
   pc[1].x= (int)((double)m_Road.Way_Point1_0[way_num][1].x
   *Draw_Rate+0.5);
   pc[1].y= (int)((double)m_Road.Way_Point1_0[way_num][1].y
   *Draw_Rate+0.5);
   pc[2].x= (int)((double)m_Road.Way_Point0_1[way_num][1].x
   *Draw_Rate+0.5);
   pc[2].y= (int)((double)m_Road.Way_Point0_1[way_num][1].y
   *Draw_Rate+0.5);
 CROSS m_Cross;
 CBrush Brush2,Brush3;
 Brush2.CreateSolidBrush(RGB(0,0,255));
 pDC- > SelectObject(Brush2);
  Brush2.DeleteObject();
```

```
for(i= 0;i< Length;i++)
{
 m_Road= All_pDoc- > Get_Road(i)- > m_Road;
 //= = = = = = 中心线= = = = = =
 xA= m_Road.PointA.x;
 yA= m_Road.PointA.y;
 xB= m_Road.PointB.x;
 yB= m_Road.PointB.y;
 //= = = = = 画车道= = = = = = = = = = = = = = = =
 int num= m_Road.Way_Num;//车道数
 CPoint xAA[4],xBB[4];
 CRgn rgn1,rgn2;
 if (m_Road.Single_Road= = 0) //双面道
 {
 //- - - 0 端点到 1 端点的车道- - - - -
 for(int j= 0;j< = num/2;j++)
 {
 xA= (int)((double)m_Road.Way_Point0_1[j][0].x* Draw_Rate+
0.5);//作图比例
 yA= (int)((double)m_Road.Way_Point0_1[j][0].y* Draw_Rate+
0.5);
 xB= (int)((double)m_Road.Way_Point0_1[j][1].x* Draw_Rate+
0.5);
 yB= (int)((double)m_Road.Way_Point0_1[j][1].y* Draw_Rate+
0.5);
 if(j= = (num/2)- 1)
 {
   pDC- > SelectObject(&Pen3);
 }
 else if(j= = num/2)
 {
   if(m_Road.bBike_Allow= = FALSE)  break;
   pDC- > SelectObject(&Pen5);
   xAA[0].x= (int)((double)m_Road.Way_Point0_1[j- 1][0].x*
  Draw_Rate+0.5);
   xAA[0].y= (int)((double)m_Road.Way_Point0_1[j- 1][0].y*
  Draw_Rate+0.5);
   xAA[1].x= (int)((double)m_Road.Way_Point0_1[j][0].x*
  Draw_Rate+0.5);
   xAA[1].y= (int)((double)m_Road.Way_Point0_1[j][0].y*
  Draw_Rate+0.5);
   pDC- > MoveTo(xAA[0]);
   pDC- > LineTo(xAA[1]);
   xAA[2].x= (int)((double)m_Road.Way_Point0_1[j- 1][1].x*
```

```
Draw_Rate+0.5);//作图比例
 xAA[2].y= (int)((double)m_Road.Way_Point0_1[j- 1][1].y*
Draw_Rate+0.5);
 xBB[0].x= (int)((double)m_Road.Way_Point0_1[j][1].x*
Draw_Rate+0.5);
 xBB[0].y= (int)((double)m_Road.Way_Point0_1[j][1].y*
Draw_Rate+0.5);
 xBB[1]= xAA[1];
 xBB[2]= xAA[2];
 pDC- > MoveTo(xAA[2]);
 pDC- > LineTo(xBB[0]);
 rgn1.CreatePolygonRgn(xAA,3,WINDING);
 rgn2.CreatePolygonRgn(xBB,3,WINDING);
 pDC- > FillRgn(&rgn1,&Brush3);
 pDC- > FillRgn(&rgn2,&Brush3);
 rgn1.DeleteObject();
 rgn2.DeleteObject();
}
else
pDC- > SelectObject(&Pen2);
pDC- > MoveTo(xA,yA);
pDC- > LineTo(xB,yB);
//车道编号显示
pDC- > SetTextColor(RGB(255,0,255));//字符颜色(桃红)
int xk,yk;
xk= (xB+xA)/2;yk= (yB+yA)/2;
CString text;
text.Format("% d",j);
pDC- > TextOut(xk,yk,text);
}
//---1 端点到 0 端点的车道-----
for(j= 0;j< = num/2;j++)
{
 xA= (int)((double)m_Road.Way_Point1_0[j][0].x*Draw_Rate+
0.5);//作图比例
yA= (int)((double)m_Road.Way_Point1_0[j][0].y*Draw_Rate+
0.5);
xB= (int)((double)m_Road.Way_Point1_0[j][1].x*Draw_Rate+
0.5);
yB= (int)((double)m_Road.Way_Point1_0[j][1].y*Draw_Rate+
0.5);
if(j= = (num/2)- 1)
{
  pDC- > SelectObject(&Pen3);
```

```
}
else if(j= = num/2)
{
  if(m_Road.bBike_Allow= = FALSE)  break;
  pDC- > SelectObject(&Pen5);
  xAA[0].x= (int)((double)m_Road.Way_Point1_0[j- 1][0].x*
 Draw_Rate+0.5);//作图比例
  xAA[0].y= (int)((double)m_Road.Way_Point1_0[j- 1][0].y
  *Draw_Rate+0.5);
  xAA[1].x= (int)((double)m_Road.Way_Point1_0[j][0].x*
 Draw_Rate+0.5);
  xAA[1].y= (int)((double)m_Road.Way_Point1_0[j][0].y*
 Draw_Rate+0.5);
  pDC- > MoveTo(xAA[0]);
  pDC- > LineTo(xAA[1]);
 xAA[2].x= (int)((double)m_Road.Way_Point1_0[j- 1][1].x*
 Draw_Rate+0.5);//作图比例
  xAA[2].y= (int)((double)m_Road.Way_Point1_0[j- 1][1].y
  *Draw_Rate+0.5);
  xBB[0].x= (int)((double)m_Road.Way_Point1_0[j][1].x*
 Draw_Rate+0.5);
  xBB[0].y= (int)((double)m_Road.Way_Point1_0[j][1].y*
 Draw_Rate+0.5);
  xBB[1]= xAA[1];
  xBB[2]= xAA[2];
  pDC- > MoveTo(xAA[2]);
  pDC- > LineTo(xBB[0]);
  rgn1.CreatePolygonRgn(xAA,3,WINDING);
  rgn2.CreatePolygonRgn(xBB,3,WINDING);
  pDC- > FillRgn(&rgn1,&Brush3);
  pDC- > FillRgn(&rgn2,&Brush3);
  rgn1.DeleteObject();
  rgn2.DeleteObject();
}
else
pDC- > SelectObject(&Pen2);
pDC- > MoveTo(xA,yA);
pDC- > LineTo(xB,yB);
//车道编号显示
pDC- > SetTextColor(RGB(0,255,255));//字符颜色(青)
int xk,yk;
xk= (xB+xA)/2;yk= (yB+yA)/2;
CString text;
text.Format("% d",j);
```

```
  pDC- > TextOut(xk,yk,text);
  }
  //- - - - - 以中心线的 xA,yA 为基点取角度- - - - -
  double angle= atan2((double)(m_Road.PointB.y- m_Road.
  PointA.y),(double)(m_Road.PointB.x- m_Road.PointA.x));
  if(m_Road.L_Way[1]= = TRUE)//左转车道
  {
    pDC- > SelectObject(&Pen2);
  //作图比例,先用虚线画
    xA= m_Road.L_Way_Line[1][0].x;
    yA= m_Road.L_Way_Line[1][0].y;
    xB= m_Road.L_Way_Line[1][1].x;
    yB= m_Road.L_Way_Line[1][1].y;
    xA= (int)((double)xA* Draw_Rate+ 0.5);
    yA= (int)((double)yA* Draw_Rate+ 0.5);
    xB= (int)((double)xB* Draw_Rate+ 0.5);
    yB= (int)((double)yB* Draw_Rate+ 0.5);
  pDC- > MoveTo(xA,yA);
  pDC- > LineTo(xB,yB);
  pDC- > SelectObject(&Pen1);
xA= (int)((double)WAY_WIDTH*cos(angle-3.14159/2.0)+0.5)+m_
Road.L_Way_Line[1][0].x;
yA= (int)((double)WAY_WIDTH*sin(angle-3.14159/2.0)+0.5)+m_
Road.L_Way_Line[1][0].y;
xB= (int)((double)WAY_WIDTH*cos(angle-3.14159/2.0)+0.5)+m_
Road.L_Way_Line[1][1].x;
yB= (int)((double)WAY_WIDTH*sin(angle-3.14159/2.0)+0.5)+m_
Road.L_Way_Line[1][1].y;
    xA= (int)((double)xA*Draw_Rate+0.5);
    yA= (int)((double)yA*Draw_Rate+0.5);
    xB= (int)((double)xB*Draw_Rate+0.5);
    yB= (int)((double)yB*Draw_Rate+0.5);
  pDC- > MoveTo(xA,yA);
  pDC- > LineTo(xB,yB);
  }
  if(m_Road.R_Way[1]= = TRUE)//右转车道
  {
    pDC- > SelectObject(&Pen2);
    xA= (int)((double)m_Road.R_Way_Line[1][0].x*Draw_Rate+
    0.5);//作图比例
    yA= (int)((double)m_Road.R_Way_Line[1][0].y*Draw_Rate+
    0.5);
    xB= (int)((double)m_Road.R_Way_Line[1][1].x*Draw_Rate+
    0.5);
```

```
    yB= (int)((double)m_Road.R_Way_Line[1][1].y*Draw_Rate+
    0.5);
   pDC- > MoveTo(xA,yA);
   pDC- > LineTo(xB,yB);
   }
   if(m_Road.L_Way[0]= = TRUE)//左转车道
   {
    pDC- > SelectObject(&Pen2);
    xA= m_Road.L_Way_Line[0][0].x;
    yA= m_Road.L_Way_Line[0][0].y;
    xB= m_Road.L_Way_Line[0][1].x;
    yB= m_Road.L_Way_Line[0][1].y;
    xA= (int)((double)xA* Draw_Rate+ 0.5);
    yA= (int)((double)yA* Draw_Rate+ 0.5);
    xB= (int)((double)xB* Draw_Rate+ 0.5);
    yB= (int)((double)yB* Draw_Rate+ 0.5);
   pDC- > MoveTo(xA,yA);
   pDC- > LineTo(xB,yB);
   pDC- > SelectObject(&Pen1);
xA= (int)((double)WAY_WIDTH*cos(angle+3.14159/2.0)+0.5)+m_
Road.L_Way_Line[0][0].x;
yA= (int)((double)WAY_WIDTH*sin(angle+3.14159/2.0)+0.5)+m_
Road.L_Way_Line[0][0].y;
xB= (int)((double)WAY_WIDTH*cos(angle+3.14159/2.0)+0.5)+m_
Road.L_Way_Line[0][1].x;
yB= (int)((double)WAY_WIDTH*sin(angle+3.14159/2.0)+0.5)+m_
Road.L_Way_Line[0][1].y;
    xA= (int)((double)xA* Draw_Rate+ 0.5);
    yA= (int)((double)yA* Draw_Rate+ 0.5);
    xB= (int)((double)xB* Draw_Rate+ 0.5);
    yB= (int)((double)yB* Draw_Rate+ 0.5);
   pDC- > MoveTo(xA,yA);
   pDC- > LineTo(xB,yB);
   }
   if(m_Road.R_Way[0]= = TRUE)//右转车道
   {
    pDC- > SelectObject(&Pen2);
    xA= (int)((double)m_Road.R_Way_Line[0][0].x*Draw_Rate+
    0.5);//作图比例
    yA= (int)((double)m_Road.R_Way_Line[0][0].y*Draw_Rate+
    0.5);
    xB= (int)((double)m_Road.R_Way_Line[0][1].x*Draw_Rate+
    0.5);
    yB= (int)((double)m_Road.R_Way_Line[0][1].y*Draw_Rate+
```

```
    0.5);
  pDC- > MoveTo(xA,yA);
  pDC- > LineTo(xB,yB);
  }
}
else
{
  if (m_Road.Single_Dire= = 0)
  {
    for(int j= 0;j< = num/2;j++)
    {
    xA= (int)((double)m_Road.Way_Point0_1[j][0].x*Draw_Rate
    +0.5);
      yA= (int)((double)m_Road.Way_Point0_1[j][0].y*Draw_
      Rate+0.5);
      xB= (int)((double)m_Road.Way_Point0_1[j][1].x*Draw_
      Rate+0.5);
      yB= (int)((double)m_Road.Way_Point0_1[j][1].y*Draw_
      Rate+0.5);
       if(j= = num/2)
      {
         if(m_Road.bBike_Allow= = FALSE)  break;
        pDC- > SelectObject(&Pen5);
   xAA[0].x= (int)((double)m_Road.Way_Point0_1[j- 1][0].x*
  Draw_Rate+0.5);
   xAA[0].y= (int)((double)m_Road.Way_Point0_1[j- 1][0].y*
  Draw_Rate+0.5);
   xAA[1].x= (int)((double)m_Road.Way_Point0_1[j][0].x*
  Draw_Rate+0.5);
   xAA[1].y= (int)((double)m_Road.Way_Point0_1[j][0].y*
  Draw_Rate+0.5);
        pDC- > MoveTo(xAA[0]);
        pDC- > LineTo(xAA[1]);
   xAA[2].x= (int)((double)m_Road.Way_Point0_1[j- 1][1].x*
  Draw_Rate+0.5);//作图比例
   xAA[2].y= (int)((double)m_Road.Way_Point0_1[j- 1][1].y*
  Draw_Rate+0.5);
   xBB[0].x= (int)((double)m_Road.Way_Point0_1[j][1].x*
  Draw_Rate+0.5);
   xBB[0].y= (int)((double)m_Road.Way_Point0_1[j][1].y*
  Draw_Rate+0.5);
        xBB[1]= xAA[1];
        xBB[2]= xAA[2];
        pDC- > MoveTo(xAA[2]);
```

```
        pDC- > LineTo(xBB[0]);
        rgn1.CreatePolygonRgn(xAA,3,WINDING);
        rgn2.CreatePolygonRgn(xBB,3,WINDING);
        pDC- > FillRgn(&rgn1,&Brush3);
        pDC- > FillRgn(&rgn2,&Brush3);
        rgn1.DeleteObject();
        rgn2.DeleteObject();
      }
      pDC- > MoveTo(xA,yA);
      pDC- > LineTo(xB,yB);
      pDC- > SetTextColor(RGB(255,0,255));//字符颜色(桃红)
      int xk,yk;
      xk= (xB+ xA)/2;yk= (yB+yA)/2;
      CString text;
      text.Format("% d",j);
      pDC- > TextOut(xk,yk,text);
    }
  }
  else
  {
    for(int j= 0;j< num/2;j++)
    {
    xA= (int)((double)m_Road.Way_Point1_0[j][0].x*Draw_Rate
    +0.5);//作图比例
    yA= (int)((double)m_Road.Way_Point1_0[j][0].y*Draw_Rate
    +0.5);
    xB= (int)((double)m_Road.Way_Point1_0[j][1].x*Draw_Rate
    +0.5);
    yB= (int)((double)m_Road.Way_Point1_0[j][1].y*Draw_Rate
    +0.5);
    if(j= = num/2)
    {
      if(m_Road.bBike_Allow= = FALSE)  break;
      pDC- > SelectObject(&Pen5);
   xAA[0].x= (int)((double)m_Road.Way_Point1_0[j- 1][0].x*
  Draw_Rate+0.5);//作图比例
   xAA[0].y= (int)((double)m_Road.Way_Point1_0[j- 1][0].y*
  Draw_Rate+0.5);
   xAA[1].x= (int)((double)m_Road.Way_Point1_0[j][0].x*
  Draw_Rate+0.5);
   xAA[1].y= (int)((double)m_Road.Way_Point1_0[j][0].y*
  Draw_Rate+0.5);
      pDC- > MoveTo(xAA[0]);
      pDC- > LineTo(xAA[1]);
```

```
 xAA[2].x= (int)((double)m_Road.Way_Point1_0[j- 1][1].x*
Draw_Rate+0.5);//作图比例
 xAA[2].y= (int)((double)m_Road.Way_Point1_0[j- 1][1].y*
Draw_Rate+0.5);
 xBB[0].x= (int)((double)m_Road.Way_Point1_0[j][1].x*
Draw_Rate+0.5);
 xBB[0].y= (int)((double)m_Road.Way_Point1_0[j][1].y*
Draw_Rate+0.5);
      xBB[1]= xAA[1];
      xBB[2]= xAA[2];
      pDC- > MoveTo(xAA[2]);
      pDC- > LineTo(xBB[0]);
      rgn1.CreatePolygonRgn(xAA,3,WINDING);
      rgn2.CreatePolygonRgn(xBB,3,WINDING);
      pDC- > FillRgn(&rgn1,&Brush3);
      pDC- > FillRgn(&rgn2,&Brush3);
      rgn1.DeleteObject();
      rgn2.DeleteObject();
    }
    pDC- > MoveTo(xA,yA);
    pDC- > LineTo(xB,yB);
    //车道编号显示
    pDC- > SetTextColor(RGB(0,255,255));//字符颜色(青)
    int xk,yk;
    xk= (xB+xA)/2;yk= (yB+yA)/2;
    CString text;
    text.Format("% d",j);
    pDC- > TextOut(xk,yk,text);
   }
  }
}
}
//= = = = = = = 画信号灯= = = = =
CPen Pen;
Pen.CreatePen(PS_SOLID, 1,RGB(0,200,200));
pDC- > SelectObject(&Pen);
int xx,yy,rr;
Length= All_pDoc- > GetNum_Crosses();//取路口数组长度
for(i=0;i< Length;i++)
{
  m_Cross= All_pDoc- > Get_Cross(i)- > m_Cross;
  if (m_Cross.Road_Num= = 1) continue;
  //- - - - - 四个出入口- - - - - - -
  for(int j= 0;j< m_Cross.Road_Num;j++)
```

```
{
if(m_Cross.m_Lamp_Allow[j]= = FALSE) //是否允许显示
  continue;
  for(int i= 0;i< 3;i++)
{
  xx= m_Cross.Circle[j][i].x;
  xx= (int)((double)xx*Draw_Rate+0.5);
  yy= m_Cross.Circle[j][i].y;
  yy= (int)((double)yy*Draw_Rate+0.5);
  rr= (int)(15.0* Draw_Rate);
  pDC- > MoveTo(xx+rr,yy);
  pDC- > AngleArc(xx,yy,rr,0,360);
}
//画方框
xx= m_Cross.Rec[j][0].x;
xx= (int)((double)xx* Draw_Rate+ 0.5);
yy= m_Cross.Rec[j][0].y;
yy= (int)((double)yy* Draw_Rate+ 0.5);
pDC- > MoveTo(xx,yy);
for(i= 1;i< 4;i++)
{
 xx= m_Cross.Rec[j][i].x;
 xx= (int)((double)xx*Draw_Rate+0.5);
 yy= m_Cross.Rec[j][i].y;
 yy= (int)((double)yy*Draw_Rate+0.5);
 pDC- > LineTo(xx,yy);
}
xx= m_Cross.Rec[j][0].x;
xx= (int)((double)xx*Draw_Rate+0.5);
yy= m_Cross.Rec[j][0].y;
yy= (int)((double)yy*Draw_Rate+0.5);
pDC- > LineTo(xx,yy);
}
    }
  }
}
```

附录 3　Draw_Car()函数代码

```
void CMAPView::Draw_Car(CPoint Car_Point,double angle,BOOL
test,BOOL IsBus,int Car_Id)
{
  CClientDC dc(this);
    CString str;//车辆 ID 编号显示
  str.Format("% d",(int)(Car_Id* m_New_Draw_Rate));
  short x,y;
  if(test= = TRUE)
    dc.SelectObject(&m_Pen[3]);
  else if (IsBus= = TRUE)                //公交车用黄色
    dc.SelectObject(&m_Pen[2]);
  else
    dc.SelectObject(&m_Pen[Car_Id% 7]);
  dc.SetROP2(R2_XORPEN);//画笔方式
  CPoint Point[4];
  for(short i= 0;i< 4;i++)
  {
    //取汽车图形坐标各顶点相对于基点的角度和距离
    if (IsBus= = TRUE)
    {
      x= (short)(m_slop_bus[i]*cos(angle+ m_ang_bus[i])+0.5);
      y= (short)(m_slop_bus[i]*sin(angle+ m_ang_bus[i])+0.5);
    }
    else
    {
      x= (short)(m_slop[i]*cos(angle+ m_ang[i])+0.5);
      y= (short)(m_slop[i]*sin(angle+ m_ang[i])+0.5);
    }
    //变换后存入临时数组
      Point[i].x= (int)((double)(x+ Car_Point.x)*m_New_Draw_
      Rate+0.5)- m_N_Point.x;
      Point[i].y= (int)((double)(y+ Car_Point.y)*m_New_Draw_
      Rate+0.5)- m_N_Point.y;
  }
  dc.MoveTo(Point[0]);
```

```
    for(i= 1;i< 4;i++)
    dc.LineTo(Point[i]);
    dc.LineTo(Point[0]);
    UpdateWindow();
}
```

附录 4　Car_Create()函数代码

```
void CMAPView::Car_Create()
{
  int prob[100];
  CROSS m_Cross;
  int Length= All_pDoc- > GetNum_Crosses();
  for(int i= 0;i< Length;i++)
  {
    m_Cross= All_pDoc- > Get_Cross(i)- > m_Cross;
    static short v= 1234;//随机种子
    if(m_Cross.Road_Num= = 1)//起始路口
    {
    int Car_Num= (int)15* 600/m_Cross.Moni_Time[0];
      //产生的总车流量
      if(m_Cross.Time_Couter> = m_Cross.Moni_Time[0])
      //如果时间到
    {
      m_Cross.Time_Couter= 0;
      All_pDoc- > Get_Cross(i)- > m_Cross= m_Cross;
      int create;
      if(All_pDoc- > m_Way_Select= = 0)
      create= m_Cross.Car_Prob[0];//固定方式
      else if(All_pDoc- > m_Way_Select= = 1)
      {
        Rand(0,m_Cross.Car_Prob[0],&v, prob, 1);//车辆数随机产生
        create= prob[0];
      }
      else
      {
        Rand(0,10,&v,prob,1);
        long double Rn= (long double)prob[0]/10.0;
        create= (int)(- log(Rn)/(m_Cross.Possion[0])+ 0.5);
      }
      for(int j= 0;j< create;j++)
      {
      Rand(0,10,&v,prob,1);
```

```
        if(prob[0]< = 3) m_Car.driverType= 0;
        else if(prob[0]< = 7&&prob[0]> 3) m_Car.driverType= 1;
        else m_Car.driverType= 2;
          m_Car.Pass_Cross= i;  //起始路口编号
        static short v= 456;
        int bus_prob[4];
              Rand(0,Car_Num,&v,bus_prob,1);
        if((bus_prob[0]< m_Cross.Moni_Time[1])&&(m_Bus_Allow= =
        TRUE))
        {
          m_Car.m_IsBus= TRUE;
          m_Car.Stop_Time= 100;//以毫秒为单位,即 10 秒
          m_Car.Wait_State= FALSE;
        }
        else
        m_Car.m_IsBus= FALSE;
        if(m_Car.m_Test= = TRUE)
          m_Car.m_IsBus= FALSE;
       m_Car.ID_Num= All_pDoc- > m_Car_ID;//车辆唯一编号
       All_pDoc- > m_Car_ID++;
       All_pDoc- > Add_Car(m_Car);
       All_pDoc- > m_All_Car_Num++;
        }
    }
    else
    {
      m_Cross.Time_Couter++;
      All_pDoc- > Get_Cross(i)- > m_Cross= m_Cross;
    }
    }
  }
}
```